水の恵みと生命文明

安田喜憲

第三文明社

はじめに

収奪文明から共生文明へ

西暦二〇一八（平成三〇）年は明治維新一五〇年にあたりました。明治維新以降、私たち日本人が憧れてきたのは欧米の「物質エネルギー文明」(1)でした。しかし、それは自然を一方的に収奪する文明の闇《やみ》を持っていたのではないでしょうか。

人間中心主義に立脚したこの欧米文明は、自然の生きとし生けるものの生命《いのち》（以下、本書では命を生命《いのち》と記載します、その最初は小林道憲《こばやしみちのり》氏(2)にあります）を、人類（ホモ・サピエンス）の幸せのためなら搾取《さくしゅ》・破壊してもかまわないという闇を持っていたのではないでしょうか。

だがもうこれ以上の人類（ホモ・サピエンス）の自然に対する横暴《おうぼう》と自然からの収奪は、人間存在そのものの足元を揺るがしかねません。目先の豊かさのために、人類（ホモ・サピエンス）は自分の足元を突き崩しはじめているのではないでしょうか。

二一世紀は、新たな「生命文明の時代」(3)を創造する必要に迫られる時代だと思います。「収奪文明から共生文明へ」と舵《かじ》を切らないことには、人類としてのホモ・サピエンスは絶滅するしかないのではないでしょうか。今日の「物質エネルギー文明」にどっぷりと浸《つ》かっている限り、そこから抜け出すのはなかなか困難です。欲望がそれを困難にしているのです。

たしかに欲望は人類（ホモ・サピエンス）をこの地球の支配者に押し上げる原動力でした。でも、今や「もっと豊かな生活をしたい。もっともっともっと！」という欲望が人間存在の足かせになってきているのではないでしょうか。

森は生きとし生けるものの生命《いのち》を輝かせる生命《いのち》のゆりかごです。その生命《いのち》のゆりかごを人類（ホモ・サピエンス）は破壊し続けてきたのです。いや「人間の幸せのためになら、目の前の森を破壊することが善だ」という考えまで生まれて、それが後押ししたのです。

そのなかで、森とともに生き、森の生きものたちの生命《いのち》に畏敬《いけい》の念を持って生きてきたのが第二章で述べる稲作漁撈民《ぎょろうみん》（安田、二〇〇九）(4)でした。稲作漁撈民はアニミズムの考えさえ持って、森里海の生命《いのち》の「水」の循環系を維持し、里山《さとやま》の農業を営んできたのです。

欧米文明の自然を支配する闇

破壊と収奪の尖兵《せんぺい》になったのはヒツジやヤギそれにウシなどの家畜、そして自然の破壊と収奪を正当化する宗教関係者ではなかったでしょうか。私はこうした生命《いのち》の「水」の循環を破壊する畑作牧畜民の文明を「動物文明」（第七章参照）と呼びます。

「人間は何千年も続く、ヒツジとヤギとウシが草を食べる、牧歌的な牧草地の風景をつくることに成功したのだ」と、西暦二〇一七（平成二九）年二月一二日に「ふじのくに地球環境史ミュージアム」と「静岡県富士山世界遺産センター」の合同で開催された国際シンポジウム「人類世の到来」（Creating the Anthropocene - Natural and Cultural Histories）で、イギリス人のK・ワルシュ氏(5)は発言しました。森を一方的に収奪し、牧歌的な牧草地の風景をつくったことは間違っていなかったと欧米人は考えています。物質エネルギーに満ち溢《あふ》れた現代文明を創造した欧米人は、自分たちが選択した道は正しかったと思っているのです。

だがその行き着く先は、人間と家畜しかいない風景ではないでしょうか。それは生命《いのち》にとっては実に単純な風景だと私は思うのです。この人間中心主義に立脚した思想の蔓延《まんえん》で、地球の生きとし生けるものの生命《いのち》は蹂躙《じゅうりん》され失われていったのではないでしょうか。

「生命文明の時代」を求めて

人類（ホモ・サピエンス）の欲望をもはや、おしとどめることはできないのかもしれません。とすれば、人類（ホモ・サピエンス）は絶滅に向かってひた走りに走っているということになるのではないでしょうか。欧米では、もはや砂漠になり住みにくくなったこの地球からの脱出計画を描いたSF映画がよくつくられます。それは、現代の欧米文明の行き着く先が地球の生命《いのち》の破壊しかないという思いがどこかにあるからではないでしょうか。

だが日本を代表とする稲作漁撈民の国々には、この美しい地球で千年も万年も、生きとし生けるものとともに暮らし続けることに最高の価値を置いた生命文明があります。そしてその片鱗《へんりん》が、まだ稲作漁撈文明の端々《はしばし》に残っています。泥だらけになり、糞尿《ふんにょう》の匂《にお》いのするような不潔な水の世界が、文明とはほど遠い世界だと稲作漁撈民自身も考えていました。だがそうではなかったのです。それはこの美しい地球で千年も万年も生き続けるための方策だったのです。そのことを描著（安田、二〇〇八）(6)（安田、二〇〇九）(4)で述べました。

二一世紀の世界は、この稲作漁撈社会のなかにいまだに残っている、生きとし生けるものと共存・共生していこうとする哲学に、人類（ホモ・サピエンス）は救われるかもしれないのです。その哲学に裏付けられたライフスタイルの片鱗が、ひょっとすると人類（ホモ・サピエンス）を絶滅の淵から救うかもしれないのです。

日本人はこのことに気づいていた

一七世紀に北西ヨーロッパは、人間による破壊によって森の九〇％以上を失いました。一八～一九世紀にはその森を失った恐怖から、北西ヨーロッパの森を人工的に再現したのです。ドイツやフランスさらにはイギリスの人々は、森を失うことの怖さを知っています。森を失ったことのない日本人は、欧米文明の伝統があまりにも人間中心主義と自然を支配する文明原理の闇を持っていることに違和感を覚えました。それでも欧米文明の持つ賢さに驚き、欧米人の技術と欧米の「物質エネルギー文明」を導入することに躍起《やっき》になってきました。

しかし、欧米文明がつくり上げたR・デカルトの機械論的自然観やF・ベイコンの自然支配の理念は、伊東俊太郎《いとうしゅんたろう》先生が指摘する如く（伊東、二〇一二）[7]、もはや限界に近づきつつあることは確実でしょう。伊東先生は「生世界革命」「環境革命」の実現のために、「還流文明」が必要だと説きました。本書もその思想の延長線上にありますが、還流文明という表現を私はあまり好きではありません。それより「共生文明の時代」「生命文明の時代」「平和の時代」を招来する必要があると説くほうが、わかりやすいのではないでしょうか。

共生文明の重要性を強く指摘されていたのは建築家の黒川紀章《くろかわきしょう》氏（黒川、一九九六）[8]でした。黒川氏とは一度だけ話させていただいたことがあります。「安田さん『ともいき（共生）』でなくてはだめですよ」と熱く語っておられたことが印象的でした。

本書はその共生文明に立脚した近未来の「生命文明の時代」を創造する一助にしたいという思いから刊行したものです。

二〇一九年六月二四日

安田喜憲

はじめに　引用・参考文献および注

(1) 安田喜憲『文明の精神――「森の民」と「家畜の民」』古今書院、二〇一八年
(2) 小林道憲『世界史的観点から現代を考察する――二十一世紀への道』ミネルヴァ書房、二〇一七年
(3) 安田喜憲ほか編『生命文明の時代』ローコストカンパニー・ものづくり生命文明機構（オンデマンド出版）、二〇一九年
(4) 安田喜憲『稲作漁撈文明――長江文明から弥生文化へ』雄山閣、二〇〇九年
(5) 国際シンポジウム「人類世の到来――自然史と文化史」(Creating the Anthropocene - Natural and Cultural Histories) で、イギリス人のK・ワルシュ氏の発言（二〇一七年二月一二日）
(6) 安田喜憲『生命文明の世紀へ――「人生地理学」と「環境考古学」の出会い』第三文明社、二〇〇八年
(7) 伊東俊太郎「文明と自然――『還流文明』に寄せて」伊東俊太郎・染谷臣道編著『収奪文明から還流文明へ――自然と人類が共生する文明をめざして』東海大学出版会、二〇一二年
(8) 黒川紀章『新　共生の思想――世界の新秩序』徳間書店、一九九六年

水の恵みと生命文明　目次

第五章 森の蛇と女たち

第七章

動物文明と植物文明

装幀／クリエイティブ・コンセプト
本文レイアウト／安藤　聡
図版作成／クリエイティブ・メッセンジャー

第一章
『人生地理学』と私

1 『人生地理学』が評価された西暦一九七一年

私は、大学で地理学を専攻しました。これが本日の講演の内容と深い関係があります。なぜなら、創価学会の創立者である初代会長の牧口常三郎《まきぐちつねさぶろう》先生は地理学者であられたからです。私が大学院に入って地理学を本格的に専攻し、地理学者として生きようと決意をした西暦一九七一（昭和四六）年に、牧口先生の『人生地理学』(1)が日本の地理学界で初めて紹介されました。

『人生地理学』は、牧口先生が西暦一九〇三（明治三六）年に発表された膨大なものです。牧口先生は小学校の教師として貧しい子どもを助けながら、何年もかけて『人生地理学』をお書きになった。当時、日本は巨大な西洋文明の荒波に翻弄《ほんろう》され、伝統的な日本の世界観を否定し、猫も杓子《しゃくし》も西洋の学問や技術を神様のように崇拝していた時代です。その時代に牧口先生は『人生地理学』をお書きになったのです。

しかしあまりに膨大な量であったために、出版してくれるところはどこもない。それで牧口先生は困られて、当時『日本風景論』(2)を書いて有名だった志賀重昂《しがしげたか》先生に頼まれた。志賀先生はそれを読まれて、手を入れ、西暦一九〇三（明治三六）年にやっと刊行することができたのです。

『人生地理学』は最近では、第三文明社から西暦一九八三（昭和五八）年と西暦一九九六（平成八）年に斎藤正二《さいとうしょうじ》氏の膨大な注がつけられて刊行されました。(3)

しかしながら『人生地理学』は長年にわたり、日本の地理学界でまったく評価されなかったのです。その『人生地理学』が日本の地理学界で初めて紹介されたのが西暦一九七一（昭和四六）年。まさに私が地理学者になろうと決意したときです。私は『人生地理学』という言葉を日本地理学会で初めて聞きました。日本地理学会の石田龍次郎《いしだりゅうじろう》氏が「明治・大正期の日本の地理学界の思想的動向」という会長講演(4)のなかで、牧口先生の『人生地理学』について言及されたのです。『人生地理学』が刊行されてから、実に七〇年近い年月が経《た》っていました。

2　「地人相関論」こそが地理学の王道

牧口先生がもっとも大事にされた地理学の理論は「地人相関論《ちじんそうかんろん》」でした。大地と人間の関係、自然と人間の関係が地理学の根本を形成する。これこそが一〇〇年後にも生き続ける理論であると書いておられます。

私はこの『人生地理学』の内容を見て、これこそが地理学の王道である。自然と人間の関係、大地と人間の関係を研究することが地理学の王道であると確信しました。

しかし西暦一九七〇年代の日本は高度経済成長期の真っただ中です。就職先もたくさんありました。日本経済は無限の資源を前提にして、どこまでも発展するかのような錯覚を皆が覚えていた時代です。そういう時代に流行《はや》っていた地理学は、どこに工場を建てたらいいか、マーケットやお店の立地はどういうふうにすれば儲《もう》かるか、そういう話が主流でした。

その時代に、地球の資源には限界がある、人間の発展には限界がある、いくら人間が頑張っても、この地球の小さな資源のなかで生きなければならない、人間は自然との関係を無視しては生きられないといった話をすると、そんな古くさい話は「環境決定論」だと言って批判されました。

当時の地理学の風潮をよく反映しているものとして、茨城大学や専修大学の教授を歴任した國《くに》松久弥《まつひさや》氏が西暦一九七八(昭和五三)年に書かれた『「人生地理学」概論』(5)があります。國松氏は牧口先生の『人生地理学』に対して肯定的な理解を示された方です。しかし、今から見るとその國松氏においてさえ、当時の地理学界の風潮から自由でなかったことがわかります。「牧口先生は、『地人相関論』こそが地理学だ、自然と人間の関係の研究が地理学の王道だと言っておられるけれども、それだけではない。地理学の王道はもっと別にありますよ。どこに工場を建てたらいいか、どこにマーケットの中心を置いたらいいか、それを研究するのが地理学の王道であって、残念ながら牧口先生が言っておられるような地理学は地理学の王道ではない」（要旨）という意味のことを國松氏は書いておられるのです。

しかし私は自分の地理学を、「自然と人間の関係の地理学、これこそが地理学の王道である」というふうに決めました。

3 命運が尽きたと思ったとき

その後、私は広島大学の教務員になりました。そのころには自然と人間の関係を研究する「地人相関論」はますます古くさい学問だというふうになって、私は広島大学総合科学部の地理学教室で一五年近くも教務員・助手生活を余儀なくされました。一五年近くも教務員・助手をしていると、皆がかわいそうだと思ってくださる。四〇歳を過ぎてもまだ助手をしているわけですから。見るに見かねた上司の先生が、「安田君、そんな古くさい『地人相関論』、自然と人間の関係の学問をやっていたら、いつまで経っても助教授にはなれないよ。どこに工場を建てるとか、どこにマーケットの中心地があって、そこを中心にして商業ゾーンをどうつくるとか、そういう研究をもう少ししなさい。『地人相関論』をやっていても、いつまで経ってもうだつが上がらないよ」と言ってくださいました。

そのお言葉のように、私は地理学の研究者としては、まったくうだつが上がらず、万年助手を覚悟していました。そこで、新たに「環境考古学[6]」という分野を自分でつくりました。西暦一九八七（昭和六二）年に「環境論の新たなる地平[7]」という雑文を雑誌『地理』に書きました。そうしたら、東京都立大学（当時）のある教授が、私の雑文を教室に持ってきて「こんなもの読むな！」と学生に叫ばれたそうです。それを聞いて、まったく相手にされていなかった私は逆に嬉《うれ》しかったのですが、それぐらい自然と人間の関係を研究する「地人相関論」は地理学にとっては危ないものと無視されていたのです。

さらに助手最後の年度の七月に起こったのが学部長殺人事件でした。広島大学総合科学部の学部長が何者かに殺され、なんと私も容疑者に挙がったのです。私はこれで自分の人生はもう終わりかもしれないと思いました。皆が、私を犯人だと思っていたと思います（笑）。なぜなら、学部長の遺体に砂がまいてあったからです。

私は、土の中に残っている花粉の化石を使って、自然と人間の関係を研究していました。花粉

【図 1-1】広島大学時代の筆者（撮影：内海和彦）。右は生物顕微鏡を導入され、ご満悦の様子（撮影者不明）

症の原因になるあの憎き花粉ですが、化学的に非常に強い膜を持っていて、土の中で何万年でも腐らないのです。しかも花粉の形や大きさは植物の種類によって異なります。そこで花粉の化石を土の中からとり出して、顕微鏡で観察し、どんな種類の花粉がどれぐらいあるかということを調べることによって、過去の森の状態がわかるのです。また植物の分布は気候と深くかかわっていますので、気候の変動を復元することができます。人間がいつごろ農耕を開始したとか、どのように森林を破壊したかなども明らかにできます。私は花粉の化石を使って環境を復元し、それが人間の歴史とどう関係していたかをずっと研究してきました。ですから、世界中の砂や土を集めていたわけです。広島大学で研究のために砂を持っているのは私しかいなかった（笑）。だから容疑者として疑われたのです。

刑事さんが毎朝一〇時になると必ず研究室にやってきます。「安田さん、また今日も勉強をしていますねえ。今日は何をやっているんですか」と話しかけてくるんです。そのように毎日刑事さんと話していると、「ひょっとすると私が殺したんじゃないか」と思うようになるんです。気の弱い人なら、取調室に連れていかれてガーッとやられたら、「やりました」と言ってしまうと思いました。私は警察に連れていかれることはなかったけれど、刑事が疑っていることがわかりましたから、どこにも出張しないで研究室にいました。

それから約四〇日後に容疑者が捕らえられたのですが、それは同僚の物理学の助手の先生でした。殺された学部長も物理学の先生、殺したのも物理学の助手で、私もよく知っている人でした。不思議でしたねえ。事件があった日、「学部長が殺された」というので大学に飛んで行ったら、偶然彼と同じエレベーターで乗り合わせました。彼は三階、私は五階に研究室がありました。私は「おはよう」と言ったんですが、彼は何も言わないで三階で降りていった。前夜、学部長を殺して、その後どこかで野宿でもしていたんですかね。これが彼に会った最後でした。

彼は実に優しい穏やかな人でした。誰も、彼がやったとは夢にも思わなかった。犯人がわかったときは、女性の職員が、かわいそうだと泣いていました。彼は理論物理学の専攻で、理論物理学の教授がお二人、定年で辞められた。当然、一つぐらい上がれるポストがあるかと思っていたところ、実験物理学が専門だった学部長が「理論物理学はもう時代遅れだ」と言って、実験物理学の教授をポンと昇格させた。それが原因だったといいます。

私も四二歳まで助手でいましたから、彼の気持ちがわかるような気がしました。理学部にいると、一番頭のいい人が物理学に行くのですが、「物理学なんかたいしたことないな。頭がいいといって、われわれにはわけのわからんことをやっているけれども、生命《いのち》という概念を持ち出すと意外にだめなんじゃないか」と、そのときフッとそう思いました。

4 地獄で聞いた仏の声

犯人が見つかるまでの四〇日間、私はどこにも行けなかった。しかたがないから本を書いたんです。『世界史のなかの縄文文化(8)』がそれです。その本が私の人生を決めたと思います。その原稿を出版社に持って行ったら、「あなたが本を出しても売れないから、印税分だけ本で引き取ってください」と言われた。「印税分を本であげますから、それで勘弁してくださいよ」ということで、私は本をもらった。ところが、私の部屋は小さくて、本を置いておく場所がないわけです。それで、片端から配った。そのなかに梅原猛《うめはらたけし》先生（西暦二〇一九〈平成三一〉年一月一二日に亡くなってしまった）がいらっしゃったのです。そして梅原先生が、その本を読んでくださった。

西暦一九八七（昭和六二）年一二月のことでした。梅原先生から電話がかかってきました。ちょうど京都の国際日本文化研究センターができたばかりで、私も行きたいなと思っていたところでした。電話口で、「君をうちの助教授に採りたいと思うけど、どうかね」とおっしゃった。それは地獄で聞いた仏の声でした。私は電話口で、「はい、すぐ行きます」と言いました（笑）。梅原先生は後々まで、「人事をやるときには、すぐに行きたいと思っても、一晩考えますと言え。それが常道である。すぐ行きますと言ったのはお前ともう一人だけだ」と言われました。それほどに私は切羽《せっぱ》詰まっていました。

5　地球環境問題が開いてくれた私の人生

やっとの思いで、西暦一九八八（昭和六三）年四月、京都にきました。四二歳で私の人生が開いたんです。

西暦一九八〇年代の後半には、南極でオゾンホールが発見された。そして、地球環境問題が注目されるようになりました。今までは、高度経済成長で、どこに工場を造成したらいいかだけを考え、地球の資源は無限にあると思っていた人たちが、熱帯雨林が急速になくなり、地球温暖化が進み、海洋資源もなくなってくる現実に直面しはじめたのです。

そのころになってやっと、牧口常三郎先生がおっしゃった「地人相関論」に、人々が注目しはじめたのです。人間の活動には限界がある、人間は自然の子であって、この地球の資源の限界を無視して生きることはできないのだ、自然との深い関係のなかでしか人間は生きられないのだということに、やっと気がつきはじめたのです。

私の人生は地球環境問題が開いてくれたようなものです。それまで、いくら「気候が変わったら文明は崩壊する」「森林がなくなったら文明は滅亡する」というようなことを話しても、「そんなことはない。人間には英知がある。技術力がある」といって相手にされませんでした。

そういう人々がショックを受けたのは、西暦一九九三（平成五）年の東北地方の冷害でした。それによって皆、毎日、外米を食べざるを得なくなったのです。これだけ高度技術で「武装」していながら、ちょっと気温が下がっただけで、われわれの生活が危機に直面するという現実を、人々は実感したのです。そして、今や地球温暖化に直面して、西暦二〇五〇年から西暦二〇七〇年に現代文明そのものの存続が危ぶまれる危機に、われわれは直面しはじめているわけです(9)。地球環境問題が注目されると私の学問も注目されるようになりました。不思議ですね。

6 「牢獄」の時代

国際日本文化研究センターに着任して、梅原猛先生と中国の「長江文明の探究」のプロジェクトをやりました。

湖南省の張家界《ちょうかかい》という美しい桃源郷《とうげんきょう》のようなところに行ったときのことです。そこで白い髭《ひげ》を生やしたおじいさんが「手相を見てやる」と言うわけです(図1-2)。そうしたら、「あなたは四二歳まで悪い人に出会ったり、むちゃくちゃ苦労する。しかし、四二歳のときに偉い人に助けられる。それ以降は、あなたの人生は何でも思うようになります」と言った(笑)。四二歳というのは私が京都にきた年です。

「四二歳になって助けてくれた偉い人ってどんな人ですか」と聞いた。もちろん私は梅原先生が助けてくださったと思っていました。そしたら、易者は「それはわかりません。でも、偉い人ですよ」とだけ言いました。

私は日本に帰って、その話を梅原先生にしたわけです。「梅原先生、こういうふうに言われました。その偉い人は千年に一人出るかどうかの人だと言いました」と。「千年に一人」と易者は言ってないんですが、少し脚色してね（笑）、「その偉い人は先生のことですよ」と申し上げたのです（実際、梅原先生は千年に一人出るか出ないかの人だと私は思っています）。

【図 1-2】中国・湖南省の張家界（上）と、手相を見てくれた〝仙人〟（下）

そうしたら梅原先生は、「中国の易者の言うことは当たる。すぐに会いに行く」と言われ、中国湖南省の張家界まで易者に会いに行った

（笑）。私は易者が「この人は十年に一人です」なんて言ったらどうしようかと思って、ものすごく心配でした。ところが幸いなことに、その日は易者がいませんでした（笑）。

ともあれ、私の人生は、梅原先生という千年に一人出るかどうかの偉い先生に助けられて救われました。そのとき思ったのは、広島での一五年間は何をやってもうまくいかなかった。何をやっても裏目、裏目に出る。そして、周りにも悪い人が多かった。アメリカからやってきた教授とも衝突した。今思うと、広島大学時代は自分の人生の「牢獄」の時代だったと思います。

思えば、牧口常三郎先生も牢獄に入られた（西暦一九四三年七月、治安維持法違反並びに不敬罪の容疑で逮捕され、翌年一一月に獄死）。戸田城聖《とだじょうせい》先生（創価学会第二代会長）も牢獄に入られた。牢獄に入らないと、人間はやっぱりリーダーにはなれないんです。私は一五年間「牢獄」に入っていてよかったと思います（笑）。

7 「生命の法」の地理学

牧口先生はなぜ法華経の「生命の法」の重要性に着眼されたのか。この「生命の法」こそが人類を救う哲学であるということに、どうしてたどり着かれたのか。

私は牧口先生が自然と人間の関係を研究されていたからこそ、生命《いのち》の大切さ、「生命の法」の大切さに気づかれたと思うのです。自然と人間の関係、大地と人間の関係、その研究をしていったら、生命《いのち》というものを無視できない。われわれは生命《いのち》あるものと関係していて、いるというのは、どういうことか。それは、生命《いのち》あるものに取り囲まれ、生命《いのち》の交流をしているということです。人間が生きるということは、どういうことか。それは生命《いのち》と生命《いのち》が交流する、生命《いのち》と生命《いのち》が融合することに他ならないのです。

生命《いのち》が生まれるのも、お父さんの生命《いのち》とお母さんの生命《いのち》が結合し融合して子どもが生まれるわけです。人間が生きるためには、生命《いのち》ある食べ物をいただかなければいけない。人間が暮らす家、これも生命《いのち》あるものでつくったものです。人間が暮らす大地。大地には無数のバクテリアが生息しています。このバクテリアの世界はまだ人類（ホモ・サピエンス）には未解明の世界ですが、膨大な生命《いのち》あるものが大地に埋まっている。その生命《いのち》にわれわれは支えられて暮らしているのです。

何よりも「関係性」というものを考えたときには、生命《いのち》のやり取りこそが関係性の原点なのです。私が今ここで話をしている。これは皆さんと生命《いのち》の会話をしているのです。誰もいない会場で、私一人がしゃべっていたら、おかしいですよね。私がしゃべれば、皆さんも笑って納得してくださる。そして笑ってくだされば、私はまた得意になって話し続ける。これが生命《いのち》と生命《いのち》の交流です。大地と人間の関係、自然と人間の関係、社会と人間の関係、人間と人間の関係というものは、生命《いのち》の関係性に他ならないのです。関係性とは生命《いのち》の輪、生命《いのち》の連鎖なのです。

8 森里海の連関の重要性

最近ようやく「魚付き林《うおつきりん》」が注目されはじめました。魚がたくさんいるところは森の多いところであることを、漁師さんは体験的に知っていました。宮城県気仙沼市の漁師、畠山重篤《はたけやましげあつ》先生は木を植えて「牡蠣《かき》の森」をつくり、その森から栄養分が海に流れてきて牡蠣を育てることを実証されたお一人です。(10) そういう森里海の関係性・循環が重要であることに、ようやく最近多くの人々が気づきはじめました。

ところが『人生地理学』には、その森里海の関係性の重要性が、ちゃんと指摘されています。牧口先生は「森林が茂っている海岸には魚が多く集まり、禿山《はげやま》近くの海岸には魚がいない」(1)（要旨）といったことを記されています。「魚付き林」（「魚寄せ林」「網代山《あじろやま》」とも）と呼ばれる海岸や湖沼の周辺にある豊かな森の栄養が、魚を育《はぐく》むということを指摘されているのです。

今、地球環境問題が起こってきて、森林資源が消失すると海の資源もなくなっていくことに、われわれはやっと気づいたのですが、牧口先生は森里海の循環の重要性に、すでに一〇〇年以上前に気づいておられたのです。

9 西洋と東洋の空間認知の相違

日本の地理学者が信奉した「中心地論」に対しても、牧口先生は真っ向から反対しています。こんな理論は日本には合わないということを述べられています。

ヨーロッパのJ・チューネンという人が考えた中心地論モデルを見ると、(11) 中心的な都市の周りで園芸、酪農《らくのう》をやり、その周りに穀物農業地帯が広がり、さらにその外側に粗放《そほう》な農業をやる地帯があり、一番外側に牧畜をやる牧草地が広がっています。人間の活動は町や都市を中心として、同心円的に配列されるというのが、ヨーロッパ人の空間認識です。その後、W・クリスタラー(12) という人が、この理論をさらに発展させました。

日本の地理学者は皆、この「中心地論」のとりこになったわけです。畑作牧畜民のヨーロッパ人が考え出したこの空間認識こそが、普遍的に正しい人間の空間認識のあり方であると、日本の地理学者は信じて疑わなかった。そこで、この同心円モデルを日本に当てはめ、例えば大阪の中心地はどこかというような論文をいっぱい書いたのです。

フランスやドイツの農村を飛行機から見ると、中心に町があって、農耕地があって、牧草地がある。たしかに同心円的に分布しています。ヨーロッパは氷河時代に厚い氷に覆われていたため、山が削られ平らな台地が広がっています。どこまでも平らな台地です。そこに町をつくり、その周辺に園芸家や酪農家が暮らして都市に野菜や牛乳を提供し、次に麦類を栽培する農耕地ができて、一番外側に家畜を放牧する牧草地ができる。これは当たり前のことです。だから同心円的に分布するのです。

ところが、日本は違います。われわれはお米をつくっている。お米は「水」がないとつくれません。ですから、暮らしの中心は「水」が鍵になるのです。ヨーロッパの土地利用は天水農業ですから、雨は天から降ってきます。ですから川の流れに大きく左右されることはない。しかし、日本の稲作漁撈《ぎょろう》社会では、川の流域が暮らしの基本になります。稲作漁撈民の世界では、川の流域が空間認識の重要な単位となるのです。

それは京都盆地を見ていただいたらわかります。東山《ひがしやま》、北山《きたやま》、西山《にしやま》に囲まれて真ん中の神泉苑《しんせんえん》から「水」がコンコンと溢《あふ》れている。そして鴨川《かもがわ》が淀川《よどがわ》となって南の大阪のほうに流れていく。こういうところこそ、稲作漁撈民がもっとも安寧《あんねい》に暮らせるところなのです。どこまでも牧草地や畑の広がる台地で、町や都市を中心として同心円的に配列するヨーロッパの畑作牧畜民の空間認識とは、根本的に相違するのです。

くりかえします。ヨーロッパの土地利用においては「水」はそれほど重要ではない。ところが日本の土地利用の鍵は「水」にあるのです。

米をつくる稲作漁撈社会の空間認識を、ヨーロッパ人の畑作牧畜のモデルを取り入れていくら研究しても、何もわかるはずがないのです。一〇〇年も前に牧口先生は、「このモデルを日本に適用するのはおかしい」といった指摘をされている。これはすごいことです。その時代、横文字で書いたものを翻訳して紹介するのが、権威ある学者がすることだった。自分のアイデアではないのです。ヨーロッパ人の学問をただ単に丸写ししているのが学問だと思われていた時代に、牧口先生は「それはおかしい。日本人には、日本人独自の空間認識、歴史認識がある。これを研究するのが地理学である」と考えておられたと思います。それは本当にすごいことです。

10 ローカルがグローバルに直結する

そして、もう一つ牧口先生が注目していたのは郷土です。「郷土がわかれば、世界がわかる」[1]（要旨）と指摘されているのです。これは大変先見性のある哲学です。

グローバル化こそが人類を幸せにできると信じている人々が今でも多いのですが、ようやく二一世紀になって、ローカル、つまり郷土の重要性に人々が注目をはじめました。[13]「シンク・グローバリー、アクト・ローカーリー（グローバルな思考の下で、ローカルを大切にして行動せよ）」とか、グローバルとローカルを合わせた「グローカル」というような言葉まで出はじめていますが、一〇〇年前に「郷土がわかれば、世界がわかる」と牧口先生は指摘されているのです。それもまた、素晴らしい卓見です。

日本をグローバルなアメリカの市場原理主義に合わせる改革が進行するなかで、地方が疲弊しました。今、地方をどう再生すればいいかということが日本のきわめて重要な政治課題となっています。そのときに「郷土がわかれば、世界がわかる」という牧口先生の言葉の意味は大きなものがあります。

11 文明論への着目

さらにもう一つ、牧口先生は地理学の究極として文明論を見据えておられたのです。今日では、例えば「文明の衝突」など、さまざまな問題で文明という言葉が使われるようになりました。A・J・トインビー博士と対談され、世界の文明論の展開と発展に大きく寄与されている創価学会の池田《いけだ》大作《だいさく》第三代会長の思想の根幹も、文明論にあると思います。池田会長が「文明」というものになぜ注目されたのか。それは、トインビー博士にお会いになっただけではなく、牧口先生の『人生地理学』に書いてあるからではないでしょうか。戸田第二代会長の「生命の法」、池田第三代会長の「文明論」も、牧口先生の『人生地理学』の中にすでにその端緒が見られるのです。

西暦二〇〇四（平成一六）年、私は創価学会総北海道長（当時）の浜名《はまな》正勝《まさかつ》氏に北海道での講演を依頼されました。その際に戸田第二代会長の立派な記念館を案内していただきました。桜の咲く美しい季節でした。「ここで『生命の法』を説かれたのか」、そう思うにふさわしい場所でした。「生命の法」を重視された戸田第二代会長の思想は、北海道石狩市厚田の大地に生命《いのち》を見つめ続ける素晴らしい記念館として残されていました。

12 弱い者の立場に立つ

創価学会のスタートは牧口先生にありますが、私の父も、牧口先生と同じように小学校の校長をしていました。父が校長をしていたころは、日本が同和教育を開始したころでした。私は三重県の生まれですが、私が育った近くにも被差別部落があって、父が三九歳で校長として赴任した小学校は、同和地区とその他の地区の子どもたちが一緒の学校区でした。そこで父は被差別部落の子どもたちの教育を命がけでやりました。

朝は七時ごろに出かけ、帰りは毎日、深夜の一一時前後でした。子どもたちが学校から帰った後、同和地区の親御さんに文字を教えたり、子どもを学校に通わせるように説得したり、家の衛生状態や家庭の問題まで相談にのって、親御さんの教育をしていたのです。その結果、過労で四九歳で亡くなりました。

若くして死にましたが、その父が最後に私を駅まで送ってくれたとき、「喜憲《よしのり》、いいか、世の中の組織や国家というものがうまくいっているかどうかは、弱い者の立場に立ったときに初めてわかる。いつも弱い者の立場に立って、ものを考えるように」と。それが父の私への遺言となりました。

地理学をやりはじめて学者になろうと決めたころ、この世の中で一番弱い立場に立たされているものは何かを考えました。そしてそれは、ものを言えぬ自然であると気づいたのです。熱帯雨林や海の中に暮らす生きものたち、さらにはその生きものたちと共存して暮らそうとしている少数民族の人々。こうした人々や生きものたちが、この地球上で一番弱い立場にあるのではないか。だから、これを救うことから自分は地理学をはじめようと思って、今日まで地球環境問題をやってきたわけです。

牧口先生も同じでした。小学校で弁当のない子どもたちのために自分で弁当をつくって持って行って、子どもたちを一生懸命教育された。その弱者への深い慈《いつく》しみの精神、その心が今やっと、地球環境問題が起こってきたことによって高く評価され、認められるようになったのです。

この地球上で生きていくには、人間だけでは生きていけない。人間と家畜だけでは生きられない。この地球上の生命《いのち》あるものすべての生命《いのち》が輝く世界に生きてこそ、人間も健康に幸せに暮らせるのだということに人々が気づきはじめたときに、牧口先生・戸田先生・池田先生へと続く、「『生命の法』に一生を捧げる」という道が正しかったことが、やっと立証されはじめたのです。

13 「生命の法」の原点は太陽と海

私は、法華経に最澄《さいちょう》から入りました。最澄の「草木国土悉皆成仏《そうもくこくどしっかいじょうぶつ》」、草木や国土が皆仏になれるという、このことが、人類の未来のキーワードだと、ずっと以前から考えていました。

日蓮《にちれん》は海から上がってくる太陽に向かって「南無妙法蓮華経」と唱えられました。太陽こそ生命《いのち》の源《みなもと》です。この太陽が、稲作漁撈民のシンボルなのです。米を食べ、魚介類を食べる人間は、太陽を崇拝しました。

東の空から昇ってくる太陽、それが西の空に沈む。また翌朝、太陽が生まれ変わって昇ってくる。永劫《えいごう》の再生と循環を続けている。だから、この宇宙の生きとし生けるものは、太陽が東の空から昇って西の空へ沈むように生まれ変わって、永劫の再生と循環をくりかえしている。それが「生命の法」の原点です。「生命の法」の原点には太陽があるのです。

太陽を崇拝したのはなにも稲作漁撈民だけではありません。エジプト文明の人々も、さらにはマヤ文明やアンデス文明の人々も太陽を崇拝しました。古代、とりわけ環太平洋の人々は太陽こそ生命《いのち》の源であることを直感的に感じ取っていたのです。

日蓮は海にも注目されました。これはすごいことです。海すなわち「水」は生命《いのち》の源です。地球の生命《いのち》は海からはじまります。海すなわち「水」こそが、生命《いのち》の源なのです。二一世紀の「生命の法」の原点は太陽と海（水）にあるということができます。

最澄が注目したのは森です。最澄は、出家して比叡山の森の中で修行しました。空海《くうかい》が注目したのは森と海です。空海は、出家して紀伊半島や吉野の森の中や四国の海岸で修行しました。また、教義の頂点にあるのは大日如来、すなわち太陽でした。そして日蓮も太陽と海に注目したのです。

創価学会の方は幸せですよ。二一世紀の世界をリードする思想にめぐりあわれたわけですから。どのようにしてめぐりあわれたのかは知りません。でも、「学会に入ろうかな」と思われたということが大事なのではないでしょうか。「入ろうかな」という思い。そこに私は村上和雄《むらかみかずお》先生[14]の言われる「サムシング・グレート」の存在を感じるのです。

私たち日本人は、目に見えない神や仏の存在を信じることができます。皆さん方もそうでしょう。でも世界には神や仏の存在を否定する人々がいます。神や仏の存在を信じる人とそうでない人のどちらが、二一世紀の地球環境問題を解決するために大きな役割を果たせるかといったら、それはやはり前者の「サムシング・グレート」の存在を信じる人であると私は思います。

14
「拝金の法」から「生命の法」への転換

現時点において「アメリカと中国、どちらが地球環境問題を解決する上で大きな役割を果たせるか」と言ったら、それは間違いなくアメリカだと言わざるを得ません。なぜかというと、アメリカの国民の八〇％が敬虔《けいけん》なキリスト教徒だからです。(15) キリスト教にもいろいろな問題がありますが、メガチャーチ（大教会）で牧師さんが、自然を守ること、この地球上の生きとし生けるものの生命《いのち》を守ることが神の意志であると説くだけで、人々の環境意識は変わるでしょう。

これに対して、神や仏の存在を否定する中国の人々が、なぜあれほどまでにお金、お金と言うのか。それは、自分の心が不安だからではないでしょうか。見えざるものを信じることができない。しかし人間は、何かを信じなければ生きられません。だから、信じられるのはお金だけになって、中国の人々は今、拝金主義に走っているのだろうと思います。

どうすれば、この中国の人々を「拝金の法」から「生命の法」に変えることができるのか。どうすれば、中国の人々を「生命の法」の重要性に目覚めさせることができるのか。日本人は「生命の法」の重要性に目覚めるのに三〇年以上もの歳月が必要でした。中国ではあと五〇年以上はかかるでしょう。しかし、それまで地球がもつかどうかが今、問題なのです。

いくら中国のトップのエリートが「生命の法」の重要性に気づいても、一三億人もいる人間のなかには必ず悪いことをする人間がいるわけです。そういう一三億の人々に「生命の法」の重要性に気づいてもらうためには、どうしたらいいのか。それは全人類史的・文明史的挑戦であると思います。なぜなら、それができなければ人類（ホモ・サピエンス）は滅亡するかもしれないからです。欲望のまま、「拝金の法」のままに自然や環境を破壊していったら、人類（ホモ・サピエンス）は西暦二〇五〇年から西暦二〇七〇年に滅亡するかもしれないのです(16)。少なくとも現代文明が崩壊するのは間違いないでしょう。そうした悲劇を回避するために、人類（ホモ・サピエンス）は今こそ「拝金の法」から「生命の法」に立脚した「生命文明の構築」に向けて立ち上がらなければならないのです。

15 「生命文明の時代」に向かって

地球温暖化が危機的様相で進行しています。地球の年平均気温が二度上がったら、まず珊瑚《さんご》礁《しょう》が絶滅するといわれています。珊瑚礁は大気中のCO_2をいっぱい吸収していますが、絶滅すれば、その吸収力が激減します。その結果、気温は急激に上昇します。同時に、生物の多様性が損なわれます。地球の年平均気温が三度上がったら、北極の氷がゼロになると予測されています。[17]そして五度上がったら、現代文明が崩壊するというのが今のシナリオです。

ＩＰＣＣ（気候変動に関する政府間パネル）は、このままいったら西暦二一〇〇年には地球の年平均気温は最大で四・八度上がるかもしれないと予測しています。

私たち人類（ホモ・サピエンス）が二〇万年前にアフリカで誕生してから寒い氷河時代が続きました。ヴュルム氷期の前にもリス＝ヴュルム間氷期《かんぴょうき》の温暖期がありますが、リス氷期中に人類（ホモ・サピエンス）は誕生したことになります。私たち人類（ホモ・サピエンス）の体は、寒い氷河時代に適用するように生理的にできているのです。だから、これから氷河時代がやってきても、人類（ホモ・サピエンス）は絶滅しません。最後の氷河時代（最終氷期）の冷たい環境のなかでも、人類（ホモ・サピエンス）はマンモスとともに暮らし、生き抜いてきたからです。私たち人類（ホモ・サピエンス）にとって、寒くなるのはいいんです。

今の地球のCO_2濃度は四〇〇ｐｐｍを超《こ》えています。こんな時代は過去四〇万年の間に一度もない。四〇万年間の最大のCO_2濃度は三〇〇ｐｐｍです。それを現在の地球はすでに一〇〇

ppmも突破しているのです。このままいったら、西暦二一〇〇年には一一〇〇ppmという、とんでもない数字になると予測されています。(18)

今まで人類は、地球の年平均気温が二度前後高い時代を体験しています。縄文海進《かいしん》と呼ばれるころで、七〇〇〇年前の地球の年平均気温は現在より二度前後高かった。ところが、今より三度以上も高かった時代を人類（ホモ・サピエンス）は体験していないのです。ましてや五度なんていうと、六〇〇〇万年前に人類が誕生してから一度も体験したことのない暑さです。今よりも年平均気温が七度とか一〇度も低い寒冷な時代を人類（ホモ・サピエンス）は生き延びてきました。ところが、今より三度以上、地球の平均気温が高い時代を生き延びた経験はないのです。

これが恐竜だったら別です。恐竜は、地球が温暖化する環境に適応した生物です。中生代の白亜紀は、地球温暖化の時代でした。恐竜は、その地球温暖化に生理的な適応をさせて大繁栄しました。では、なぜ恐竜が絶滅したか。それは、ユカタン半島とメキシコ湾に隕石《いんせき》が大衝突し、その粉塵《ふんじん》や噴煙が地球を覆って、地球が一気に氷河時代となったからです。地球温暖化に適応した恐竜は、突然の氷河時代の寒冷気候の到来で絶滅したといわれています。

私たち人類（ホモ・サピエンス）は恐竜とはまったく逆です。寒冷化することに適応してきた生きものです。それが突然、地球が温暖化しはじめた環境に今、直面している。ひょっとしたら人類（ホモ・サピエンス）が絶滅の危機に直面するというようなことも絵空事ではないかもしれません。そういう危機を引き起こさないためにも、この地球を、生きとし生けるものが幸せに暮らせるような世界にしなければいけません。地球を「生命の法」のネットワークで覆い尽くし、新たな「生命文明の時代[19]」を構築しなければ、人類（ホモ・サピエンス）はこの地球上ではもはや生きていけないのです。

この地球をどう守るか。生きとし生けるものの生命《いのち》をどう守るか。その役割が今、牧口常三郎先生が設立された創価学会に期待されているのです。それは仏の声です。仏が命じているのです。創価学会が時代の精神に合わせたわけではなく、時代の精神が創価学会に近づいてきたのです。だからこそ、二一世紀の地球環境問題の世紀に「生命の法」を掲げた創価学会が「世界宗教」として果たすべき役割は、きわめて大きいと思うのです。

ご清聴、誠にありがとうございました。

第一章　引用・参考文献および注

(1)牧口常三郎『人生地理学』文会堂、一九〇三年、『人生地理学　訂正増補　第八版』一九〇八年
(2)志賀重昂『日本風景論』政教社、一八九四年
(3)『牧口常三郎全集　第一巻　人生地理学（上）』第三文明社、一九八三年
『牧口常三郎全集　第二巻　人生地理学（下）』第三文明社、一九九六年
(4)石田龍次郎「明治・大正期の日本の地理学界の思想的動向」『地理学評論』44巻8号、古今書院、一九七一年
(5)國松久弥『「人生地理学」概論』第三文明社、一九七八年
(6)安田喜憲『環境考古学事始――日本列島2万年』NHKブックス、一九八〇年
(7)安田喜憲「環境論の新たなる地平」『地理』32巻1号、古今書院、一九八七年
(8)安田喜憲『世界史のなかの縄文文化』雄山閣、一九八七年
(9)安田喜憲編著『巨大災害の時代を生き抜く――ジェオゲノム・プロジェクト』ウェッジ選書、二〇〇五年
(10)畠山重篤『森は海の恋人』文春文庫、二〇〇六年
畠山重篤『牡蠣礼讃』文春新書、二〇〇六年
(11)チューネン『孤立国』近藤康男・熊代幸雄訳、日本経済評論社、一九八九年
(12)クリスタラー『都市の立地と発展』江沢譲爾訳、大明堂、一九六九年
(13)吉澤保幸『グローバル化の終わり、ローカルからのはじまり』経済界、二〇一二年

(14) 村上和雄『生命のバカ力　人の遺伝子は九七%眠っている』講談社+α新書、二〇〇三年
村上和雄・渡部靖樹『サムシング・グレートの導き――「心の科学」から見えてきたもの』ＰＨＰ研究所、二〇〇七年

(15) スティーヴン・プロセロ『宗教リテラシー――アメリカを理解する上で知っておきたい宗教的教養』堀内一史訳、麗澤大学出版会、二〇一四年

(16) 安田喜憲『環境文明論――新たな世界史像』論創社、二〇一六年

(17) Steffen,W.,*et al.: IGBP Executive Summary, Global Change and the Earth System.* IGBP Secretariat Royal Swedish Academy of Science, Springer, 2004.

(18) Oldfield, F. and Alversen, K.:The societal relevance of paleoenvironmental research. Alverson, K. *et al.*, (eds.): *Paleoclimate, global change and the future.* Springer, 2003.

(19) 安田喜憲ほか編『生命文明の時代』ローコストカンパニー・ものづくり生命文明機構（オンデマンド出版)、二〇一九年

第二章

稲作漁撈文明が地球と人類を救う

1 長江文明の発見

梅原猛先生の直感

私は、若いころ、ヨーロッパ文明に憧れて、ギリシャやローマ文明の研究をしておりました。第一章で述べたように私は広島大学の後、京都の国際日本文化研究センターに移りましたが、最初はやはりギリシャ・ローマのことを研究しておりました。西暦一九九一（平成三）年から九四（平成六）年の間、東京大学からいらっしゃった伊東俊太郎《いとうしゅんたろう》先生と一緒に「文明と環境」という大きなプロジェクトをやらせていただきましたが、そのときはまだ関心がギリシャ・ローマに向いていまして、地中海文明の興亡に興味がありました。

ちょうど「文明と環境」がはじまったときに、梅原猛《うめはらたけし》先生と中国の長江に行き、浙江《せっこう》省の東のほうにある河姆渡《かぼと》遺跡（図2-1）をご案内しました。梅原先生は七六〇〇年前の稲束を見られて、大変感動されました。今まで稲作の起源は、雲南省で五〇〇〇年ぐらい前に誕生した、と言われていたわけです。ところが七六〇〇年前の稲の束が出てきた。それで梅原先生が感動されて、「これはひょっとすると人類史を書き換える発見かもしれない。安田は稲作漁撈《ぎょろう》の研究をしろ」とおっしゃったわけです。でも私はそれまでギリシャ・ローマの研究をしていました。稲作漁撈文明というのは私たちが慣れ親しんだもので、わざわざ研究しなくてもわかるし、せいぜい五〇〇〇年ぐらい前でたいしたことはないだろうと思っていました。

【図 2-1】中国・浙江省の河姆渡遺跡と復元模型。右下は出土した三足土器（撮影：竹田武史）

その後、浙江省の良渚《りょうしょ》遺跡に行きました。五〇〇〇年前の出土品が入ったケースを、館員が大事そうに持ってきました。私はミケーネ文明の黄金マスクのような金銀財宝が出てくるかと思ったら、入っていたのは石（玉《ぎょく》）

なんです。私は「たいしたものではない」と思って、あまり興味がなかった。ところが梅原先生は、玉を取り出して、見られた瞬間に手が震えているわけです。そして私に向かって、「お前この良さがわからんのか」と言って、えらい怒られるんです。(1)

梅原先生は、玉を見られた瞬間に、ここに巨大な稲作漁撈を背景とした文明が存在したことを直感されたのです。この文明は後に「長江文明」と私たちは名づけたんですけれども、「長江文明」があったということを直感されたわけです。

2 稲作の起源

湖南省 玉蟾岩《ぎょくせんがん》遺跡

西暦一九九三(平成五)年の年末に、NHK京都の番組で宵越しトークというのがあり、当時、京セラの会長をなさっておられた稲盛和夫《いなもりかずお》先生と梅原先生が対談されました。そのとき梅原先生が、「中国の稲作の起源は古くて、それに立脚した古代文明を私は発見しました。調査費の援助をお願いします」と言われたんです。稲盛先生は三分ほど考えておられて、「わかりました。今日の食事は高いものになりましたね」と言って（笑）、調査費をポーンとくださいました。

調査費をもらったからもう、否応なしです。私はまだギリシャ・ローマの研究が終わっておらず、もっとやりたかったんですが、「明日から中国へ行ってこい」と言われまして、中国の調査に行きました。稲盛先生もお連れしました。そして、玉のある部屋にお連れして、「三〇分ぐらいで出てこられますか」と言ったら、「ああ」と言われて入られたんです。ところが一時間たっても出てこられない。稲盛先生も玉の側面に彫られた細かい浮き彫り模様を見られた瞬間に、すごい技術であると直感されたんです。

稲盛先生の援助を得て、長江文明の研究が本格的にはじまったのが西暦一九九七（平成九）年です。大体一〇年近くやりました。はっきり言って、私は最初、稲作漁撈文明を馬鹿にしていました。長年、稲作漁撈のハニ族の研究をされている欠端實《かけはたみのる》先生から、西暦一九九六（平成八）年に『聖樹と稲魂』[2]というご著書をいただきましたが、長いこと拝読していなかった。それぐらいに私は欧米の文明、つまりパンを食べて肉を食べてミルクを飲む、そういう畑作牧畜文明に憧れていましたから、米を食べて魚を食べる稲作漁撈民が、文明を持っているとは思いもよりませんでした。

ところが研究をはじめてみると、畑作牧畜文明、つまりパンを食べてミルクを飲んで肉を食べる、現代の欧米文明の源流になった文明とはまったく違う稲作漁撈文明[1]が存在する可能性が見えてきました。しかも稲作漁撈文明は奥が深いんです。米をつくり、発酵食品をつくり、魚を食べる文明というのは奥が深い。研究をはじめて、その奥深さが初めてわかりました。

まず、それまで稲作の起源は、さかのぼってもせいぜい五〇〇〇年前頃だと思われていました。ところが稲作の起源は一万年以上前までさかのぼるということがわかってきたのです。

約一万五〇〇〇～二万年前頃の東アジアの古地理図を見ると、日本列島の周囲は、朝鮮海峡（対馬海峡）が非常に狭く川のようになっており、台湾は中国と陸続きになっている。森は長江以南にあるわけです。その森は落葉広葉樹《らくようこうようじゅ》と針葉樹《しんようじゅ》が混生した針広混交林《しんこうこんこうりん》です。さらに南には樫《かし》や椎《しい》の照葉樹林《しょうようじゅりん》がある。中国の北のほうは森がまったくありません。

稲作がどこではじまったかというと、湖南省の玉蟾岩《ぎょくせんがん》遺跡（図2-2）というところで、今から約一万四〇〇〇年前にはじまっているらしいことがわかってきました[1]。そして彼らは約一万八〇〇〇年前から土器もつくっています。日本の縄文土器も世界最古の一つですけれども、長江流域の土器（図2-2右下）も世界最古の土器です。土器をつくって、そしてお米をつくっていたということがわかってきたのです。

【図2-2】中国・湖南省の玉蟾岩遺跡。タワーカルストの洞窟が住居。右下はそこから出土した1万7000年前の土器（撮影：竹田武史）

湖南省の玉蟾岩遺跡は桃源郷《とうげんきょう》のような風景です。洞窟（図2-3左下）があって、そこに住んでいた人々がお米をつくっていました。

野生の籾《もみ》と栽培された籾はどうして区別できるかというと、稲籾の底の部分を見ていただいたらわかります。野生の稲籾の底の部分はつるんとしている。一方、栽培された稲籾の底の部分はギザギザです。それを見ることによって、どっちが栽培か野生かというのがわかります。[3]

野生の籾は熟すると全部バラバラと実が落ちます。実が落ちたのでは食べられないでしょう。だから突然変異によって、この野生の稲、オリザ・ルフィポゴン（*Oryza rufipogon*）のなかで脱粒性《だつりゅうせい》のないもの、つまり実の落ちにくくなったものを人間が選ぶわけです。人間が選ぶことで籾が落ちないものができるわけです。

【図2-3】中国・湖南省の玉蟾岩遺跡（左下）と、周辺の洞窟遺跡から見た風景（右上）

籾が落ちないから、脱殻《だっこく》するわけです。

こうした過程を経て、栽培された稲籾の底の部分はギザギザとなったのです。

湖南省 城《じょう》頭《とう》山《ざん》遺跡

一万年以上前にはじまった稲作をベースにして、都市文明が約六〇〇〇年前に長江流域で誕生したことがわかってきました。(1)

しかし、その後もいろいろ議論がありました。私たちが長江文明を発見したと報じられると、日本の考古学者から批判されました。梅原先生だって考古学者ではありません。私は環境考古学者を名乗っているけれども、純粋の考古学者ではありません。考古学のコの字も知らない人間が長江流域に都市文明があったと言い出したんです。デタラメを言っていると批判されました。

図2‐4は私たちが中国と共同して発掘調査をした六〇〇〇年前の湖南省の城頭山《じょうとうざん》遺跡です。周辺が城壁で囲まれています。西暦二〇〇七（平成一九）年に、八五〇ページの発掘調査報告書[(4)]が出ました（図2‐5）。

私たちはこれが都市の遺跡であると言いました。しかし、日本の考古学者は、米を食べて魚を食べている稲作漁撈民が文明を持っているはずがないと思っています。四大文明といわれるエジプト文明、メソポタミア文明、インダス文明、黄河文明はパンを食べてミルクを飲んで肉を食べ、ヒツジやヤギを飼う文明です。こういう畑作牧畜民だけが文明を持っていて、お米を食べて魚を食べる国や民族は文明を持っていないと長い間考えられていたわけです。

私たちは、「いや、そうじゃない。米を食べて魚を食べた人間も、メソポタミア文明と同じように六〇〇〇年前か

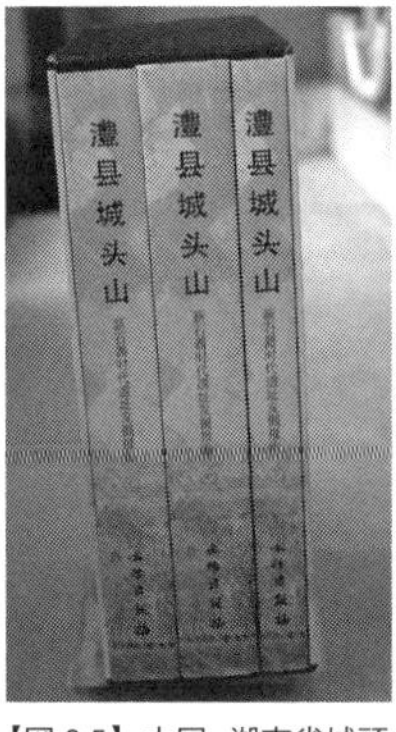

【図2-5】中国・湖南省城頭山遺跡の発掘調査報告書

【図2-4】中国・湖南省の城頭山遺跡の船着き場の調査風景（2000年）。レンガの柱を保存用建物建築のために立てている

ら文明を持っていたのです」と言いました。そうしたら「そんなことはない」という批判を日本の考古学者から数多くいただきました。

湖南省の城頭山遺跡は城壁をつくって灌漑《かんがい》用のため池（図2-6A）もつくられていたのです。灌漑をするためには人間が一緒に共同で労働しなければいけません。「水」を灌漑利用するということが、都市を誕生させる一つの大きな要因になるわけです。

遺跡を発掘すると、焼成《しょうせい》レンガでできた基壇《きだん》が発見されました（図2-6G）。その焼成レンガの上に建物があります。外側は列柱回廊の様式をとり、柱だけがあって、真ん中が壁です。その建物の中には食事したり、料理した形跡がありませんから、日常の建物ではありません。おそらくこれは城頭山遺跡の首長が祭政を執り行った祭政殿であろうと考えられます。(5)

さらに、近くに鶏叫城《けいきょうじょう》遺跡がありますが、これは五五〇〇年前の遺跡です。この遺跡は三重の環濠《かんごう》に囲まれていて、真ん中に宮殿のような建物があります。その面積は一五万平方メートルと非常に大きなものでした。

それ以前に私たちが発掘した四五〇〇年前の四川省の龍馬古城宝墩《りゅうまこじょうほうとん》遺跡は、長軸が一一〇〇メートル、短軸が六六〇メートルという長方形の城壁に囲まれた巨大な都市遺跡でした。この城壁の幅が約四〇メートル、高さが一〇メートルから一五メートルぐらいです（図2-7）。

【図2-6】中国・湖南省の城頭山遺跡。北西部に灌漑用のため池がある。直径360メートルの円形。A〜Jは調査場所（撮影：宮塚義人ほか）

A：灌漑用ため池、B：城壁の断面、C：南門と船着場、D：旧河道・水路・環濠、E：大型建物、F：最古の水田・最古の祭壇と東門、G：祭政殿・祭場殿、H：北門、I：中央北部分、J：東北端部分あまりに大きいものですから、皆、自然の山だと思っていました。ところが衛星写真で上から見ると、長方形の巨大な城壁の一部であるということがわかりました。この遺跡は面積が六六万平方メートルです。図2-8は遺跡の発掘調査風景です。

さらに、四五〇〇年前の湖北省の石家河《せっかが》遺跡（図2-9）や浙江省の良渚遺跡では、一〇〇万平方メートル以上の巨大な遺跡が出現しました。一〇〇万平方メートルというのは、メソポタミアの都市遺跡のウルクの町に匹敵する大きさです。

【図 2-7】中国・四川省の龍馬古城宝墩遺跡の城壁

【図 2-8】発掘調査風景

ウルク遺跡はレンガや石でつくられていますから、六〇〇〇年前の都市の遺構が現在まで残っているわけです。ところが長江の巨大遺跡は泥と木でできていますから、跡形もなくなってしまう。しかも中国の農民は城壁の土を持って行って、田んぼの客土《きゃくど》に使いますから、もともとあった城壁なんかもほとんどなくなっているわけです。

巨大な遺跡の痕跡を知ることができるのは環濠(図2-9左上)です。その環濠を発掘調査することによってしか、当時の遺跡の規模を知ることはできないわけです。

畑作牧畜民の都市と稲作漁撈民の都市

畑作牧畜型のメソポタミア型の都市は、物を交易

【図2-9】中国・湖北省の石家河遺跡の幅150メートル以上はある環濠(左上)と石家河遺跡の城内(右下)

したり消費したりする都市でしたが、長江の稲作漁撈型都市は生産と都市が非常に深く結び付いていました。例えば、王が自ら種籾を分配するような都市だったのではないでしょうか。

日本の天皇陛下は今でもお田植えをなさるでしょう。畑作牧畜型のメソポタミアの王は自分で種籾をまくことはしません。稲作漁撈型の王というのは稲作の豊穣を祈る儀礼をこの城内でやるのです。そのために人々が集まる。そこが稲作漁撈型の都市と畑作牧畜型の都市とが根本的に違うところだと思います。

長江の人々が崇拝したものは何かというと、一つが太陽です。太陽が一番重要です。太陽が東の空から昇って西の空へ進んでいく。その季節の運行に応じて、いつ種籾をまいたらいいか、いつ田

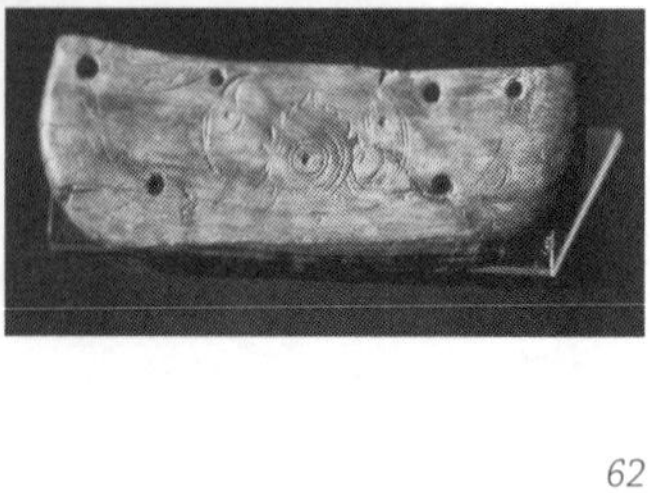

【図 2-10】中国・浙江省の河姆渡遺跡から出土した象牙に彫った彫刻を拡大復元したもの（左上）。右下は象牙の本物。２羽の鳥が五輪の太陽を抱えている

植えをしたらいいか、いつ稲刈りをしたらいいかを判断します。

図2-10は七〇〇〇年前の浙江省の河姆渡遺跡から見つかった象牙に彫られた彫刻です。五輪の太陽を二羽の鳥が運んでいます。古代の人々は、太陽は鳥によって運ばれていると考えました。太陽は、朝、東の空から生まれて、西の空で死ぬ。しかしまた翌朝、生まれ変わる。つまり生命《いのち》が生まれ変わるということです。こういうのが稲作漁撈民の大きな世界観でした。

天地の結合を重視した稲作漁撈民

稲作漁撈民は、太陽の次に柱を大事にします。なぜ柱を大事にするかというと、柱は天と地をつなぐものだからです。稲作漁撈民にとって、天と地の交流こそ、恵みの雨と豊穣をもたらす大切なことだったのです。その天地の結合のシンボルが柱です。稲作漁撈民は、天地を結合し、豊穣の儀礼を行ったのです。

さらに玉を崇拝しました。なぜ中国の人が玉を好きなのかわからなくて、私は長いこと悩んでいましたが、『山海経《せんがいきょう》』という長江の神話を原書で読んでいるときにハッと気づきました。最初に「何々山には何々玉が採れる」と、こう書いてあるわけです。山のことが書かれた後には必ず玉のことが書かれていました。そのような記述が二二六カ所以上もあったのです。

つまり玉というのは、山と深い関係がある。玉というのは山から流れてくる河原で採れる美しい石です。そこで玉というのは山のシンボルではないかと考えました。そうしたらすべてが解けたんです。つまり稲作をやるためには「水」が不可欠です。「水」は山からきます。聖なる山を集落に持ってくることはできないから、豊かな「水」がきますようにと願って、その聖なる山とそこから流出する川で採れる玉を集落へ持ってくるのではないでしょうか。

高くそびえる山は、まさに「天と地の懸け橋」でした。天と地の交流と結合の懸け橋としての山は、稲作に必要不可欠な「水」の源《みなもと》だったのです。そしてその山を象徴するのが、山の中や清流で採れる美しい玉だったのです。

また山というのは、天に向かう梯子《はしご》です。会津磐梯山《ばんだいさん》の「磐梯」という字の磐は岩で、梯は梯子です。会津磐梯山というのは「岩の梯子」なのです。天と地をつなぐ「岩の梯子」だったのです。

山が、天地を結合するというのは、稲作漁撈民にとってはものすごく重要なことだったのです。豊穣の雨を降らせるのですから。その山のシンボルが玉だったのです。そういうふうに解釈すると、すべてが解けたんです。

玉は山のシンボルだった

長江文明の人々は、その玉に精巧な加工をして山の代わりに崇拝しました。

【図2-11】中国、長江文明は玉器文明であり、玉は山のシンボルだった。玉琮（上）の側面には神獣人面文様（下）が彫られていた（浙江省文物考古研究所ほか編『良渚文化玉器』文物出版社、1989年より）

良渚遺跡の玉琮《ぎょくそう》という玉は丸と四角がセットになっています（図2－11上）。中国の古典『淮南子《えなんじ》の天文訓』に記されていますが、丸は天という意味です。地は方、四角です。だからこれは天地の結合を意味しています。その側面に細かい浮き彫り模様があります。これを見て稲盛先生は感動されたんです。

玉琮は五〇〇〇年前の玉で、その細かい模様は直径が二〜三センチメートルです。浮き彫りは、アメリカ・インディアン（ネイティブ・アメリカン）のような鳥の羽飾りをつけた人が、トラの目に触っている模様です。体には渦巻きの文様が入っています。足は鳥の足です。鳥人間です。彼らは鳥を崇拝しました。鳥は天地を往来するからです。体には再生と循環の渦巻きの文様が書かれています。これを五〇〇〇年前に彫ったんです。

この浮き彫りをどうやってつくったのか。ダイヤモンドカッターやレーザーで彫るのならわかりますが、当時の技術でどうやったのか。稲盛先生らは一生懸命研究されましたが、この技術を完全には復元できなかった。五〇〇〇年前の人々がどうやってこの浮き彫りを、しかもこんな細かい模様を彫ったのか。

細かさこそ、稲作漁撈民の特色です。現在、世界の半導体の八割は稲作漁撈社会でつくられています。稲作漁撈をやることによって、非常に繊細な感覚が養われるのです。

【図 2-12】中国・雲南省、長江の人々は柱を崇拝し、柱の先端には鳥の羽がついている。水牛を生贄にしている場面がなければ、私たちはアメリカ・インディアンがつくったものと思うだろう（雲南省博物館編『雲南省博物館』文物出版社、1991 年より）

図2-12の絵を見たらアメリカ・インディアン（ネイティブ・アメリカン）の絵だと思うでしょう。しかし、これは紛《まぎ》れもなく中国長江のものです。羽飾りの帽子をかぶった人が、水牛を生贄《いけにえ》にしているところです。柱の先には鳥の羽が飾られています。柱と鳥、それから馬ではなくて牛を大事にする。馬を大事にするのは、黄河の畑作牧畜文明ですけれども、牛を大事にするのはお米を食べて魚を食べる長江の稲作漁撈民でした。

3　四二〇〇年前の気候変動と東アジアの民族大移動

長江文明は今から四二〇〇年ほど前に崩壊します。どうして崩壊したか。それは大きな気候変動があったからです。また、その気候変動が背景となって、東アジアで大動乱が起こったということが最近わかってきました。

どういう動乱かというと、民族の大移動です。四二〇〇年前に気候が寒冷化すると、西北のほうから白色系の人種――ヒツジとヤギを連れた遊牧民が大挙してやってきて、周辺にいた人々を蹴散らしたんです。

どうしてわかったかというと、中国・山東半島《さんとう》の付け根にある臨淄《りんし》遺跡のＤＮＡ分析から明らかになったのです。臨淄遺跡から六〇体ぐらいの人骨が出ました。その人骨のＤＮＡを王李教授が分析したところ、(6)六種類のミトコンドリアＤＮＡの構成比が、現在の漢民族のＤＮＡの構成比とは、大きく相違することがわかりました。

こうしたＤＮＡの構成比率を持った人々は、西のほうのウイグルにいるんです。さらにもっと西の、現在のフィンランドとかドイツ、こういった地域の人々がこのミトコンドリアＤＮＡを持った集団です。

最近こうしたことが、ミトコンドリアＤＮＡハプログループの分析結果(7)からも指摘されるようになりました。ということは、かつての黄河文明の本拠地には白人が住んでいたということです。それで私が、「孔子は白人だった」と言ったら、ひどく叱られましたが（笑）、中国の北方の人はものすごく体格が大きい。きっと白色系の人が大挙してやってきたのではないか。そうすると長江流域に住んでいた人々が追い出されるわけです。そして南や日本列島へと逃げていった。こういう大動乱が今から四二〇〇年ほど前に引き起こされたのです。

そのことは司馬遷の『史記』にも書いてあります。北からきた人々が南の長江流域にあった楚《そ》を攻めて都を南陽に移すとか、あるいは始皇帝の時代に、長江流域にいた人々を追い出したとい

【図 2-13】中国・雲南省大理のエルハイ湖周辺の山々は荒廃していた

うことが書いてあります。黄河流域は「水」や食物が乏しい。ところが長江流域は「水」が豊かで、食物がいっぱいある。黄河流域の環境が悪くなったときに彼らは南へ行って、長江流域の人々を蹴散らしたのです。

現在、黄河流域には「水」がありません。「南水北調」といって、長江の「水」をどんどん北へ持って行っていますけれども、破綻《はたん》をきたすのは時間の問題です。中国は今、首都を北京から南京に移そうと言っています。つまり地球温暖化によって「水」がなくなりますから、中国文明の中心は必ず長江流域に移動します。四二〇〇年前にあったことが、もう間もなく再現される可能性があるわけです。

図2-13は中国・雲南省大理にあるエルハイ湖の周辺の山々です。山々は森を失っています。それはヒツジやヤギを飼うライフスタイルに起因しています（図

【図 2-14】中国・雲南省大理にあるエルハイ湖周辺の山々が荒廃している原因は家畜を飼うライフスタイルにある

【図 2-15】中国・雲南省大理のエルハイ湖

2-14）。私たちはこのエルハイ湖（図2-15）にボーリング（図2-16）して、湖底の堆積物《たいせきぶつ》を採取し、花粉や珪《けい》藻《そう》の化石を分析して、気候変動を調べました。

四二〇〇年ほど前に気候が寒冷化してくると、黄河流域に住んでいた人々は生活できなくなり、大挙して南下するわけです。長江流域には稲作漁撈民が住んでいましたが、北からやってきた人々と戦争して負けるわけです。なぜ負けたかというと、北からやってきた人は、馬に乗って、すでに金属器を手にしていたからです。

畑作牧畜民に蹴散らされた長江流域の人々は雲南省や貴州省の山の中へ逃げました。

これは西暦一九九七（平成九）年に初めて出した仮説ですが、今やそれが立証されつつあります。

【図2-16】中国・雲南省エルハイ湖の湖底堆積物のボーリング風景。台船（右）に穴を開け機械ボーリングで湖底から採取したコアを取り出したところ（左）（撮影：竹田武史）

4 雲南省滇《てん》王国と少数民族の文化に残る長江文明の遺産

私が昔、吉野裕子《よしのひろこ》先生(8)にお会いしたときのことです。ギリシャ・ローマでよく見た二匹の蛇が絡み合っている図柄（図2-17）、それが一体何かわからないとお話しすると、吉野先生が、「安田さん、注連縄《しめなわ》は蛇ですよ」と言われた。それを聞いたとたんにもう全部わかったんです。注連縄は蛇。つまり注連縄というのは、実は二匹の蛇が交尾している姿です。それが聖なるものであり、豊穣のシンボルなのです。なぜ豊穣のシンボルかというと、蛇は交尾の時間が非常に長いからです。交尾の時間が長い、つまり性のエネルギーが強いというのは、たくさん子どもを産む原点になるわけですから、古代の人々はこれを崇《あが》めたんです。

また蛇というのは脱皮をします。脱皮は生命《いのち》の再生のシンボルで豊穣のシンボルです。見てください、図2-18の二匹の蛇が交尾しているところ。これが注連縄の原型です。これは雲南省で出土した青銅器ですが、稲作漁撈民は牛と蛇を崇拝しました。

長江流域に暮らしていた人々は北からきた畑作牧畜民に追われて、雲南省や貴州省の山の中に逃げていき、そこで滇《てん》王国という女王国をつくります。その滇王国の末裔《まつえい》が、今の雲南省や貴州省に住んでいるミャオ族、あるいはハニ族です。顔（図2-19）は漢民族の顔とは違います。彼らはやはり柱を崇拝します。それから鳥を崇拝しています。お祭りのときには柱の周りを皆がダンスをしながら回る。そして銅鼓《どうこ》という太鼓を打ち鳴らします。その太鼓の真ん中には太陽がちゃんと彫金されています。

ですから、太陽を崇拝して、柱を崇拝して、鳥を崇拝する長江文明の世界観を、雲南省や貴州省の少数民族は今でも持っているわけです。

【図2-17】ギリシャ・ローマ世界にもあった２匹の蛇が交尾する聖なる台座（シリア、マリ遺跡、アレッポ考古学博物館）

【図2-18】中国・雲南省李家山遺跡から出土した青銅器。２匹の蛇が交尾している上には雄牛が２頭彫金されている（玉渓地区行政公署編『雲南省李家山青銅器』雲南人民出版社、1995年より）

【図2-19】中国・雲南省のミャオ族の女性

5 カンボジア、プンスナイ遺跡の発掘にみる長江文明の遺産

カンボジア・プンスナイ遺跡

ミャオ族やハニ族やイ族、こういった少数民族の人々が、長江文明が崩壊したことによって、雲南省や貴州省の山の中に追われました。ところがそれだけでは済まずに、彼らはさらにメコン川（図2-20）やイラワジ川、こういう大河を下って、東南アジアへ行ったのではないかという仮説を私は持っているわけです。それを立証するためプロジェクトをはじめました。

メコン川の源流は雲南省を流れています。それからミャンマーを流下するサルウィン川の源流もやはり雲南省、それからベトナムのハノイに行くホン川、この源流も雲南省

【図2-20】カンボジアを流れるメコン川

です。ですから雲南省や貴州省にいた人々が船に乗れば一気にベトナムやラオス、さらにはカンボジアやミャンマーに行くことができます。だから長江流域を追われた人々は、いったんは雲南省や貴州省の山の中に逃げ込みますが、さらに船でメコン川などを下っていったのではないかという仮説を私は持っているわけです。

メコン川（図2-20）は巨大な川です。美しい川ですけれども海みたいなものですから、船があれば一気に下れます。

西暦二〇〇七（平成一九）年一月一三日から二月二八日まで、カンボジアの学術調査にまいりました。ちょうど旧正月でした。

【図2-21】カンボジア、プンスナイ遺跡の発掘の朝よく見かけた「人豚一体」のオートバイ

図2-21はカンボジアのプンスナイ遺跡に行く途中によく見た風景ですが、「人豚一体」と言いますか、オートバイに豚を逆さまに積んで、旧正月に豚を売りに行くわけです。こんな細い夕イヤでこのような大きな豚と人間を実にバランスよく運んでいると思います。毎日こんな光景を見て、発掘調査現場まで行きました。

図2-22がトンレサップ湖というカンボジアの大きな湖です。この湖は、雨期と乾期で一〇メートル以上の水位の大きな変動があります。大きさは琵琶湖よりもはるかに大きい。この巨大なトンレサップ湖の北側にアンコールワット（図2-23）とかアンコールトムという、皆さんがよくご存じの遺跡があります。

アンコールワットとアンコールトムという遺跡は一二世紀頃に突然繁栄するわけです。今まで文明のないところに突然アンコールワットやアンコールトムの文明が誕生したと言われておりましたが、そうではない。文明というのは、今までゼロのところにある日突然、巨大なものが出てくるわけがないんです。

グーグルマップ（Google map）を見ていたら、このアンコールワットの西八〇キロメートルのところに何か円《まる》い、自然の地形ではできないものが見つかりました。私は環境考古学者ですから、パッと見た瞬間にわかります。自然では火山か何かがないと、そんな円い地形はできません。直径三キロメートルの巨大な円形のものです。これを見た瞬間、これは遺跡だと思いました。これがプンスナイ遺跡との最初の出合いでした。

現地に行きました。そしたら髑髏《どくろ》が積んであるじゃないですか（図2-24右）。ああこれはポルポトの時代に虐殺された人々だなと思って尋ねると、「いやいや違う」と言うんです。「では、どこ

【図 2-22】カンボジア、トンレサップ湖の水上家屋

【図 2-23】カンボジア、アンコールワットの環濠（右上）と美しい女性の彫刻（左下）

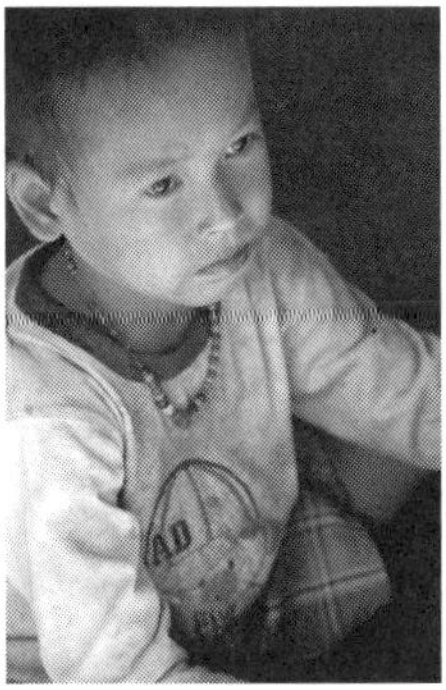

【図 2-24】カンボジア、プンスナイ村の子どもは素晴らしいペンダントをしていた（左）。盗掘された残りの骨は大切に祀られていた。さすが仏教国だ（右）

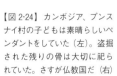

から出てきたのか」と聞いたら、何も言わない。おかしいなあと思って、家の裏のほうに行ったら穴ぼこだらけなんです。その穴から出てきたらしい。

穴ぼこは二〇〇〇年ほど前のお墓でした。そのお墓を盗掘《とうくつ》して、そこから出てきた金属器とかビーズとかいろんなものを売っているんですが、人骨は売るわけにいかない。ここは敬虔《けいけん》な仏教徒の国だから、人骨を粗末にしてはいけないというので集めているわけです。なかにはもう粉々になって壊れてしまったものもありますが、残り具合の良いものを集めて祀《まつ》っているわけです。ということは、もうこれは明らかに遺跡であるということがわかった。それでここを発掘することにしたわけです。

発掘するとなったら大変でした。政治家や役人がきてお祭りをしてセレモニーをするんですが、遺跡に、もっとも聖なる場所といわれているマウンドがあって、その上でやりました。

その辺りはセレモニーの前にいつも歩き回って、土器片が落ちていないかとか、いろんなことを調べていた場所です。ところが政治家や日本の大使がくるとなると、地雷探知機で地雷がないかを検査すると言うんです。毎日歩いているところですから地雷はないだろうと言っても、いや必ずあるはずだと言って検査するんです。一体私たちの生命《いのち》は何だったんだろうと思いました(笑)。大臣たちがくるとなったら、途端に検査するんですから、ひどいものです。そして結局一つ見つかりました（笑）。全然知らずにうろうろ歩いていたところから見つかったんです。

セレモニーを済ませて発掘をしました。

図２-25右上は私たちの発掘ステーションの台所です。家を三軒借りまして、日本人は一〇人ぐらい（図２-25左下）、カンボジアの首都プノンペンの大学生が四〇人ぐらい、作業員は一〇〇人ぐらいでした。

一番暑い時期で四〇度近くあります。冷蔵庫もありません。電気は夕方の六時から夜の一〇時までしかきません。たった四時間しか電気はないのです。

賄《まかな》い人の女性やアシスタントの人たちが毎日ご飯をつくってくれます。冷蔵庫を維持するだけの電気はありませんから、市場に行ってその日の分の食材を買い、その日のうちに食べないと腐ってしまいます。

【図 2-25】カンボジア、プンスナイ遺跡の発掘ステーションの台所（右上）と日本人スタッフが泊まった家（左下）

長江文明の様式をもった黒陶土器

稲作漁撈の都市だから環濠があるだろうと思っていました。先ほど申し上げたように中国湖南省の鶏叫城遺跡、さらに湖北省の石家河遺跡（61頁の図2-9）も環濠がありました。稲作漁撈をやるためには環濠がなければいけない。それが重要な水路になっているわけです。だから環濠があるはずだと思って調べたら、やっぱり窪《くぼ》みがあるんです。そこをまず掘ってみたら予想通り環濠が出てきました。

遺跡の中心には聖地といわれたマウンドがありました。高さは七メートルぐらい。そのマウンドを掘ると下はお墓でした。中国式の版築《はんちく》という工法で土を固めて、その上にお墓、マウンドがつくられていて、その下に主体部が埋まっているわけです（図2-26）。主体部の脇のお墓は、陪《ばい》弔《ちょう》といって、傍《そば》に埋葬された人たちです。そこからもたくさんの遺物が出てきました。

日本の在カンボジア大使館の高橋文明《たかはしふみあき》大使（当時）は遠いところ、わざわざ二回もカンボジアの首都プノンペンから見にきてくださいました。

六世紀になって、このお墓の上に寺院が建てられました。たぶんカンボジア最古の寺院だと考えていますが、その寺院の礎石《そせき》が方形《ほうけい》に残っていました。かつての聖なる場所が、お寺として利用されているのです。アンコールワットよりはるかに古い寺院跡です。

図2-26の人骨を見ていただくと、カンボジアの人と違い、頑丈です。しかしどういう人かわかりません。出てきた物を見てびっくりしました。図2-27左は黒陶《こくとう》土器といいます。私が城頭山遺跡で発掘したものとまったく同じ物です。見た瞬間に、あっ、もうこれは長江からきた人じゃないかと思いました。

【図2-26】カンボジア、プンスナイ遺跡の聖地と呼ばれる丘を発掘したら6世紀の寺院跡の礎石と、より最古（紀元前5世紀頃）の埋葬人骨が発見された

【図2-27】カンボジア、プンスナイ遺跡から出土した黒陶土器（左）と小学校に私たちが整理した棚（右）

長江文明の様式を非常に強く示しており、しかも、注口《ちゅうこう》土器には太陽の模様が描かれていました（図2-28）。

注口土器はこれまでせいぜい一〇世紀ぐらいのものと見なされていました。ところが黒陶土器と同じ時代から出たのです。注口土器の年代は、紀元前五〇〇年あるいは紀元前一〇〇〇年にまでさかのぼる可能性が出てきました。今までの東南アジアの土器の編年というのはいい加減で、年代測定がほとんどなされていませんでしたが、今回は土器の編年そのものも確立されました。

上層階級になると、腕にはびっしりと青銅の腕輪がはめられています（図2-29）。ビーズとか玉、そういったもので着飾っているの

【図2-28】カンボジア、プンスナイ遺跡から出土した注口土器（左）の側面には太陽紋が描かれていた（右下）それは中国・雲南省羊甫頭（ようほとう）遺跡から出土した土器（右上）に描かれた太陽紋と同じだった（撮影：竹田武史）

は女性の人骨であることが、松下孝行《まつしたたかゆき》氏の人骨調査[9]から明らかになりました。明らかに階級差があるということと、女性の戦士がいたことがわかってきました。

ビーズとかガラス、ラピスラズリもありました。ラピスラズリというのは、今、アフガニスタンでしか採れません。そういう遠方との交易があったんです。

ひょっと地元の子どもの胸元を見たらビーズでいっぱい飾っているんです（77頁の図2-24左）。「これはどこから出たの」と聞くと、「お父さんからもらった」と言うんです。お父さんはその辺のお墓から盗んできたわけです。ひょっとしたら村人はものすごいものを持っているんじゃないかと思って、探しました。

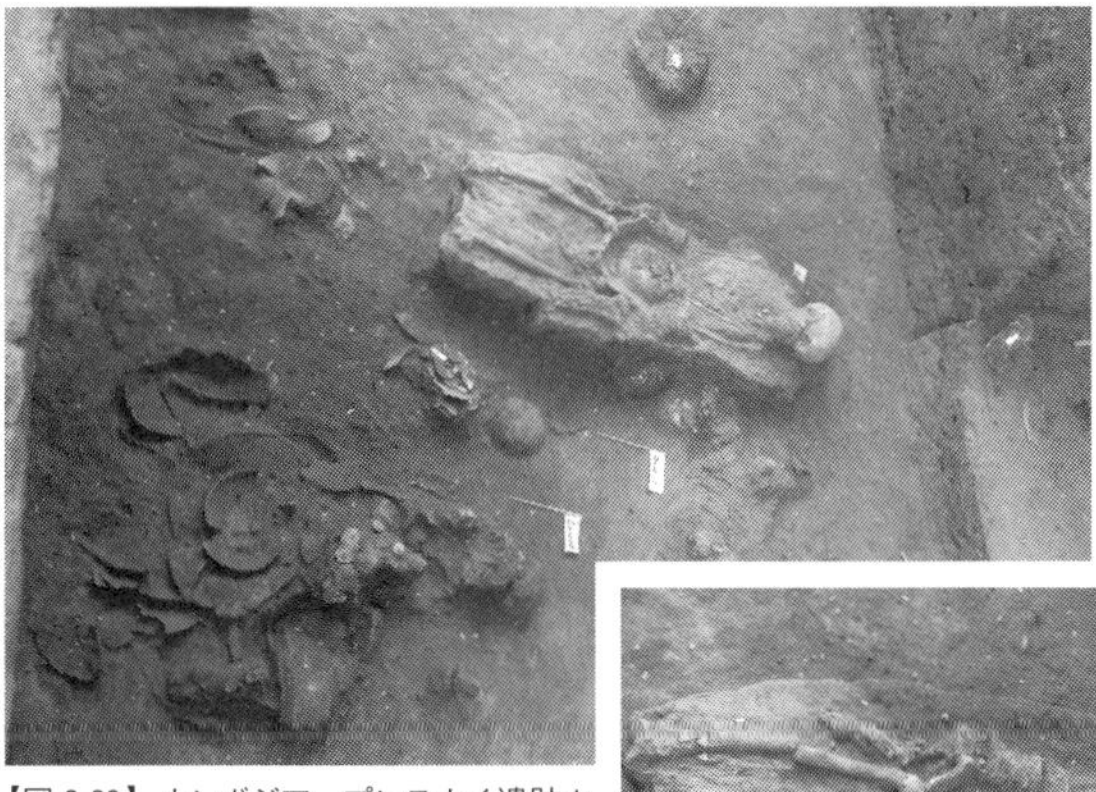

【図2-29】カンボジア、プンスナイ遺跡から発見された青銅の腕輪などに飾られ、腹にヘルメットを置く女性の墓（右下拡大）

プンスナイ村ではおばあさんの持っていたものを出してもらいましたが、ガラスの玉とかビーズとか素晴らしいものがありました（図2-30右下）。私たちの発掘では出ませんでしたけれども、玉のペンダントのようなもの、それから金銀もありました。盗掘したものを、寺院のお坊さんがお金を出して集めているということで、水牛の顔や青銅の鈴などが出てきました。

盗掘した数は数万点以上です。それでもまだ未盗掘のところがいっぱい残っています。そのお墓の数を見れば、そこが都市であったということがわかるわけです。

先ほど申し上げたように、四二〇〇年前に大きな気候変動があり、北から畑作牧畜民がやってきた。長江流域にいた人々が追い出されて雲南省や貴州省に行き、その一部の人々がカンボジアなど東南アジアにまで流れていったということが、推測できるわけです。

東アジアに広がった太陽・鳥・蛇の信仰

これに対して、海岸にいた人々はどこへ行ったか。彼らはボートピープルになって日本にきたと、私は考えています。だから富山県を越中《えっちゅう》、福井県を越前《えちぜん》といいますが、この「越」は何かというと、越の国の「越」、呉越同舟《ごえつどうしゅう》の「越」であるというのが私の考えです。

【図 2-30】カンボジア、プンスナイ村の調査（左上）と老婦人が持っていた墓からの盗掘品（右下）

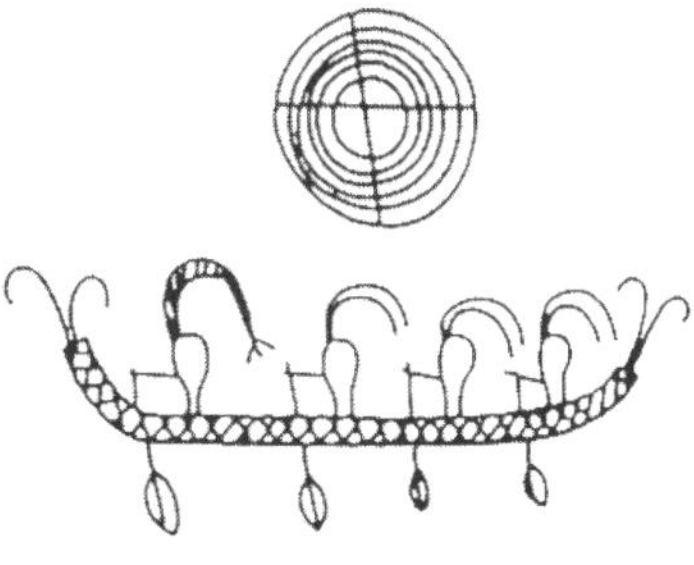

【図 2-31】鳥取県米子市淀江町の角田遺跡から出土した弥生時代の土器に描かれていた羽人（千田稔『王権の海』角川選書、1998 年より）

【図 2-32】中国・雲南省李家山遺跡から出土した青銅器に彫金された羽人（雲南省博物館編『雲南省博物館』文物出版社、1991 年より）

図2－31は鳥取県米子市淀江町の角田《すみだ》遺跡で見つかった弥生時代の土器に描かれた絵ですが、羽飾りをつけた人、太陽が描かれています。

同じようなものが雲南省にもあります。雲南省にあるものも、羽飾りをつけた人々がボートをこいでいます（図2－32）。ですから一方の人々は雲南省や貴州省、それからカンボジアやメコン川の流域に逃げていった。そして一方の人々はボートピープルになって日本にきたということです。

その証拠が、例えば図２－33左は福岡県の珍敷塚《めずらしづか》古墳の石室の絵画で、太陽の模様を示しました。船先に鳥がとまっているでしょう。鳥というのは長江文明のシンボルですが、鳥の水先案内によってボートピープルになった人々がきたということです。

図２－33右下には福島県いわき市の中田横穴古墳から出土したものを示しています。こういう三角の模様は大事です。

図２－34は雲南省の滇王国の李家山《りかざん》遺跡の銅鼓を拡大して示しているものです。この銅鼓には、同心円の模様と三角の模様がいっぱい描いてあります。先ほど言ったカンボジアのプンスナイ遺跡でも、同心円の模様と三角の模様があります。これが重要です。

稲作漁撈民にとっては同心円というのは太陽のシンボルです。三角は何のシンボルかというと蛇です。吉野裕子先生がご指摘されたように、(8) 日本にも古墳時代に三角の模様のたすきをした埴《はに》輪《わ》がありましたけれども、これは蛇を体にまきつけているシンボルだというふうに考えられます。(10)これがカンボジア、それから中国の雲南省、そして日本でも見つかっているわけです。

古墳時代の文化というのは、朝鮮半島経由できたと考えられています。しかし今の日本の考古学者は、弥生時代の稲作はひょっとしたら長江からもきたかもしれないと考えはじめました。古墳時代に関しては朝鮮半島経由の北方のものであるということに対して疑う人はほとんどいません。しかし古墳時代においてさえ南方系の長江流域からの文明の影響、それはカンボジアにもつ

【図 2-33】福岡県珍敷塚古墳装飾壁画（6 世紀）に描かれた太陽を背景に鳥をへさきに飾る船と太陽（左）と福岡県古畑古墳の太陽（右上）と福島県いわき市中田横穴古墳の三角紋（右下）。（坪井清足編『壁画石造物　日本原始美術大系 6』講談社、1977 年より）

【図 2-34】中国・雲南省李家山遺跡出土の青銅器。蛇と太陽のシンボル（上）と鳥の羽根飾りの帽子をかぶって船をこぐ絵（下）

ながるのですが、南からの文化の影響があるということです。

Ｓ字紋は雲南省の石寨山《せきさいざん》遺跡や李家山遺跡から出土しました。Ｓ字紋というのは蛇です。

図２-35の京都の月読《つきよみ》神社の大住《おおすみ》隼人《はやと》舞《まい》の隼人のシンボルもＳ字紋です。

図２-35右下は七〇〇〇年前の縄文時代初期の鹿児島県の垂水《たるみず》遺跡から出たＳ字紋です。七〇〇〇年前にすでに長江との交流があった可能性があるんです。こうしたことを前提として、日本の神話を考えてみたいと思います。

【図 2-35】京都府京田辺市月読神社の大住隼人舞（写真提供：一般社団法人京田辺市観光協会）。Ｓ字紋を書いた盾は中国・雲南省石寨山遺跡から同じものが出土。原型は蛇だと思われる。右下は鹿児島県垂水遺跡から出土した縄文時代初期のＳ字紋

6 日本神話と長江文明の深い関係

日本神話のルーツ

これまでは日本の神話は全部、朝鮮半島経由できたと考えられてきました。ですので、朝鮮半島に近い北九州こそが日本の神話のはじまりであり、南九州に日本神話の故郷があるのはおかしいと言われてきたのです。

にもかかわらず、日本の神話のルーツは南九州にあるんです。日本の古代史家には、南九州にあるのは古代の人々が方位を間違ったからだと言う人もいます。たしかに、GPSなどの発達によって地図を見なくなり、ナビに言われる通り動いている現代の私たちは方位を失いがちです。しかし、古代の人々が方位を間違うことはまずありません。航海するときには、北極星だったらその北極星の方向に動きますから、古代の人々が北を南と間違ったり、東を南と勘違いするようなことはまずないと思われます。

ところが、そういうことを戦後の古代史家はまことしやかに論じてきたのです。

高天原《たかまがはら》から瓊瓊杵尊《ニニギノミコト》がどこへ漂着したか。鹿児島県南さつま市の黒瀬海岸の笠沙《かささ》というところに漂着するんです。今、石碑が立っています。[11] その瓊瓊杵尊《ニニギノミコト》はここにやってきて木花咲耶姫《コノハナサクヤヒメ》と結婚するわけです。そのときにアマツミシルシノカンダカラという剣を引っさげてやってきたと『日本書紀』には書いてあります。そのアマツミシルシノカンダカラという剣はどういう剣かというと、これは素戔嗚尊《スサノオノミコト》が高天原で八岐大蛇《ヤマタノオロチ》を退治したときに見つけた天叢雲《アメノムラクモ》の剣です。瓊瓊杵尊《ニニギノミコト》が高天原から日本にくるときに、天照大神《アマテラスオオミカミ》がこれを瓊瓊杵尊《ニニギノミコト》に差し上げた。それを引っさげて日本にやってきたというのが、『日本書紀』が語る日本神話です。

そのアマツミシルシノカンダカラ、つまり八岐大蛇《ヤマタノオロチ》の尾っぽから出た剣が、第一〇代の崇神《すじん》天皇のときに何か混乱が起こったため、大和の笠縫邑《かさぬいむら》というところに置かれます。その後、第一一代の垂仁《すいにん》天皇が伊勢に移されて、倭姫命《ヤマトヒメノミコト》のところで長い間保管されて、その倭姫命《ヤマトヒメノミコト》が日本武尊《ヤマトタケルノミコト》にお渡しになるわけです。

日本武尊《ヤマトタケルノミコト》はその倭姫命《ヤマトヒメノミコト》からそのアマツミシルシノカンダカラ、つまり天叢雲《アメノムラクモ》の剣をもらって、そして蝦夷征討《えみしせいとう》に行くわけです。駿河の地で蝦夷の人々が放った火に囲まれましたが、その剣で草を刈り払って助かった。だから草薙《クサナギ》の剣になった。

日本武尊《ヤマトタケルノミコト》は、その後、尾張の国で美夜受比売《ミヤズヒメ》の命《みこと》と結婚します。結婚して、伊吹の山の神の退治に行きますが、そのときに草薙《クサナギ》の剣を忘れていったわけです。それで返り討ちにあって、三重の亀山で死んだという。これは誰でもが知っている物語です。

この日本武尊《ヤマトタケルノミコト》が使った草薙《クサナギ》の剣、これは今の熱田神宮にあります。そのご神宝のルーツはどこかというと、これはもとをたどれば素戔嗚尊《スサノオノミコト》が八岐大蛇《ヤマタノオロチ》の尾っぽから見つけた天叢雲《アメノムラクモ》の剣です。そうすると八岐大蛇《ヤマタノオロチ》というのはどんなものか。これは人を何回も飲み込むだけの巨大な大蛇です。そんな大蛇、日本にはいません。だから古代史家は、「そんな見たこともないような大蛇を妄想して、いい加減な虚構を『日本書紀』は書いている。だからこれは歴史学の対象にするものではない」と断じてきたのです。

中国・雲南省にはマンという大蛇がいた

日本には八岐大蛇《ヤマタノオロチ》のような大蛇がいないのではないか。いないものを頭で妄想して、いい加減な物語を書いていると古代史家は考えました。ところがその大蛇は存在したんです。それは中国・雲南省です。雲南省にはマンという大蛇がいました。長さ七〜八メートルぐらいの、ヒツジなどを一飲みにできるぐらいの大蛇がいたんです。

その雲南省の人々は先ほど申し上げたように、かつて四二〇〇年前までは長江流域に住んでいました。ところが四二〇〇年前に北方から黄河流域の人々が攻めてきて、そのため雲南省や貴州省に逃げていった。一方がボートピープルになって日本にきたと申し上げた。その雲南省にはマンという巨大な大蛇がいました。

図2-36は雲南省の滇王国の貯貝《ちょばい》器《き》です。ここに貝のお金を蓄えるわけですが、貯貝器にいろいろな出来事が彫金されています。図2-36右下の拡大写真を見ると、当時の生活が青銅で彫像されています。裸の女性か男性かわかりませんが、多分女性でしょう、髪の毛を柱に結《ゆ》わえられて丸裸です。この柱の左側に、二匹の大蛇が絡み合っています。これはこの人が大蛇の生贄《いけにえ》になるところです。滇王国では人間を大蛇の生贄にするということが現実に

【図2-36】中国・雲南省の滇王国の貯貝器（紀元前3世紀頃）には、当時の生活風景が彫金されている。2匹の大蛇に素っ裸の女性が生贄になっているさまが彫金されている。右下はその部分の拡大図。白い円内が籠に乗った女性（雲南省博物館編『雲南省博物館』文物出版社、1991年より）

行われていたわけです。日常生活がきちんと克明に彫金されているわけです。

この人は巫女《みこ》、シャーマンだったかもしれません。天候が悪い、作物がとれない。すると巫女、シャーマンがお祈りをする。しかし全然効き目がないと『金枝篇』(12)のネミの王のように、この巫女、シャーマンが生贄になって、そして王権の交代が起こるわけです。

これが王権の交代の儀式だと思われるのは、籠《かご》に乗った女性が平然と座っているでしょう。力を失った巫女、シャーマンあるいは女王の後につく女性が籠に座っている。実は滇王国というのは、卑弥呼と同じ女王の国です。この女性が籠に乗って平然とそれを見ているので、これは王権交代の儀式ではないかと考えられます。前王あるいは女王は、この大蛇の生贄になるということが現実に行われていたんです。

六〇〇〇年前の城頭山遺跡から、象の骨とかサイの骨がいっぱい出土しています(1)。だから長江流域には、かつては大蛇がいた。そのことを知っていた人々が日本にきて、八岐大蛇《ヤマタノオロチ》の物語を書いたのではないでしょうか。そう考えるのが当たり前だと、私は思います。貴重な紙に勝手に頭で妄想したことを書きますか。妄想であれば何でも書けると思ったら間違いです。やはり『日本書紀』に書いてあることをきちんと読む。八岐大蛇《ヤマタノオロチ》の物語のはじまりは、長江流域に住んでいた人々が、その記憶にもとづいて書いた可能性があります。

カツラの木とフウの木

瓊瓊杵尊《ニニギノミコト》が日本にこられた。そして木花咲耶姫《コノハナサクヤヒメ》との間に子どもをもうけられた。その子どもの海幸《ウミサチ》と山幸《ヤマサチ》が喧嘩《けんか》します。海幸《ウミサチ》に釣り針を借りた山幸《ヤマサチ》は、その釣り針をなくす。それで海幸《ウミサチ》は怒るわけです。「釣り針を返せ」と海幸《ウミサチ》は言う。それで山幸《ヤマサチ》が龍宮の豊玉彦《トヨタマヒコ》の命《みこと》のところへ行って、釣り針を探して、そこで豊玉姫《トヨタマヒメ》の命《みこと》と出会うわけです。名前は大事です。豊玉です。山幸《ヤマサチ》が豊玉《トヨタマ》姫《ヒメ》の命《みこと》と会うときのことは『日本書紀』にどういうふうに書いてあるかというと、この山幸《ヤマサチ》が口から玉をぽんと瓶に落とした。だから図2-37のような絵が描かれているんです。

今の若い人は『古事記』や『日本書紀』を読んでいませんから、この絵を見ても全然意味がわからないでしょう。画家の青木繁《あおきしげる》氏は『日本書紀』とか『古事記』をよく知っていたんです。だからこれを描けるんです。

山幸《ヤマサチ》が座っているのはカツラの木です。カツラの木というのは、中国名で連香樹といいます。これには意味があるのではないかと思います。カツラというのは聖なる木です。カツラの木を見られたことはありますか。小さな、若木が何本も旺盛に出て、生命力溢《あふ》れる木です。そのカツラの木に登っていた山幸《ヤマサチ》が、玉を口から落とすんです。それで初めて、このカツラの木に山幸《ヤマサチ》が隠れていることがわかる。そして豊玉姫《トヨタマヒメ》の命《みこと》と山幸《ヤマサチ》が結ばれ、釣り針を返してもらった山幸《ヤマサチ》は豊玉《トヨタマ》姫《ヒメ》の命《みこと》と日本に帰ってきて、海幸《ウミサチ》をやっつけるという、こういう物語です。

また、長江の人々がもっとも愛した木はフウの木です。第四紀に入って絶滅しましたから、日本にはフウの木はありません。そのフウの木の中国名は楓香樹といいます。カツラの木のことを連香樹、フウの木のことを楓香樹と中国名ではいいます。ともに香樹なのです。そのカツラの木とフウの木の間には、何か関係があるのかもしれません。私たちは城頭山遺跡を発掘して一〇〇〇点近い木材片を分析しました。そうしたら八〇〇点近くがフウの木でした。フウの木を

【図 2-37】青木繁（1882~1911）がカツラの木に座る山幸とツボを持つ豊玉姫の出会いを描いた「わだつみのいろこの宮」

知っていますか。東京辺りですと、アメリカフウといって、秋になると葉が真っ赤に色づきます。

先ほど話が出たミャオ族は蘆笙柱《ろしょうばしら》という柱を集落の真ん中に立てます。これはフウの木でつくらないとだめなのです。木鼓もフウの木でつくらなければなりません。絶対にフウという木を大事にするんです。

ミャオ族はこういう伝承を持っています。「自分たちは、かつて長江流域に住んでいた。ところが、あるとき、北方から黄河流域の人々が攻めてきた。私たちの先祖は戦ったが戦争に負けて、先祖の赤い血がフウの木の葉っぱについて、秋になるとフウの木の葉は真っ赤に色づくんだ」と。皆さんも、どこかで街路樹を見られたらいいです。今、アメリカフウがありますから。大きな実がなります。

中国から持ちこまれたフウの木が今どこにあるかといえば、これは不思議です。上皇陛下が教えてくださったのですが、皇居に唯一残っています。

鵜《う》の羽を敷きつめた産屋《うぶや》

さて、山幸《ヤマサチ》と結婚した後、豊玉姫《トヨタマヒメ》の命《みこと》は子どもを産みます。鵜《う》の羽を敷きつめた産屋《うぶや》で子どもを産むわけです。鵜という鳥の羽です。先ほど七〇〇〇年前に浙江省の河姆渡遺跡で、二羽の鳥が太陽を抱きかかえている写真がありましたよね（62頁の図2-10）。あれは首が長い鳥ですから鵜だと思います。鵜飼に使う鵜というのは長江の鳥で、鵜飼のやり方というのは長江から日本に伝わってきたものなんです。

この鵜の羽を産屋に敷きつめて、そして「子どもを産むときには先祖返りをする」と豊玉姫《トヨタマヒメ》の命《みこと》が言うんです。「だから恥ずかしいから見ないでくれ」と山幸《ヤマサチ》に言うわけです。ところが山幸《ヤマサチ》はそれを見てしまう。見ると鰐《わに》がのたうち回って子どもを産んでいた、と書いてある。

鰐というのはどこにいるか。鰐というのは揚子江以南にしかいません。黄河にはいません。揚子江鰐が北限です。ところが古代史家は、鰐を鮫《さめ》と解釈したり、あるいは龍と解釈したりしました。龍については『龍の文明史』(13)という本を書きましたので興味のある方は読んでいただきたいのですが、龍は北のものです。黄河流域のもので、長江のものではありません。

これに対し鰐は南のものです。なぜ鰐か。それもわかってきました。実は鰐は玉を求めて日本にやってきた長江の人のことを指しているのではないか。鰐というのは長江より南にしか生息していない。古代の人々で鰐を見たことがある人々は、長江より南に暮らしている人々です。それは玉を求めてやってきた長江の人々ではないか。そんなことがどうしてわかるかというと、日本というのは玉の産地です。例えば新潟県糸魚川《いといがわ》の翡翠《ひすい》、素晴らしい玉が出るでしょう。縄文時代以来、玉が出ていた。長江流域の人々は玉を求めて、陸路はるか離れたウルムチにさえ行っている。崑崙《こんろん》の玉は有名です。ところが船に乗ってくれば、たった八〇〇キロメートルで日本にこれます。だから鰐は玉を求めてやってきた長江の人だと、そのとき直感しました。

そこでまた『風土記《ふどき》』を読んでみたらこう書いてある。(14)『出雲国風土記《いづものくにふどき》』には、鰐が兄の村の神、玉姫を恋い慕って川を上ってきたと書いてあります。玉を求めて鰐がやってくるんです。あるいは『肥前国風土記《ひぜんのくにふどき》』には、鰐が川上の世田姫《ヨタヒメ》の命《みこと》という石の神、玉の神を慕って毎年毎年流れに逆らって上ってくると書いてあります。

鰐というのは玉を求めてやってきた長江の人なんです。ですから豊玉姫《トヨタマヒメ》の命《みこと》が子どもを産むときに先祖返りをする、その姿が鰐ですから、豊玉姫《トヨタマヒメ》の命《みこと》は長江からきた人だということになります。

『日本書紀』にも、事代主《コトシロヌシ》の神が八尋鰐《やひろわに》になって三嶋の玉櫛姫《タマクシヒメ》の命《みこと》に通ったという記述がありま す。つまり鰐が玉を求めて下流からきたわけです。

西暦二〇一七(平成二九)年七月に福岡県の「神宿る島」宗像《むなかた》・沖ノ島と関連遺跡群が世界文化遺産に登録されました。それを記念した宗像市のシンポジウムで、エクスカーション(体験型の見学会）の案内をしてくださった方が鐘崎《かねさき》港の八尋《やひろ》さんという方でした。きっとご先祖は長江からこられたのでしょう。

偶然は続きます。立命館大学環太平洋文明センター長として主催したシンポジウムで、『環太平洋文明叢書6　東シナ海と弥生文化[15]』を共同で編集してくれた七田《しちだ》忠昭《ただあき》氏の家の前に鰐大明《わにだいみょう》神《じん》という神社があり、七田家はその神社の注連縄をつくったりお供えをしたりして、代々祀《まつ》っているというのです。

七田氏は佐賀県吉野ヶ里遺跡の発掘調査で著名になられた方ですが、目に見えないご縁があって、私とシンポジウムを一緒にオーガナイズされたのでしょう。鰐大明神の写真（その写真は『環太平洋叢書6　東シナ海と弥生文化』に掲載しています）まで送ってくださいました。

山幸《ヤマサチ》と豊玉姫《トヨタマヒメ》の命《みこと》の孫が、初代天皇、神武《じんむ》です。神武天皇が道に迷ったときに、鳥がやってきて道案内をするという有名な話があります。戦後の古代史家は、これも皆、架空のものだと考えてきました。そうではなくてちゃんと史実が書かれているのではないでしょうか。熊野神社には八咫烏《やたがらす》という、三本足の鳥がいますが、これも長江からきたものです。

私たちは柱を大事にします。伊勢神宮の心《しん》の御柱《みはしら》、熱田神宮の五柱、あるいは諏訪大社の御《おん》柱《ばしら》など、皆、柱を大事にする。長江と同じです。

鳥を大事にする、柱を大事にする。そして何よりも私たちの最高神というのは太陽です。伊勢の夫婦岩《みょうといわ》、注連縄で結合されているわけですが、天照大神《アマテラスオオミカミ》がこの夫婦岩の間を昇ってくる。それを私たちは崇拝したわけです。伊勢神宮あるいは日本の神道というものは、長江の稲作漁撈民の神話と非常に深い関係がある。そのことを最初に指摘されたのが、欠端實先生の『聖樹と稲魂(2)』という本です。

『文明の風土を問う(16)』でも欠端先生と私は、日本の神道、太陽を崇拝する神道と長江の間には深い関係があると指摘しています。

欠端先生は西暦一九九六（平成八）年にご高著『聖樹と稲魂(2)』で長江文明と日本神話との深い関係を指摘されましたが、それはまだ私たちによって長江文明の実態が明白になる以前のことで、誠に先見の明のある卓見であったと思います。

欠端先生は中国の少数民族ハニ族の研究調査から日本文化との共通性を発見されたのです。この『聖樹と稲魂(2)』は長江文明や日本人の世界観を考える上で絶対に読まなければならない基本文献です。

今の少数民族、例えばイ族の神話では、女は太陽の化身で右、男は月の化身で左。トラの右目が太陽、左目が月。つまり右が女で左が男です。そして太陽が女で月が男です。

太陽神が女神だということはものすごく重要です。なぜかと言うと、ギリシャ神話の太陽神はアポロで男神です。それから漢民族の太陽神は、炎帝で男神です。だから畑作牧畜型の、パンを食べてミルクを飲んで肉を食べる、こういう人々の太陽神は全部男神ですけれども、稲作漁撈民の太陽神は女神であるということ。私たちの稲作漁撈文明の意義がわかったと思います。

7 稲作漁撈文明の人類史的意味

棚田の価値の再発見

図2－38はミャオ族の棚田です。ヒツジやヤギを飼う人々はここへヒツジやヤギを放牧するわけです。放牧するとヒツジやヤギは草を瞬《また》く間に食べてしまい、禿山《はげやま》になります。

ところが稲作漁撈民はそうではない。こんな急傾斜のと

【図 2-38】 豊饒の大地を生み出すことに力を注ぐ稲作漁撈民の心が 21 世紀の人類を救う。中国・貴州省ミャオ族の棚田。人がいる（白い円内）ことから棚田の大きさがわかる（撮影：竹田武史）

ころに、ここはおじいさんの水田、ここはお父さん、これは僕、これは息子、これは孫と、営々と自らのエネルギーを、この豊かな大地を生み出すことに注ぎ、そこに喜びを感じることができるんです。これは稲作漁撈民の大きな特徴です。

例えば、私たちは内モンゴルに行って植林しています。ところが、なぜ日本人がこんなに木を植えて嬉《うれ》しいのか、漢民族の人はわからないんです。自費で切符を買って内モンゴルまで行き、そして植林をする。それで何が嬉しいんだ、と言うわけです。

でも私たちは嬉しい。「不毛の大地を豊かな大地に変える」、そこに喜びを覚えることができるのは、限られた民族です。それが稲作漁撈民です。

稲作漁撈民は、「水」の循環系の重要性も完全に理解している。それで水田の中に、ヤゴやゲンゴロウ、コイやフナ、あるいはドジョウ、タニシなど、生物の多様性がきちんと温存されている。水田は地下水をきれいにします。美しい森と「水」の循環系をきちんと維持し、「水」が流れている限り私たちはこの地球で生きていくことができるんです。

田んぼに「水」を張って、美しい「水」の利用をしようと思えば、他人の幸せを考えないと生きていけません。そうでしょう。自分の田んぼに入った「水」を全部使い切ってしまったり汚してしまったら、次の人は困るでしょう。水田稲作農業社会では、自分の使った「水」はきれいにして他人が使えるようにして返さないと生きていけない。

だからそこでは、「利他の心、他人の利益を考える心、あるいは他人のことを思いやる慈悲の心」が生まれる。だから穏やかで優しいんです。絶えず人の幸せを考えながら生きていかないと生きていけないんです。

こういう美しい世界観を書いたのが、日本の神話です。日本の神話というのは利他の心、慈悲の心、自然に対する美と慈悲の文明の心を書いたものです。ところが学校教育ではそういうことを教えません。今や日本神話は小学校の教科書で教えられないどころか、研究の対象からも外されつつあるのです。

稲作漁撈民は、山を聖なるものと見なします。山は森を生み、美しい「水」の源となるところです。だからこの聖なる山を崇拝する。山は天と地を結合させ雨を降らせます。その雨を水田に使う。水田で「水」を使ったら、その「水」が海に流れて、魚を涵養《かんよう》する。その魚をタンパク源として食べます。川に「水」が流れている限り私たちはこの美しい大地で生きていくことができます。

ところがパンや肉を食べてミルクを飲む、現代文明の原点になった畑作牧畜型の人々の文明では、例えばギリシャにはかつて豊かな森がありましたが、全部破壊してしまいました。誰が森を

【図 2-39】イギリス、エジンバラ市郊外のヒツジが草を食む風景。これがのどかな田園風景だと思われていた

【図 2-40】南半球には南極ブナをはじめ素晴らしい森があった（左上）が、いまはヒツジに食い荒らされ荒廃した景観が広がっている。私にはヒツジが緑の大地の生き血を吸い尽くすシラミのように思えた（右下）

破壊したか。ヒツジやヤギが破壊しました。人間が寝ている間でもヒツジやヤギは草を食べます。そして禿山の世界になります。

これは何もギリシャだけではありません。ヨーロッパでは一七世紀の段階でイギリス（図2-39）本国の国土の森の九〇％以上、ドイツの国土の森の七〇％、スイスの国土の森の九〇％以上が破壊されました。そして森が破壊されて行くところがなくなって、新大陸アメリカに行ったのです。アメリカというのは森の国でしたが、西暦一六二〇（元和六）年にメイフラワー号に乗ってアングロサクソンがきてからたった三〇〇年で、アメリカの国土の森の八〇％が破壊されました[17]。アメリカ大陸だけではありません。ニュージーランドには西暦一八四〇（天保一一）年にイギリス人が行きます。そうすると森の破壊がはじまって、西暦一八八〇（明治一三）年から西暦一九〇〇（明治三三）年のたった二〇年の間にニュージーランドの森の四〇％が破壊されたのです（図2-40）。こうして世界の森は破壊されていきました。

ところが稲作漁撈民は違います。美しい森の大地、「水」の循環を維持していくんです。しかも稲作が起源した一万年以上前から現在にわたって維持してきたんです。この価値を見直して「稲作漁撈文明が地球を救う」ようにしなければなりません。

二一世紀には森はなくなります。西暦二〇五〇年には熱帯雨林はゼロになるかもしれません。

世界は、このまま行けばそうなります。誰がおしとどめることができるか。稲作漁撈文明が地球を救うのです。

米と魚を食べ、発酵食品を食べる稲作漁撈文明というのはきわめて持続性が高くて、二一世紀の地球と人類を救う可能性があるわけです。

稲作漁撈民のライフスタイルの再認識

今までは、文明とは、パンを食べ肉を食べてミルクを飲む、バターやチーズをつくる人間だけのものであるというのが一般的な考え方でした。米を食べて味噌汁を飲むというのはダサくて、文化が遅れていると思われてきました。

食べるというのは、実は頭で食べるのです。舌で食べるんじゃない。だからハンバーガーがおいしいと思うのは、アメリカの文明、モダナイズ（近代化）された工業技術文明、その先端にあるアメリカの文明に憧れるということが、ハンバーガーをおいしいと思わせている原因なのです。だから舌で食べるんじゃなくて、実は頭で食べているわけです。

戦後、日本の家庭の朝食がどんどんパンになっていきました。おいしいということももちろんありますが、それだけではない。やはり文明の力です。私たちの稲作漁撈文明が、畑作牧畜文明に負けたことのシンボルです。

肉を食べるということはどういうことか。小麦粉一トンつくるのに「水」は一〇〇〇トン要《い》ります。ところが牛肉一トンつくるのに「水」は一万二〇〇〇トン必要です。小麦粉の一二倍の「水」が要るんです。ビーフステーキを食べている人は、大量の「水」を飲んでいるということです。ところがこの地球に私たちが利用できる淡水は二・五％しかありません。地球温暖化によって渇水が起こり、水飢饉に直面するでしょう。稲作漁撈民には森がありますから「水」は大丈夫だと思いますけれども、黄河の流域は西暦一九九七（平成九）年からすでに断水（断流）しています。黄河流域の畑作牧畜民は「水」で行き詰まるんです。中国の人々は、豊かになっても「水」をどんどん輸入するしかないでしょう。

私と服部英二《はっとりえいじ》先生[16]（元ユネスコ事務局長顧問）の考えていることとは、「金さえあれば何でもできるという世界を超克しない限り、私たちには未来がない」ということです。市場原理主義の社会をどう超克するのか。難しいです。今は金さえあれば何でもできますが、「水」だけは市場原理主義に乗りません。京都であった世界水フォーラムで大議論になったことを思い出します。「水」を市場原理に乗せるか乗せないか、です。「水」では儲《もう》けられないのです。二一世紀は人々が

「水」の危機に直面する世紀です。

持続的に「水」の循環系をきちんと維持しながら、この大地とともに生きてきたのは誰かというと、稲作漁撈民です。聖なる山を持って、聖なる森を崇《あが》めて、鎮守《ちんじゅ》の森をつくって、そこから流れてくる「水」、その「水」を水田に引いて、お互いが仲良くその「水」を利用して、そして海に返して魚を育てて、その魚を食べて循環的に暮らしておれば、この大地で何万年でも暮らすことができるんです。

私が梅原猛先生から「稲作漁撈文明の研究をしろ」と言われたとき、稲作漁撈に文明などあるはずがないと思いました。米を食べて魚を食べることはダサくって、パンを食べてミルクを飲む人々よりも遅れていると思っていました。そうした考え方を変えることが必要なのです。

米を食べて魚を食べ、発酵食品を食べるライフスタイルこそが、大地に優しい暮らし方なのです。そこに住む人々が持っている世界観というのは、太陽を崇拝して、柱を崇拝して、鳥を崇拝して、自然の生きとし生けるものの世界を崇拝する、アニミズムの世界です。パンを食べて肉を食べてミルクを飲む人々の生活は、大地を砂漠に変えます。しかも崇拝するのは、唯一天の神様です。大きな違いがあります。

私たち人類（ホモ・サピエンス）は、この地球を砂漠に変えて、地球の森を破壊してしまったらもう行くところはありません。ここでへばりついて生きるしかないんです。その哲学、ライフスタイルを持っているのは稲作漁撈民です。私たち稲作漁撈民自身がその価値に気づいて、勇気を出して、地球環境問題にあえぐ国際社会のなかで、未来に向かって進むしかありません。

第二章　引用・参考文献および注

（1）安田喜憲『稲作漁撈文明——長江文明から弥生文化へ』雄山閣、二〇〇九年
（2）欠端實『聖樹と稲魂——ハニの文化と日本の文化』近代文芸社、一九九六年
（3）Y.Sato : Origin of rice cultivation in the Yangtze River Basin. Y.Yasuda (ed.) : *The Origins of Pottery and Agriculture*. Lustre Press and Roli Books, Delhi, 2002.
（4）何介鈞・安田喜憲編『湖南省城頭山遺跡』文物出版社、北京、二〇〇七年
（5）安田喜憲『環境文明論——新たな世界史像』論創社、二〇一六年
（6）Wang, L. *et al.*:Genetic structure of a 2,500years old human population in China and its spatio-temporal change. *Mol. Biol. Evol.*, 17-9, 1396-1400,2000.
（7）篠田謙一『日本人になった祖先たち——ＤＮＡから解明するその多元的構造』ＮＨＫブックス、二〇〇七年

（8）『吉野裕子全集（全一二巻）』人文書院、二〇〇七～二〇〇八年
（9）Matsushita T. and Matsushita M. : Human skeletal remains excavated from Phum Snay. Yasuda,Y. (ed.) : *Water Civilization : from Yangtze to Khmer Civilizations.* Springer, Heidelberg, 2012.
（10）安田喜憲『環太平洋文明叢書2　日本神話と長江文明』雄山閣、二〇一五年
（11）安田喜憲『龍の文明・太陽の文明』ＰＨＰ新書、二〇〇一年
（12）Ｊ・Ｇ・フレイザー『金枝篇（全二巻）』吉川信訳、ちくま学芸文庫、二〇〇三年
（13）安田喜憲編『龍の文明史』八坂書房、二〇〇六年
（14）こうした鰐の記録を最初に指摘されたのは、越野真理子「山と海と玉――『ワニ』の神話学」吉田敦彦監修『比較神話学の鳥瞰図』大和書房、二〇〇五年である。
（15）安田喜憲・七田忠明編『環太平洋文明叢書6　東シナ海と弥生文化』雄山閣、二〇一八年
（16）安田喜憲・松本健一・欠端實・服部英二『対論　文明の風土を問う――泥の文明・稲作漁撈文明が地球を救う』麗澤大学出版会、二〇〇六年
（17）安田喜憲『日本よ、森の環境国家たれ』中公叢書、二〇〇二年

第三章

富士山が世界文化遺産になった

1　富士山を世界文化遺産に

イコモスの勧告

西暦二〇一三（平成二五）年六月二二日に富士山（図3-1）が世界文化遺産になりました。富士山を世界遺産にすることは、日本人にとっての悲願でした。ユネスコの下部機構に国際記念物遺跡会議（ICOMOS。通称イコモス）があり、そのイコモスが世界遺産にするかどうかを、最終決定します。そのイコモスによる勧告が西暦二〇一三年（平成二五）年四月三〇日に届きました。「富士山の山岳信仰をピルグリム・ルート（巡礼路）として、世界文化遺産に推薦するが、条件がある。三保松原《みほのまつばら》はピルグリム・ルートから四五キロメートルも離れているので、富士山を世界文化遺産にしたいのなら、三保松原を構成資産から外すことだ」（要旨）と言ってきたのです。

【図 3-1】静岡県黒岳から見た富士山（撮影：大野剛）

畏友の川勝平太《かわかつへいた》氏が静岡県の知事をしています。私は世界遺産推進室担当参与という肩書をいただいて、静岡に行き、富士山を世界遺産にすることにかかわってきました。

四月三〇日のイコモスの勧告に対し、「富士山が世界文化遺産になるのなら、三保松原を外してもいいじゃないか」という意見も出てきました。しかし私は反対しました。三保松原と富士山は一体です。川勝知事も「やっと八合目まできたけれども、あと残り二合がある。残りの二合は、三保松原を世界遺産にすることだ」とおっしゃっていました。

三保松原に降り立ち水浴びをした天女は富士山の化身です。富士山の化身が三保松原で水浴びをして、富士山へ帰っていく。富士山と三保松原は、生命《いのち》の「水」の循環でつながっているのです。

森里海の「水」の循環は、われわれ稲作漁撈民《ぎょろうみん》にとって生命の維持装置の根幹を形成しています。富士山に降った雪が地下にしみこみ、地下水となってこんこんと麓《ふもと》に溢《あふ》れ出る。その美しい「水」が水田を潤《うるお》し、その水田を潤した「水」が海へ流れていって、プランクトンを育てて魚を育てる。その魚介類を主たるタンパク源とするライフスタイルを稲作漁撈民は確立しました。

駿河湾は日本一深い内湾です。最大水深二五〇〇メートルにも達します。深海底には珍しいサメが生息しています。かたや富士山は三七七六メートルの日本一高い山です。日本一深い駿河湾と日本一高い富士山が近接して存在する。富士山頂と駿河湾の最深部の落差は、六〇〇〇メートル以上もあります。しかも、近接した距離で一直線につながっている。エベレストの標高は八八四八メートルとされていますが、インド洋のベンガル湾から山麓のインド平原を通ってエベレストまで達するのに、直線距離で七〇〇キロメートル近くあるわけです。ところが、日本の駿河湾から富士山の頂上まで、直線距離でわずか三〇キロメートルにも満たない。そんなところは、世界広しと言えどもない。そこには深海底に生息するサメからはじまって高山に生える高山植物に至るまで、素晴らしい生物の多様性が維持されている。それをつないでいるのは、生命《いのち》の「水」の循環なのです。

この森里海の生命《いのち》の「水」の循環を守り生物多様性を守るということが、稲作漁撈民の世界観の大事なことであって、これをヨーロッパやアメリカの畑作牧畜民の人々にも知ってもらわないといけない。ところが、ユネスコのイコモスは「三保松原はピルグリム・ルートから四五キロメートルも離れている。富士山を世界遺産にしたいのなら三保松原を外せ」と言ってきたのです。

カンボジア・プノンペン

第三七回のユネスコの最終決定会議がカンボジアの首都プノンペンで行われることになりまし

た。しかもその会議の議長は、ソクアン副首相（当時）でした。

私が西暦二〇〇六（平成一八）年に初めてカンボジアに行ったころは、カンボジアはまだ貧しくて、私はソクアン副首相の家に遊びに行ったこともあります。義弟のテチュップさんは環境省副大臣（当時）で、友だちになりました。

しかもカンボジアのプンスナイ遺跡を発掘調査するときの私たちのカウンターパートは、チュップン文化芸術省副大臣（当時）で、そのチュップン閣下も世界遺産を担当しておられました。タイとカンボジアの国境にプレアビヒアというアンコールワットに匹敵するような大きな遺跡がありますが、それが「タイの遺跡だ、いやカンボジアの遺跡だ」と両国が争っていて、その担当者がチュップン副大臣（当時）でした。

それで、私は早速、お二人に手紙を書いたのです。

「アンコールワット（図3-2）という世界遺産は、プノンバケンという山の神様が祀《まつ》られているところです。

【図3-2】カンボジア、アンコールワットの水。水域のある部分（左）と、ハスの花の咲く池（右）

そのアンコールワットの隣にアンコールトムという一二世紀の段階で、恐らく世界一の人口を有していたと思われる大きな都市遺跡があります。そのアンコールトムに住んでいた王様は、一年に一回は必ず、プノンバケン山の岩山と清水の出てくる場所に巡礼に行ったのです」と。

環濠の調査

アンコールトムとアンコールワットの周囲には、環濠《かんごう》があります。西暦二〇〇七（平成一九）年にアンコールトムの環濠の一部が干上がり、調査しました（図3-3）。

一二世紀当時、世界一人口が多かったと推定されるアンコールトムの環濠は、おそらくものすごく汚れているだろうと予想していました。ところが、環濠に堆積《たいせき》した土の中の珪藻《けいそう》と昆虫の化石を分析した

【図3-3】カンボジア、アンコールトムの環濠の一部が一時的に干上がった（左）。アンコールトムの西門（円の部分）が見える。そこで堆積物を採取した（右）

森勇一《もりゆういち》先生（金城学院大学薬学部講師）は、「安田先生、この水は飲もうと思ったら飲めますよ」と言ったんです。一二世紀の段階で世界一の人口を擁した都市の環濠の「水」が飲めるぐらいにきれいでした。

その「水」はどこからきているか。それは水源にもなっている聖なるプノンバケン山からきているわけです。つまり、アンコールトムとアンコールワットは、水源のプノンバケン山と聖なる「水」によってつながっていた。しかもその「水」は飲めるぐらいにきれいな「水」として、環濠にたたえられていたのです。

これには私もびっくりしました。実際、アンコールトムの場合は、三つ大きな貯水地がつくられており、上澄みだけを環濠に流して、汚い物を全部、その湖の貯水池の底にためる濾過《ろか》システムをつくって

【図3-4】カンボジア、アンコールトムの貯水池でのボーリング調査（左上）。右下は水を濾過する水門

いたのです（図3-4右下）。

「世界遺産のアンコールワットとプノンバケン山の関係は、三保松原と富士山の関係とまったく同じなんです。富士山と三保松原が生命《いのち》の『水』の循環によってつながっているのと同じように、プノンバケン山とアンコールワット・アンコールトムも、生命《いのち》の『水』の循環によってつながっていたわけです。これが稲作漁撈民の世界観なのです」と私は手紙を書きました。

白アリの巣

カンボジアの平原には白アリの巣がポコリ、ポコリとあります。白アリの巣が家にできたら、日本人はすぐ壊すでしょう。しかし、カンボジアの人は絶対に壊さない。なぜかと言うと、白アリの巣は、山の格好をしています（図3-5下）。それは家の中に山ができた、つまり、聖なる「水」を生み出す山ができたわけですから、幸福がやってくるとカンボジアの人々は考えるのです。カンボジアの人々が山を崇拝する気持ちは、日本人以上に強い。それが稲作漁撈民の考えなのです。

東洋と西洋の闘い

西洋の一神教の国の人々が、「ピルグリム・ルートから四五キロメートルも離れているから、

【図 3-5 上】カンボジアではシロアリの巣を祀っている

【図 3-5 下】カンボジア、ラタナキリに向かう途中で見たシロアリの巣

富士山を世界遺産にしたければ、三保松原を除外するのが条件だ」と言ってきました。「これは、東洋と西洋の闘いだ」と私は思ったわけです。二回目にソクアン副首相とチュップン副大臣に手紙を書いたときには、*Water Civilization*(1)という本もお送りして「本の四二八ページを見てください、そこに聖なる『水』のこと、カンボジアのことが書いてあります」と記しました。チュップン副大臣は、すぐにソクアン副首相にその手紙と本を届けてくださったそうです。

2 世界の人々が日本人の山と「水」を崇拝する世界観を認めた

信仰の対象と芸術の源泉

プノンペンの世界遺産の会議には、世界各国からユネスコの大使がきていました。カンボジアのユネスコ大使は、西暦二〇〇七（平成一九）年のアンコールトムの環濠の調査のときのカウンターパートだったロス・ボラート博士でした。

会場には一五〇〇人以上の人がいました。元文部科学大臣の遠山敦子《とおやまあつこ》先生（現在、静岡県富士山世界遺産センター館長）もきておられて、「どこかの大使が、三保松原は素晴らしいと言ってくれるといいんだけどな」と話しておられました。そのときに頑張ったのが文化庁長官（当時）だった近藤誠一《こんどうせいいち》氏です。近藤長官が、各国のユネスコ大使にいろいろネゴシエーションされた。私にはそんな資格はありませんから、各国のユネスコ大使に直接訴えることはできませんが、長官は日本国の代表ですから交渉された。

そして、西暦二〇一三（平成二五）年六月二一日の一九時から各国のユネスコ大使のパーティーがあり、それが終わった直後、近藤長官のお顔が輝いていた。その瞬間に、「これはひょっとしたら明日はうまくいくかもしれないな」と私は思いました。

そして、翌六月二二日一四時三〇分から富士山の世界遺産の審議がはじまったのです。

まず驚いたのは、私たちは当初「富士山・信仰の対象と芸術の源泉」という副題をつけてユネスコに申請していました。しかし、途中で信仰の対象という言葉が一神教の国々から反発されるのではないか、行政は宗教とは分離しなければならないなどという危惧が起こり、ユネスコには「富士山」とだけ申請していました。ところが各国のユネスコ大使は、その副題を復活すべきだと言ってくれたのです。これは嬉《うれ》しかった。山を崇拝し信仰する稲作漁撈民の世界観が世界に認められた瞬間でした。

富士山が世界文化遺産になった

ユネスコの会議では、ドイツとフランスがヨーロッパでは大きな力を持っています。フランス語は英語とともにユネスコの公用語になっている。ドイツの大使が「三保松原は素晴らしい。これは世界遺産にすべきだ」と言ったのです。そうしたら、メキシコの大使も同調し、各国の大使が三保松原と富士山を口々に絶賛しはじめたのです。マレーシアの女性の大使は、涙ながらに語ってくれました。インドの大使は「水を崇拝するスピリチュアルな世界観こそが大事だ」とまで言ってくれた。世界の人々がここまで一生懸命支援してくれるのかと思うと、ちょっと目頭が熱くなりました。

川勝知事は「不思議な勢いの風がみなぎり(2)」と言っておられるが、私は富士山の神々がそのときだけこられたのではないかと思いました。そして、最後にソクアン副首相が「アダプティッド」(採択)と言って木槌《きづち》を叩《たた》かれて決まったんです。

決まった瞬間に、私の前に座っておられた遠山先生が全然席を立たれないわけです。体の調子でも悪いのかなと思って、ちらっと見たら、泣いておられました。それぐらい静岡で育った人は富士山を崇敬しているのです。

3 三保松原を愛したエレーヌ・ジュクラリス

旧清水市の市民の気高い行為

静岡の人は奥ゆかしい。その奥ゆかしさを象徴する一つのエピソードを紹介しましょう。三保松原に憧れたエレーヌ・ジュクラリス氏というフランスのダンサーがいました。エレーヌ氏は西暦一九一六（大正五）年に生まれ、羽衣の能に憧れて、謡曲「羽衣」を翻訳し、西暦一九四九（昭和二四）年にフランスのギメ美術館で能「羽衣」を上演し、絶賛を博しました。しかし、同年六月、天女が羽衣の舞を舞いながら消えていく最後の場面で倒れたのです。白血病でした。そして西暦一九五一（昭和二六）年に三五歳の若さで亡くなったのです。「せめて一度、三保松原を訪れたい」。これが彼女の夢でしたが、白血病に倒れ、その夢を叶《かな》えることはできなかったのです。

夫のマルセル・ジュクラリス氏はその年、彼女の遺髪を持って三保松原を訪れ、その遺髪を三保松原に埋めました。それを聞いた旧清水市（現在は合併して静岡市になった）の人々が寄付を集めて記念碑「エレーヌ夫人羽衣の碑」（図3－6）を西暦一九五二（昭和二七）年に完成したのです。まだ敗戦間もないころで、日本は貧困のどん底にあった。なのに、そのフランス人の行為に感動した旧清水市の人々は、寄付を集めて記念碑をつくったのです。当時は山本正治清水市長で、市からも三〇万円の寄付が行われました。夫マルセル氏は、「あの三保の浜辺、風や松や、砂の上の小石」を忘れることができないと記しています。

静岡の人の奥ゆかしさを象徴する出来事だったと私は思います。それはまさにフランスと日本の友好のシンボルです。今ではエレーヌ氏の記念碑にはその命日に、多くの人が訪れるようになり、日仏友好のシンボルとなりました。

【図 3-6】静岡県三保松原にある旧清水市民の力でつくられたエレーヌ氏の記念碑（撮影：杉山泰裕）

三保松原の清掃活動がはじまった

静岡県の職員の名刺には、富士山が印刷してあります。私は世界遺産推進室担当参与という名刺をいただいて、それをみんなに配っています。富士山が世界遺産になるまでは、それを渡しても誰も関心を持ちませんでした。ところが、富士山が世界文化遺産になってからこの名刺を渡すと、「ありがとうございます」と言われるようになりました。

三保松原は世界遺産の構成資産からいったん落ち、それが復活しました。落ちたことによって、逆に人々の関心が高まり、清掃活動がはじまりました。西暦二〇一三（平成二五）年五月の連休のときには、清掃に五〇〇〇人近い人がきたんです。あのままスッと世界遺産になってしまったら、そんなことは起こらなかったでしょう。いったん落ちたものだから、みんなの間に「保全しなきゃいけない」という気持ちが出てきたのです。

4 三保松原のマツを守れるか

農薬は果たして効くか

三保松原のマツを守るということが、これからの重要な課題です。今は静岡市が管理しています。静岡市はマツを守るために農薬を散布して、樹幹《じゅかん》注入しています。注射器のようなものがマツの幹に刺してあるのをご覧になったことはないでしょうか。あの中に農薬が入っているのです。マツ枯れには農薬がどうも効かないというのはもう誰しもが経験からわかっている。二五年間、ずっと農薬をまき続けたのに、西日本の日本海側から青森までほとんどのマツが枯れてしまったのですから。太平洋側の三保松原、あるいは信州の一部や東北の内陸の一部には残っています。しかし海岸部、特に日本海側のマツはほとんど枯れてしまった。これは中国からやってきた大気汚染が原因です。それによって日本海側のマツは青森までほとんど枯れてしまったのです。

それでも、農薬を散布し続けています。なぜやめないか。それをやめると、国からくる林野庁の予算が減るからでしょうか。地方も同様で、マツ枯れ対策のお金は国からくるのですから、自分のところの地方自治体の財政が痛むわけではない。おまけにマツは何も言いませんから、やり続けているのではないでしょうか。

枯れたマツを倒す伐倒《ばっとう》作業にも何十万円というお金がかかるわけですが、それも公共事業になっており、自分のところの県とか市のお金が痛むわけじゃない。国からお金がくる。マツは何も言わない。枯れていけばどんどんと公共事業ができる。

「今まで二五年間まき続けてきた農薬が効きませんでした」とは今さら言えない。誰かの首が飛びますからね。だから、二五年間ずっとやり続けているんです。体に悪い、生命《いのち》の維持に危険な農薬をまき続けているわけです。

あるとき、担当者に「この農薬はマツ枯れに効くと思いますか」と聞いたら、若い担当者は正直だった。「いや効かないと思います」と言った。ところが上司は、「いやそんなことはない。農薬の濃度を三分の一に薄めているから効かないいんだ」と言ったんです。「人体に悪いから、濃度を三分の一に薄めている。だから効かないいんだ」と。

樹木医は変わった

昔の樹木医は、木の生命《いのち》を守るということで一生懸命働いた。ところが、樹木医は今、地方自治体の林務部の人の再就職先になっている。林務部の人が六〇歳で定年退職した後、樹木医になっている。そしてマツ枯れ対策でくるお金をいかに分けるかというような方向に行っているのではないでしょうか。

例えば、岡山県で樹齢三〇〇年のマツの巨木が枯れはじめた。それを、樹木医が一本修理するのに七〇〇万円かけているという。ところが、七〇〇万円かけて、結局、全部枯らして、その原因は「マツクイムシ（マツノザイセンチュウ）だからしかたがない」と言う。

私たちは今、三保松原を助けるために、イービーエス産興という広島の小さな会社が開発した「松イキイキ」という漢方薬を灌注器《かんちゅうき》で根っこに注入し、土壌を改良してマツを助ける運動を展開しています。

なぜマツノザイセンチュウがはびこるかというと、マツの免疫力がなくなってきて、幹がカサカサになりマツヤニが出なくなる。すると、そこへマツノマダラカミキリが卵を産むわけです。それで、マツノザイセンチュウが発生して、マツが枯れていくわけです。マツヤニが出ていれば、マツノマダラカミキリは卵を産めないんです。マツが弱るのは、まず大気汚染が原因だけれども、マツを元気にするのは、根っこを元気にしなきゃいけない。

岩手県陸前高田市の奇跡の一本松は保存に一億円近いお金がかかっていますが、私は保存の状況を見た瞬間に、「あ、これは枯れる」と思いました。なぜ枯れると思ったかというと、根っこの周りに矢板を打って大切な根っこを切っていたからです。マツの生命《いのち》にとって一番重要な根っこの周りを矢板で囲って根を痛めてはもう助からない。

ともかく三保松原のマツは年間二〇〇〇本近くも枯れているのです。このまま放っておけば、三〇年経《た》ったら六万本近いマツが枯れ、三保松原は消滅します。静岡市は私の強い申し出に応じて対策区をもうけて、一年間、農薬を使う従来のやり方と、イービーエス産興の漢方薬を使うやり方の比較実験を行いました。その結果、農薬を使った地区は一八四本のマツが枯れたのに対し、「松イキイキ」の漢方薬を使用した地区は一本枯れただけでした。結果の違いは歴然としているのに、静岡市は他にもやり方があるから、あと五年かけて対策を考えるという。五年の間に一万本近いマツが枯れるのにです。

驚いたのは、市や県の林務部の担当者は、三保松原のマツは五万四〇〇〇本あるとこれまで説明してきました。実際、ボーイスカウト日本連盟や地域の人々約四〇〇人が一本一本数えたら、三万六九九本しかなかった。二万本以上もさばを読んでいたのです。これには川勝知事も「何というずさんさか」と怒っていました。さっそく三保松原を保全する対策会議を立ち上げることになりました。

一度、三保松原を訪れてください。鳥の声、虫の声をほとんど聞くことができません。それは沈黙の世界です。ネオニコチノイド系農薬がミツバチの神経系統を壊し、ニホンミツバチが激減している原因ではないかと指摘されるようになりました。ヨーロッパではこのネオニコチノイド系の農薬の使用は制限されたのに、日本では大量に使用されているのです。

5 生命《いのち》の「水」への信仰を大切にしたい

生命《いのち》の「水」の循環

先ほど申し上げたように富士山への信仰は、生命《いのち》の「水」への信仰だということです。これを忘れないでほしい。

私たちの生きざまは、森里海、山と平野と海、これが生命《いのち》の「水」の循環でつながっていることによって支えられているということです。これが、私たち稲作漁撈民にとっての生命の維持装置なのです。

ヨーロッパは、森を破壊しています。イギリスの高い山の上に行って、こんこんと出る湧水があっても、「そんなもの全部家畜の糞で汚染されているから飲んだらだめだ」と言われるでしょう。でも、日本だったら山の中へ入っていって、きれいな「水」が湧いていれば、いくらでも飲むことができる。それは、日本人が、森里海の生命《いのち》の「水」の循環を大切にしてきたからです。

式年遷宮

伊勢神宮の式年遷宮《しきねんせんぐう》は二〇年に一回ずつ行われます。二〇年前に立てた社殿と同じものをそっくりそのまま二〇年後に建て直すわけです（図3−7左）。西暦二〇一三（平成二五）年は伊勢神宮の御遷宮の年にあたっていました。私は三重県の出身ですから、若いころに「なぜ二〇年前と同じことをやらなければならないのか」と思っていました。もっと大きなものを建てたらいいのに、右肩上がりで行ったらいいのに、どうして三重県の人は二〇年前と同じものをつくり続けるのかと思っていました。「だから、三重県人はだめだ」とさえ思っていました。しかし、今は違います。

式年遷宮は天武《てんむ》天皇がお命じになって、持統《じとう》天皇が最初に行われました。二〇年というのは一世代です。おじいさんがやったら次は子ども、子どもがやったら次は孫、二〇年に一回ずつ

【図 3-7】遷宮（2013 年）前の伊勢神宮内宮（左）と神宮背後の宮域林にある檜にはペンキで一本と二本線が書いてあるものがあった（右）。二本線があるものは 200 年後に伐採するそうである

同じことをくりかえすことができるというのは、いかに素晴らしいことでしょうか。

そのためには、美しい自然、美しい大地が維持されていなければならない。神殿をつくるための木材もきちんと維持されていなきゃいけない。それがあって初めて遷宮できるのです（図3-8）。

西暦二〇一一（平成二三）年、福島第一原子力発電所の事故がありました。その大罪は何か。それは原子力発電所の事故によって、おじいさんが耕した水田、お父さんが漁をした海で当分の間、安心して農業や漁業ができないまでに大地を汚染し、「水」を汚染してしまったということです。日本人は、自然に対して詫びなければいけない。

【図3-8】伊勢神宮背後の宮域林のエクスカーションに参加した国際日本文化研究センターの安田研究会（当時）の皆様とパチリ

式年遷宮のように、二〇年に一回ずつ同じことをくりかえすということがいかに素晴らしいことか。このことを福島第一原子力発電所の事故を体験して多くの日本人が知ったのです。

美しい地球の中で千年も万年も生き続けるということ、稲作漁撈民はそこに最大の価値を置いてきたのです。自分が生きている間に森を全部食いつぶして、金儲《もう》けして大きな家を建てることができたかもしれないけど、大地を砂漠に変えて、大地の豊かさを全部収奪してしまって、子孫にツケだけを残す社会、それが欧米で出てきた畑作牧畜型社会の闇《やみ》なのです。

天皇陛下は各地で行ったご講演を収めた『水運史から世界の水へ』(3)を出版されましたが、令和の時代は「水」で人々が危機に直面する時代となるでしょう。

山と「水」に祈る心

青森県八戸市にある風張《かざはり》遺跡という縄文時代後期の遺跡から出土した土偶(4)は何を祈っているのか。それは地球と生命《いのち》に祈っているわけです。大地に祈り、山に祈り、生命《いのち》に祈っている。

静岡県富士宮市に富士山本宮浅間大社《ほんぐうせんげんたいしゃ》(図3-9)がありますが、富士山に登拝するときには湧玉池《わくたまいけ》で、水垢離《みずごり》、つまり汚れを祓《はら》う禊《みそぎ》をするわけです。

【図3-9】静岡県富士宮市にある富士山本宮浅間大社。日本建築の屋根に注目

図3-10の湧玉池には、今でもこんこんときれいな「水」が湧いております。これは富士山の伏流水《ふくりゅうすい》です。そのシンボルが柿田川《かきたがわ》という川です。この柿田川（図3-11）には美しい湧水がこんこんと溢れ出ている。この「水」は今でも、三島市などの水道水に使われています。ですから

【図3-10】静岡県富士宮市本宮浅間大社の湧玉池では富士山へ登拝する江戸時代の人々が禊をした。下は江戸時代の絵画

【図3-11】静岡県三島市の柿田川の湧水は、今でも市民の飲料水となっている

山を崇拝するということは、聖なる生命《いのち》の「水」を崇拝するということなのです。

6 山を崇拝した環太平洋の人々

蛇信仰の仲間がいた

富士山を崇拝するのと同じような世界観を持った人々は、環太平洋にも暮らしています。実は、長江文明の発見を通して稲作漁撈民の文明のエートスが明らかになってきました。環太平洋地域にはこれとよく似た共通の世界観を持つ人々が暮らしていました。そのシンボルが、山を崇拝することでした。環太平洋の人々は、畑作牧畜民のように山を征服するのではなく、山を崇拝しました。なぜ山を崇拝するのか。

環太平洋地域は、「環太平洋造山帯」といわれるように地震多発地帯です。ニュージーランドのトンガリロ山や南米アンデスのワスカラン山、日本の富士山など美しい山が多いところです。火山と地震といった自然災害が多いので、そこに暮らす人々は自然を封じ込めようとするのではなく、自然に畏敬《いけい》の念を持ちながら、自然との折り合いをつける、そのようなライフスタイルを長く保持してきたのです。

その一つ、コロンビアのティエラデントロという世界遺産をご紹介します。コロンビアはこれまで、テロが多くて滅多に行けなかったのですが、最近は治安もよくなりました。ティエラデントロの世界遺産センターは谷底にありますが、世界遺産になっているのは谷底から一〇〇〇メートルぐらい山を登っていった尾根のところにあるお墓なのです（図3-12）。どうしてこんなに高い山に登って、お墓をつくったんだろうと思いました。実はここまで登って初めて、富士山と同じような三角形の山が見えるわけです。だから、この高い山の頂にお墓をつくったのではないかと思いました。

しかも、もっと驚いたのはお墓の中です。彼らは蛇を崇拝しており、供献《きょうけん》土器には蛇が描いてありました。蛇の頭、かま首、そして、とぐろを巻いた蛇が描かれている。世界遺産になっているお墓の中には、三角形の模様が描いてあるわけです（図3-13）。

実は、日本の福島県いわき市にある中田横穴古墳の壁画（87頁の図2-33右下）に描いてある三角形の模様も、台湾のパイワン族が崇拝している百歩蛇《ヒャッポダ》という毒蛇のシンボルも三角形（図3-14）なんです。(4)

鋸歯《きょし》状紋《じょうもん》と日本の考古学者は呼んでいます。三角形の模様は卑弥呼が贈られたという三角縁《さんかくぶち》神獣鏡《しんじゅうきょう》にも彫金されていますし、中国・雲南省の李家山《りかざん》遺跡という日本の弥生時代とほぼ同じ時代の遺跡から出土した青銅器にも彫金されており（87頁の図2-34上）、ミャオ族の銅鼓《どうこ》にも彫金されていました。(4) 実は三角形というのは蛇のシンボルだったのです。

【図3-12】コロンビアの世界遺産ティエラデントロ遺跡は高い尾根の上にあった。この尾根に登ると三角形の山が見える

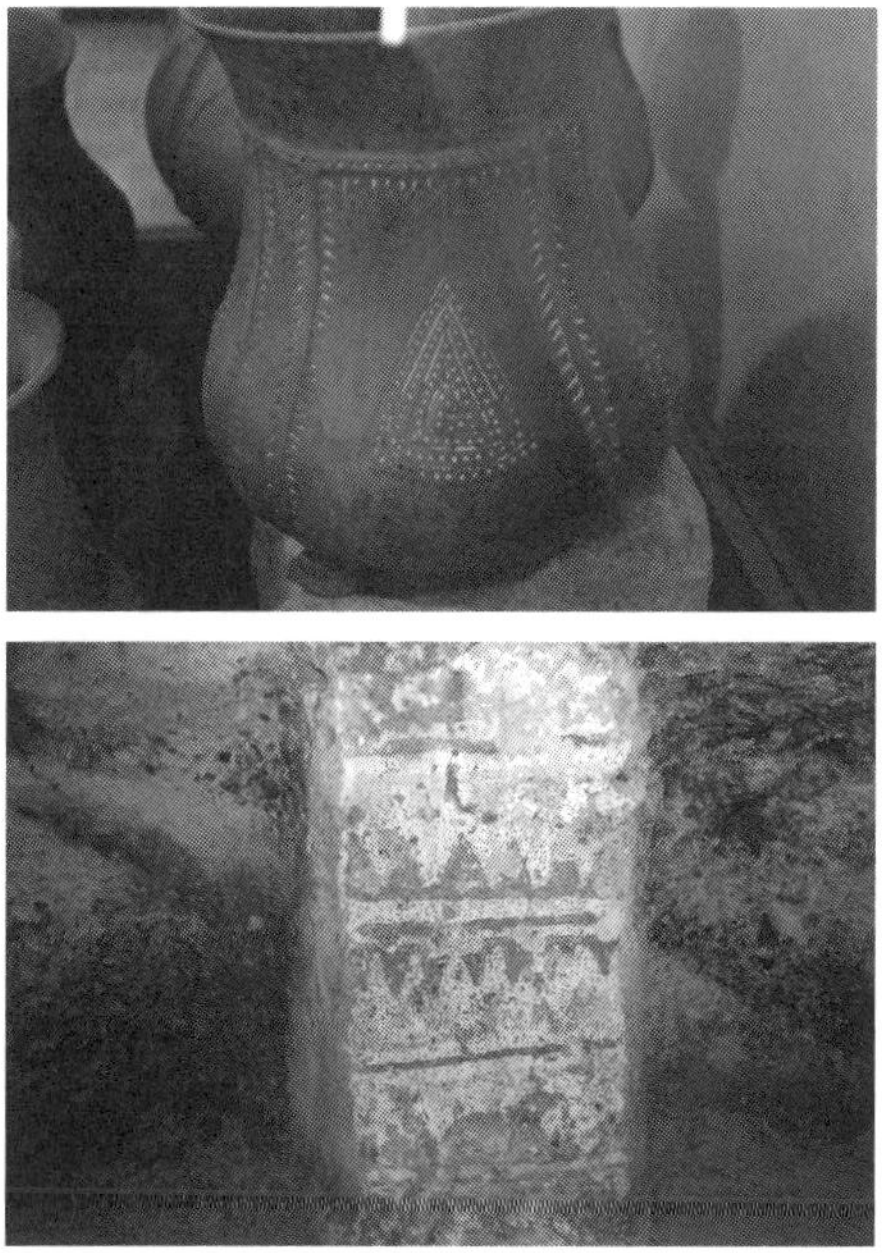

【図3-13】コロンビア、ティエラデントロ遺跡はお墓の世界文化遺産である。そのお墓は日本の南九州・宮崎県などにある地下式の横穴石室墓と構造がそっくりだった。その墓に供献された土器には、三角のとぐろをまいた蛇が描かれていた（上）。日本の福島県いわき市中田横穴古墳（87頁の図2-33右下）と同じように、三角の模様が描かれていた（下）

環太平洋の山を崇拝する人間は、龍ではなくて蛇を崇拝しました。▲印が蛇のシンボルであり、二匹の蛇が絡み合っているのは注連縄《しめなわ》の原型だと最初に指摘されたのは吉《よし》野裕子《のひろこ》先生（5）です。皆さんが神社でお参りされる注連縄というのは、オスとメスの二匹の蛇が交尾をしているところでした。蛇が交尾をするときには、注連縄のような絡まり合いをするわけです（73頁の図2-18）。

メキシコのアズテックの人々も蛇を崇拝しました。蛇こそがもっとも偉大な神であった。つまり環太平洋には、蛇を崇拝する共通した世界観があったということです。日本の縄文人も蛇を崇拝しました。

玉は山のシンボルだった

さらに、マヤ文明のティカル遺跡のピラミッドは、山のシ

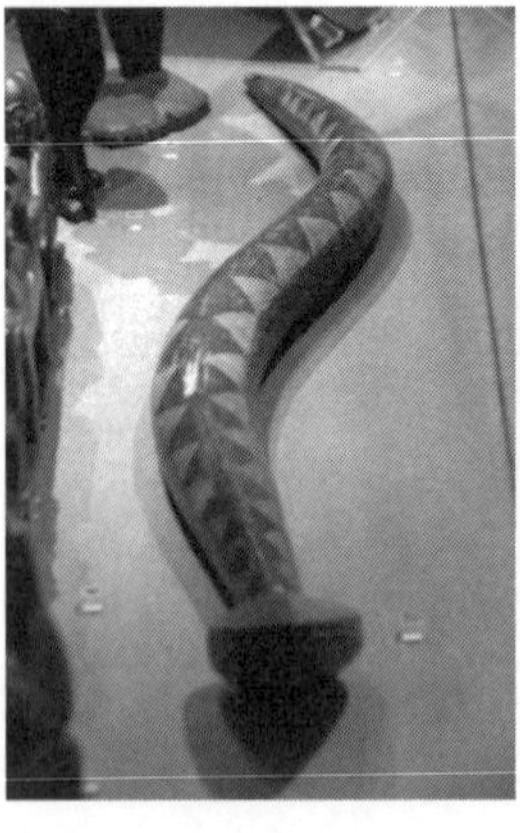

【図3-14】台湾のパイワン族の崇拝した百歩蛇（百歩歩くうちに死ぬ）の背中には三角形の模様が（左）。現代の中南米地域の毒蛇の背中にも三角形の模様がある（右）

ンボルでした。(6) マヤ文明の人々も山を崇拝したわけです。われわれが富士山を崇拝するのと同じように、マヤの人々も山を崇拝したのです。

長江文明は稲作漁撈民の文明で、畑作牧畜民の黄河文明とは違います。長江流域の稲作漁撈民は玉を大事にしました。金銀財宝じゃなく、玉を大事にした。その玉のなかでも、もっとも位が高く祭祀に使用されたと見なされる玉琮《ぎょくそう》の両側には、直線や浮き彫りがほどこされ、硬い玉に彫刻がなされていました。また、玉琮は必ず丸と四角の結合からなっています（65頁の図2-11）。中国の『淮《え》南子《なんじ》の天文訓』で「丸は天、四角は大地である」と述べられているように、玉琮は天と地の結合を意味していました。

山を崇拝する環太平洋の人々もまた、玉を崇拝していました。日本の縄文人も、言うまでもなく、玉を崇拝しておりました。ニュージーランドのマオリの人々もちゃんと緑色の玉を崇拝していました。長江の馬王堆《まおうたい》のミイラと同じように、顔を玉で覆うことも行っていました（図3-15）。緑というのは生命《いのち》の色なんです。だから緑の玉を崇拝したのです。

【図3-15】玉を崇拝したのは縄文人だけでなくマヤ文明やインカ文明を構築した人も同じだった。グアテマラ、ティカル遺跡の王の仮面も玉でできていた

そうした玉は、私たちが第二章で明らかにしてきたように、まさに山のシンボルだったのです。山を崇拝した人は蛇を崇拝すると同時に玉を崇拝しました。

また、山を崇拝するということは、天地の結合を崇拝するということでした。山は天と地を結合する「岩の梯子《はしご》」だったのです。(7)

鳥や柱も天地を結合した

玉琮の側面に彫られた浮き彫りの直径は二～三センチメートルぐらいの小さなものですけれども、羽飾りをつけたシャーマンがトラの目を触り、足を見たら鳥の足でした(65頁の図2-11)。実は玉を崇拝する人々は、山を崇拝し、蛇を崇拝し、鳥を崇拝しました。

アメリカ・インディアン(ネイティブ・アメリカン)も同じです(図3-16左)。アメリカ・インディアンの羽飾りの帽子は、玉琮に彫られた羽飾りの帽子をつけたシャーマンの帽子と同じでした。それは鳥を崇拝しているシンボルでした。アメリカ・インディアンが鳥を崇拝したのと同じように、中南米のマヤ文明やアンデス文明の人々もケツァールの羽飾りの帽子をしていたのです(図3-16右)。台湾でも、ルカイ族とか、パイワン族らの少数民族は、羽飾りの帽子をつけて踊っ

【図 3-16】アメリカ、羽飾りの帽子をかぶったアメリカ・インディアン（ネイティブ・アメリカン）（左・**A.M.Josephy, Jr. :** ***500 Nations*** **. Al Fred A.Knopf, New York, 18 page, total 468pp. 1994**）。同じように中南米のマヤ文明やインカ文明の人々もケツァールという鳥を崇拝しその羽飾りの帽子をかぶった（右）

ていました[8]。台湾のルカイ族の女性は、美しい羽飾りの帽子をつくって、アメリカ・インディアンと同じようにかぶっていました。

天地を往来する鳥が崇拝されたように、柱も天地を結合するという意味で崇拝されました。伊勢神宮の心《しん》の御柱《みはしら》、諏訪大社の御柱《おんばしら》祭、熱田神宮の五柱というように、日本の神道は柱を崇拝しますけれども、これもやはり天地の結合を崇拝するということです。マヤの人々は、セイバという木を崇拝しました。アメリカ・インディアンも鳥を崇拝し柱を崇拝したのです。

中国の長江流域のミャオ族は村の広場に必ずフウの木でつくった蘆《ろ》笙柱《しょうばしら》を立てるのですが、その柱の上には、木彫りの鳥が太陽が昇る東の方向をちゃんと向いていました[9]（図3-17）。

熊野神社の八咫烏《やたがらす》というのは長江からきたわけですけれども、八咫烏は太陽に住み、太陽の黒点だとされていました。長江の人々は八咫烏が太陽を運んでいると考えたのです。

中南米の人々も、太陽を崇拝しました。メキシコのテオティワカン遺跡[10]にある太陽のピラミッドは、エジプトのピラミッドに匹敵する巨大なピラミッドです（図3-18）。長江の人々も、中南米の人々も太陽を崇拝したのです。

ミャオ族の銅鼓には必ず太陽紋が彫金されています。稲作漁撈民は太陽を崇拝しましたが、ジャガイモをつくってトウモロコシを栽培している人々も、やはり太陽を崇拝しました。

大事なことは、環太平洋地域にはもともとヒツジやヤギといった家畜がいなかったことです。これを私は「ミルクのない文明（Milkless Civilization）」[11]だと呼び、本[12]も刊行しています。

マヤ文明、アンデス文明、そして南太平洋のマオリ人やポリネシア人など南太平洋の島々の文

【図3-17】中国・貴州省融水県安太郷の蘆笙柱の先には鳥がついていて、太陽の昇る東を向いている（右上は拡大）

【図3-18】メキシコ、テオティワカンの太陽のピラミッド（右上）。表面は厚さ70センチメートルもの漆喰で覆われていて、漆喰止めの石がある（左下）

明も、長江文明や縄文文明と同じくミルクの香りのしない文明だったのです(13)。

ユーラシア大陸の気候区分に、これまで古代文明とされてきた四大文明を重ね合わせてみると興味深い事実が見えてきます。四大文明とされたメソポタミア文明、エジプト文明、インダス文明、黄河文明は、いずれも湿潤気候と乾燥気候の狭間を流れる大河のほとりで誕生しています。しかもこれらはいずれも冬作物のムギ類を主食にした畑作牧畜文明です。ヒツジやヤギなどの家畜を飼い、そのミルクを飲み、バターやチーズをつくり、その肉を食べる。私たちが今まで古代文明だと思ってきたものは、ミルクの香りのする畑作牧畜民の文明だったのです。

彼らが飼う家畜は、人間が寝ている間でも森の下草を食べ尽くし、森の再生を不可能にします。幹の樹皮を食べるだけではありません、ヤギは木に登って若芽をも食べ尽くし、ついには、森そのものが人間と家畜によって食いつぶされるのです。畑作牧畜民の蔓延《まんえん》は生態系の破壊にもつながったのです。

一方で、一年中雨の多いモンスーン・アジアの大河のほとりや、極東の森の国・日本、南北アメリカ大陸には文明の香りはとうてい存在せず、古代文明は存在しなかったと見なされてきました。しかし、こうしたモンスーン・アジアの湿潤な森の中やアメリカ大陸にも古代文明が存在したのです。その代表が長江文明であり、それは稲作漁撈民の文明だったのです。アメリカ大陸にはマヤ文明やアンデス文明などのジャガイモ・トウモロコシ農耕文明が存在したのです。

これらの文明と畑作牧畜民の文明との一番の違いは、ヒツジやヤギ、さらにはウシなどミルクと肉を提供する家畜を飼うか飼わないかにあります。

ヒツジやヤギは、一五世紀以降、スペイン人たちがアメリカ大陸に持ち込んだものです。それ以前は、ヒツジやヤギはアメリカ大陸にはいなかったのです。

人間が生きるためにはタンパク源が必要です。稲作漁撈民は魚介類をタンパク源とし、豆腐や納豆などの植物性タンパク質を摂取しました。味噌や醬油などの発酵食品をつくり、お餅《もち》などのねばねばしたものを好んで食べたのです。

アンデスにいるリャマやアルパカは、お祭りのときなどに食べる程度で、普段はめったに肉は食べません。アルマジロや野鳥など、狩猟で得られた野生動物の肉のみを摂取しました。ミルクは飲むことなく、バター・チーズの利用はしなかったのです。ここがアングロサクソン人やスペイン人、ポルトガル人などの畑作牧畜民との、もっとも大きな違いです。

中南米の人々の主要なタンパク源はやっぱり魚介類なんです。だから、魚介類を食べるということが精神世界を決定する上で、何か意味があるんじゃないかと、今の私は考えております。

長江文明、クメール文明、あるいはマオリの人々とアンデス文明や、あるいはマヤ文明には共通した世界観があります。それを私は「環太平洋生命文明圏」（図3-19）という名前で呼んでいます。[14] それは、今までの黄河文明やメソポタミア文明、インダス文明、エジプト文明とは違う文明の原理を有した文明

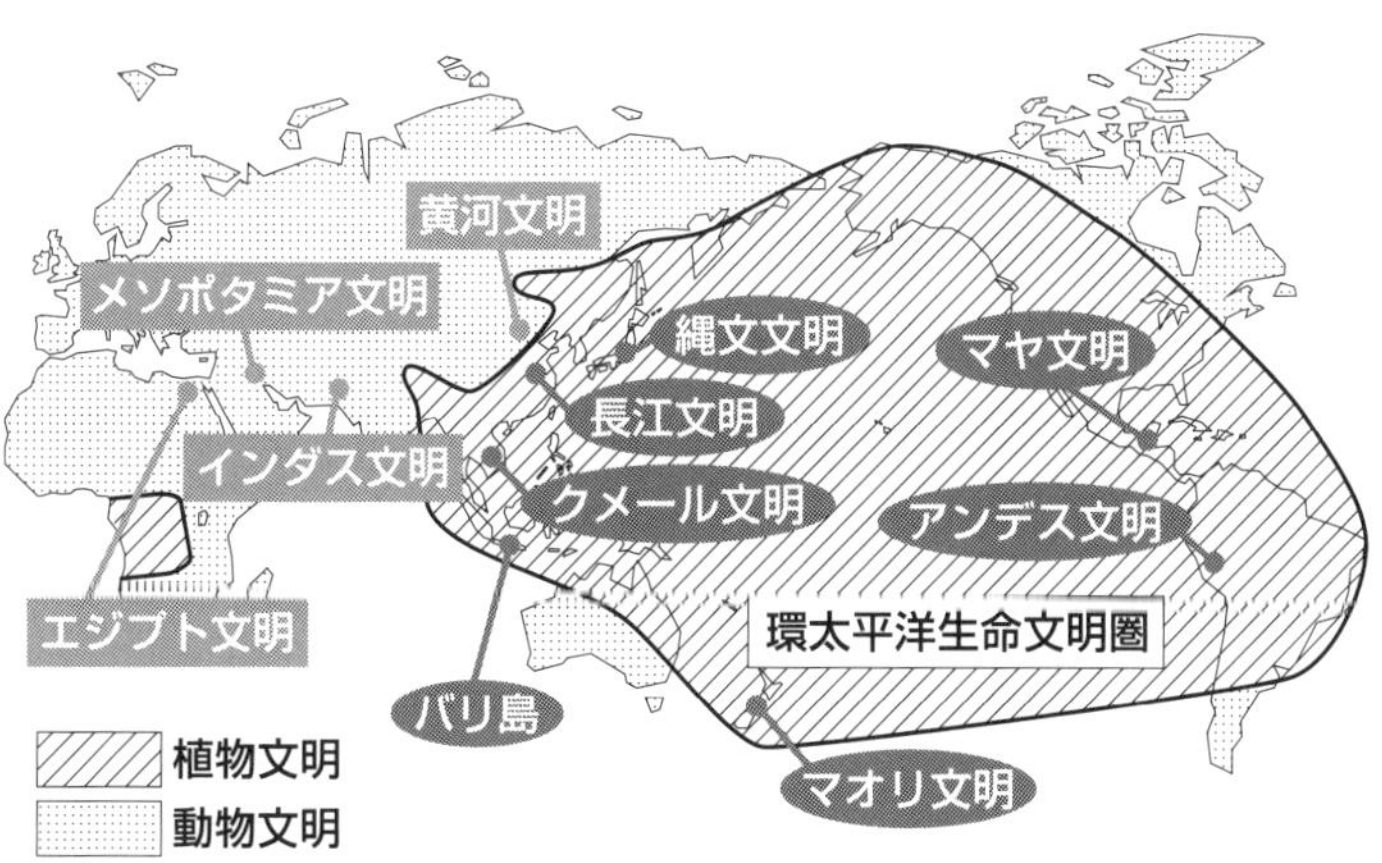

【図3-19】地震が多発し自然風土のきびしいところに発展した文明、それが「環太平洋生命文明」だった（安田、2015）

です。一六世紀にスペイン人やポルトガル人がやってきて、マヤ文明、アンデス文明が滅ぼされる以前には、環太平洋には共通の生命《いのち》を崇拝する生命文明があったというのが私の考えです。

彼らは太陽を崇拝し、山、鳥、蛇、柱を崇拝し、玉を最高の宝物としたのです。玉こそ環太平洋生命文明圏を代表する至宝でした。そこに共通する文明のエートスは、山を信仰する「再生と循環」の世界観に裏打ちされたアニミズムの世界でした。そしてそこには女性が活躍する女性中心の文明が構築されていたのです。

7 環太平洋の人々も生命《いのち》の「水」の循環を大切にした

山への信仰は生命《いのち》の「水」への信仰

メキシコのテオティワカンの太陽のピラミッド(10)（143頁の図3-18）をはじめ、グアテマラやメキシコのマヤ文明の人々もたくさんのピラミッドをつくりました。そのピラミッドは墓ではなく、山のシンボルだったのです。元来彼らは山を崇拝していたのですが、山を平地に持ってくることはできないので、その代わりのシンボルとしてピラミッドをつくったのです。環太平洋には山を崇拝するという世界観が共通して存在するのです。

もう一つ、環太平洋の人々が大切にしたのが、生命《いのち》の「水」の循環です。図3－20はグアテマラのティカル遺跡のピラミッドです。なぜマヤ文明の人々は、ティカル遺跡に巨大なピラミッドをつくったのか。この地域は雨期と乾期があります。乾期になると雨が降らないために、雨期の雨水の確保は重要なことでした。大地は石灰岩でできているために雨水はすぐにしみこんでしまいます。そこでピラミッドの石の上を厚さ七〇センチメートルほど漆喰《しっくい》で塗り固めたのです。こ

【図3-20】グアテマラ、ティカル遺跡のピラミッドには漆喰が塗られていた。雨期に降った雨を効率よくせき止め、乾期に生き延びるために、貯水池に流し込むようになっていた

うしてピラミッドに降った雨が漆喰の上を伝わり貯水池にたまる仕組みをつくったのです（図3-21）。賢いですね。

最上流には王侯貴族の貯水池があり、「水」は次に貴族たちが使うところに運ばれていきます。さらにその後の「水」は、一番下の農民がいるところに運ばれていって、その「水」で灌漑《かんがい》をするシステムになっていました。「水」の循環を完璧に考えた構造でした。マヤ文明が発展したグアテマラやメキシコ南部のように乾期・雨期がはっきりした地域では、雨期に降った雨をどう貯蔵して、乾期を生き延びるかが死活問題だったのです。

ただし、マヤ文明の場合は、漆喰を大量につくることが、マヤ文明を崩壊に導く要因にもなったのです。つまり、漆喰をつくるためには、石灰岩を燃やす必要があり、そのために燃料として亜熱帯雨林の森林を伐採してしまったのです。もちろん初期の段階では亜熱帯林を伐採すれば農耕地が拡大し生産性も上がったのでしょうが、辺り一面の森林がなくなることで、文明崩壊がもたらされたのです。

【図3-21】グアテマラ、ティカル遺跡の模型。ティカル遺跡は漆喰で塗られ、雨期に降った雨を貯水池に蓄えて、乾期を生き延びる方策を考えていた

ともあれ、山を崇拝し、そこから流れてくる「水」を崇拝し、生命《いのち》の「水」の循環系を大事にする。それが環太平洋の人々の生命の維持装置になっている。それはかつて環太平洋に共通して存在したわけです。

しかし、一五世紀以降、北米にアングロサクソン人が、南米にはスペイン人やポルトガル人がやってきたために、先住民たちの暮らしは変わってしまいました。アングロサクソン人やスペイン人、ポルトガル人は、生命《いのち》の「水」の循環の大切さがわからない畑作牧畜民でした。このため生命《いのち》の「水」の循環を基本に置いた文明は破壊されてしまったのです。

8 大地に謝罪するとき

グアタビータ湖

図3-22は、コロンビアの首都ボゴタの郊外にあるグアタビータ湖です。西暦二〇一二（平成二四）年の二月に私はコロンビアを初めて訪れました。首都のボゴタは海抜二六〇〇メートルの

高地にあり、赤道直下なのに予想外に涼しく、日本の秋に似た心地よい気候でした。そんな秋晴れのなか、私は案内をしてくれた坪田充史《つぼたあつし》氏とボゴタ郊外のグアタビータ湖に向かいました。

グアタビータ湖は山（男）と水（女）の交わるところで、インディヘナ（先住民）の人々にとっては精神世界のシンボルでした。そこは母なる大地母神を崇拝する聖地だったのです。

この湖でムイスカ文明の王は、即位の儀礼を行いました。王になる人は、太陽が昇る前に、この湖にやってきて、植物の樹液を体に塗り、体中に金粉をまぶし、金の装飾品を身に着けて、朝日の昇る直前に湖にこぎ出します。そして朝日が昇るとともに、王は湖に入り、体につけた金粉を洗い流し、身に着けた金の装飾品を湖底

【図 3-22】南米コロンビアのグアタビータ湖は王の即位儀礼が行われるムイスカ文明の中心だった。そこでボーリング調査を行い湖底の年縞調査をしているところ（円で囲まれた湖中央のゴムボート）（左下）。かつては今よりも水位が高く山頂付近まで湖だった。湖底に投げ込まれた金を手に入れようとスペイン人が湖岸を爆破して水位を下げたのである（右上）。円で囲んだ場所は、今も残るスペイン人の爆破跡。それでもムイスカの人々はその暴力に耐えた

に投げ入れるのです。太鼓が鳴り音楽が奏でられ、湖にはさらにエメラルドや金の装飾品が投げ込まれます。こうして若者はカシーケと呼ばれる王になることができたのです。

インディヘナの人々にとっては、金を集め、大地と天に奉納することは、贖罪《しょくざい》の意味がありました。ムイスカの人々の間では、次のような伝説が語られていました。「あるときムイスカの若者が太陽に向かって矢を射た。その矢は強力で、矢は太陽にささった。そのため太陽から悲しみの金の涙がこぼれおちた。以来人間には災いが起こり、嫉妬や欲望が生まれた」。

ムイスカの人々はこの災いを避け、欲望をなくし、贖罪のために、太陽の涙である金を集め、湖に返し沈めてきたのです。人々にとって重要なものは金よりも、太陽であり、大地の安寧だったのです。

インディヘナの人々は地球の素晴らしさを実感していました。この美しい地球と千年も万年も生き続けることが最高の幸福だったからです。だから母なる大地の神に祈りを捧げ、太陽への感謝を忘れなかったのです。この美しい大地の贈り物である生命《いのち》の輝きと繁栄のために金を捧げ祈ったのです。

ところがあるとき、ムイスカに金の虜《とりこ》になったスペイン人がやってきました。スペイン人の欲望はすさまじく、一六世紀のヒメネス・デ・ケサーダによる遠征をはじめ、黄金を求めて多くの人がグアタビータ湖をめざしました。一九世紀や二〇世紀に入ると湖の水を抜くことに多くの人々が挑戦。最後には、湖岸の低くなった部分にダイナマイトを仕掛けるという方法を使って排水し、金を取ろうとさえしたのです。

最高の幸福とは？

お金中心の世界を構築したのは資本主義であり、それを発展させたのは近代ヨーロッパ人でした。しかし、そこに人類の不幸があったのではないでしょうか。お金が生命《いのち》以上の価値を持つようになってしまった。

この美しい大地と風の香りやささやき、穏やかな生命《いのち》を輝かせる日差し、鳥の声や葉ずれの音。それは幾千幾万のお金を積み上げても得られないものであることを忘れてしまったのです。

この生命《いのち》の輝きのなかで人間も生きる。それが最高の幸福であることをムイスカの人々は知っていました。それはまさに、アニミズムの世界に生きた縄文人の感覚とまったく同じでした。縄文人も中南米のインディヘナの人々も、お金よりも大切なものがあることを知っていたのです。

西暦二〇一一（平成二三）年の福島第一原子力発電所の事故が、もしもお金に目がくらんだ人々による人災であり、危機への対応の技術的未熟さが引き起こしたものであったとしたら、私たちは一万年前の縄文人やムイスカの人々に、生き方を学ばなければならないのではないでしょうか。

私たちは、放射能で汚染してしまった大地と海と大気に謝罪し、罪滅ぼしをしなければならないのです。そうでなければ、その報いをあなたではなく、あなたの子どもや孫・曽孫たちが受けることになるのです。

西暦二〇一一（平成二三）年の3・11東日本大震災を受けて、村井嘉浩《むらいよしひろ》宮城県知事は、将来の津波に備えて巨大な防潮堤の計画を立て、すぐさま政府と予算交渉を行いました。今では仙台平野を中心に、宮城県の海岸線全部を覆うような防潮堤の建設が進められています。その防潮堤は高さが一〇メートル以上、底辺の幅一〇〇メートル以上に及ぶところもあるもので、それは見た目にとんでもなく大きいものです。

海の波の音を聞いていると人の心が落ち着いてくるのは、森の場合と同様です。波の波動と人間の生命の波動とが一致するからだといわれています[15]。人間の生命は、海と接することによって、輝くのではないでしょうか。にもかかわらず海岸線に巨大な防潮堤を築き、人間と海との間を遮断すれば、人間にとって決していいことが起こるとは思えないのです。

自然を封じ込めて、千年に一回の大洪水、津波にも耐えられる堤防をつくる。コンクリートで遮断して津波を防ぐという発想は、まさに西洋近代主義的発想ではないでしょうか。自然を支配し、自然の上に人間の王国を築き、地球を人間の国とし、「物質エネルギー文明」を発展させるという近代西洋文明の哲学や世界観はもはや限界にきていると思います。

このまま自然を一方的に収奪・汚染していたら、人類には破滅しかないのではないでしょうか。(13)その限界を乗り越えて新しい文明をつくらなければならない。それこそ環太平洋地域に残った自然とともに折り合いをつけながら生きていく、生命文明だと思います。

高度成長時代には、三面張りのコンクリートの堤防をつくり、山の水をできるだけ早く海に流してきました。しかし日本には伝統的に、霞堤《かすみてい》、あるいは信玄堤《しんげんづつみ》というのがあって、水を逃して水の力を削《そ》ぐ考え方がありました。川には三面張りのコンクリート堤防をつくらず、「親水エリア」を設ける。それと同様に、海岸の場合は、「親海エリア」をつくる。このように日本人が海と共存・共生できるような新しい防潮堤のあり方を考える必要があると思います。

海と触れ合うのが最高のレジャー

ブラジル・サンパウロ市に行ったときに、同市の外港であるサントス市に行くのに山を一つ越えなければなりませんでした。その海岸に至るハイウェーは片側四車線（両側八車線）もありました。ところが案内してくださった徳力啓三《とくりきけいぞう》氏によれば「外港サントス市往復の路線は、高速の八車線と昔の旧街道の四車線あわせて一二車線があります。ところが金曜日の夜から土曜日の午前中は、高速の八車線すべてが外港サントス市行き、日曜日の午後からは高速の八車線すべてがサンパウロ市行きになるのです」と教えてくださいました。外港であるサントス市に行って海と触れ合うのが、ブラジル人にとって最高のレジャーだと言うのです。

それと比較すると日本人の発想はあまりにもお粗末で、海のことをまったく無視しているのではないでしょうか。

「今度大きな津波がきたら恐ろしいから守ってくれ」という恐怖心だけで物事を決め、政治家や行政は「国民が嘆願するから大きな防潮堤をつくるのだ」と言う。五〇年後一〇〇年後を生きている人のことを考え、子どもや孫たちに何を残すのか。それが今、日本人が考えなければならないことだと思います。

日本は「海洋国家」と言いながら、現実にはまったく海に背を向けて生活しているのではないでしょうか。日本人はこれまで川と森については考えてきましたが、海についてはほったらかしのままで、十分考えてこなかったのではないでしょうか。

例えば、海岸に堤防をつくる前に環境アセスメントを実施しなければならないという法律さえないのです。それで仙台平野に防潮堤が簡単につくられてしまったのです。海との共生という意識もほとんどありません。そこにあるのは、「津波の災害から逃れるために海と隔絶する」という単純な発想だけです。

そして海の生産性をどう維持していくかについても、これまであまり関心が払われてこなかったように思います。日本が人類の未来に貢献できることの一つは、海の生産性をどう維持するかについてのノウハウを世界に提供することにあると思います。

森里海の生命《いのち》の「水」の循環系を守る新たな文明を創造する

そのノウハウの原点は山岳信仰にあるのです。森里海の生命《いのち》の「水」の循環を守る山岳信仰の心を世界に伝え、日本人をはじめ山を崇拝する人々の暮らしの重要性を理解してもらう必要があるように思います。

山に祈ることは、海を守ることにつながっているのです。こんな発想は自然を一方的に収奪する欧米の「物質エネルギー文明」にはありませんでした。欧米人の発想は「富士山と三保松原は四五キロメートルも物理的に離れているから、いっしょくたに世界文化遺産とは認められない」というものでした。ところが日本人にとっては、富士山と三保松原は森里海の生命《いのち》の「水」の循環でつながっているのです。

物理的な距離を選択するかそれとも生命《いのち》の「水」の循環を選択するか、私たちは岐路に立たされているのかもしれません。

第三章　引用・参考文献および注

（1）Yasuda, Y. (ed.): *Water Civilization: from Yangtze to Khmer Civilizations.* Springer, Heidelberg, 2012.
（2）川勝平太「日本は富士の国」『環』五五号、二〇一三年
（3）徳仁親王『水運史から世界の水へ』ＮＨＫ出版、二〇一九年
（4）安田喜憲『環太平洋文明叢書２　日本神話と長江文明』雄山閣、二〇一五年
（5）『吉野裕子全集（全一二巻）』人文書院、二〇〇七〜二〇〇八年
（6）安田喜憲『人類一万年の文明論――環境考古学からの警鐘』東洋経済新報社、二〇一七年
（7）梅原猛・安田喜憲『長江文明の探究――森と文明の旅』新思索社、二〇〇四年
（8）安田喜憲・七田忠昭編『環太平洋文明叢書６　東シナ海と弥生文化』雄山閣、二〇一八年

(9) 安田喜憲『龍の文明・太陽の文明』PHP新書、二〇〇一年
(10) 嘉幡茂『環太平洋文明叢書7　テオティワカン――「神々の都」の誕生と衰退』雄山閣、二〇一九年
(11) Flenley, J. and Yasuda, Y.: Environmental variability and human adaptation in the Pacific Rim and the sustainability of the Islands. *Quaternary International*, 184, 2008.
(12) 安田喜憲『ミルクを飲まない文明――環太平洋文明と「稲作漁撈民」の世界』洋泉社歴史新書y、二〇一五年
(13) 安田喜憲『環境文明論――新たな世界史像』論創社、二〇一六年
(14) 安田喜憲『生命文明の世紀へ――「人生地理学」と「環境考古学」の出会い』第三文明社、二〇〇八年
(15) 大橋力『音と文明――音の環境学ことはじめ』岩波書店、二〇〇三年

第四章

富士山は新宗教誕生のメッカになった

1 富士山を仰ぎ見る心は一万年以上の歴史を持つ

縄文人も富士山を神々しいと感じていた

富士山を神々《こうごう》しいと感じるのは現代人だけではありません。遠く縄文時代の人々も富士山を神々しいと感じていたのです。静岡県富士宮市（旧芝川町）にある縄文時代草創期の大鹿窪《おおしかくぼ》遺跡（図4－1）からは、富士山を仰ぎ見ることができました。

一万一〇〇〇年前につくられた一四基の大鹿窪遺跡の住居跡は、中心に配石遺構《はいせきいこう》を持ち、円形に並んでいました。ところが富士山を仰ぎ見る方向だけは開口され、住居跡が検出されなかったのです。一万一〇〇〇年も前の縄文人も朝な夕な富士山を仰ぎ見て暮らしていたのでしょうか。

一万一〇〇〇年前の大鹿窪遺跡の縄文人たちが見た富士山は、古富士《こふじ》火山の末期で、高さ規模ともほぼ現在の規模に成長していました。

その後、富士山は四〇〇〇年近くの長い静穏期《せいおんき》に入り、縄文時代前期になって再び噴火がはじまるのです。この縄文時代前期以降に噴火して形成された新しい富士山が現在の富士山であり、新富士火山と呼びます（1）。

弥生時代に稲作が伝播《でんぱ》したときにも、新富士火山は活発に噴火していました。稲作漁撈民《ぎょろうみん》も富士山を崇拝したのです。お米をつくるには「水」が要《い》る。その「水」の源《みなもと》が富士山なのです。稲作漁撈民は、山を見て天地をつなぐ懸け橋だと考えました。富士

【図 4-1】縄文時代草創期の静岡県富士宮市大鹿窪遺跡の人々も富士山を仰ぎ見ていたのではないか？（写真提供：富士宮市教育委員会埋蔵文化財センター）

山が天地をつなぐことによって恵みの雨を降らすのです。

私は古墳時代の前方後円墳も稲作漁撈民の思想に由来したものと考えています。古来中国では天は円、地は方（四角）と考えられていました。前方後円墳は稲作漁撈民の豊饒の天地をつなぐ思想を体現したものであり、天の円と地の方が結合したものだと説いたのです。(2) 前方後円墳は、本来は上円下方墳と呼ぶべきものなのではないでしょうか。

富士山の山岳信仰の儀礼が確立したのは室町時代中頃であるといわれています。静岡県富士宮市にある山宮浅間神社《やまみやせんげんじんじゃ》は、富士山を仰ぎ見る遙拝所《ようはいじょ》でした。そのころは修験者《しゅげんじゃ》を除いて、まだ富士山の登拝は一般的ではなかったと思われます。富士山は登ってはならない山だったのです。

富士山登拝がブームになった

ところが江戸時代後半の一八～一九世紀になると、全国的に富士山信仰が流行し、富士講ができ、庶民が富士山に登拝するようになるのです。富士山本宮浅間大社《ほんぐうせんげんたいしゃ》（133頁の図3-9）の境内《けいだい》にある湧玉池《わくたまいけ》（134頁の図3-10）は、富士山に登拝する人が身を清める禊《みそぎ》の場所としてさかんに利用されました。ただし女性には禁制や制限があり、ある地点までは登れましたが、山頂までは公《おおやけ》には行けなかったようです。女性の富士山登拝が許されたのは西暦一八七二（明治五）年のことでした(3)。湧玉池とはなんと素晴らしい名前でしょうか。玉は稲作漁撈民の至宝であり、山のシンボルでした（第二章で詳述）。湧玉池は、稲作漁撈民の富士山の湧水への熱い思いが、山岳信仰と深く結びついていることを明白に物語っているのです。

登拝のための登山道も整備され、山梨県富士吉田市の吉田口登山道、山梨県鳴沢《なるさわ》村の船津口登山道、静岡県富士宮市の大宮・村山口登山道、静岡県小山《おやま》町の須走《すばしり》口登山道、静岡県裾野《すその》市・御殿場《ごてんば》市の須山《すやま》口登山道等が整備されました。静岡県小山町の須走口や山梨県富士吉田市の吉田口の登山道からは、一九世紀には年間数万人もの人が登拝し、人々はちゃんと入山料も払っていたのです。須走口や吉田口の信仰登山集落(3)は参拝者でにぎわったのです。

登拝者のための宿坊も整備され、山梨県富士吉田市の小佐野家住宅や旧外川家住宅などは、宿坊としての面影《おもかげ》を現在もとどめています。宿坊の主人は修験者で、登拝の先達《せんだつ》の役割も果たし、登拝のない冬には、「富士浅間曼荼羅《まんだら》」を持って江戸の家々を訪れて、祈禱《きとう》を行い、富士山への登拝を勧めたのです。そこには都市市民としての檀那と富士山麓の住民（御師）との交流が実現していたのです。

2 富士山は新たな日本を開く新宗教のメッカになった

日本が危機の時代に勃興した新宗教

日本の歴史と伝統文化が危機に直面したとき、富士山を崇拝する山岳信仰の心が、新たな宗教の起爆剤になりました。日本の歴史と伝統文化が危機に直面したのは明治維新でした。(4)私はこの時代を日本の漂流第一の危機の時代と呼んでいます。

明治新政府によって西暦一八六八(明治元)年、神仏分離令が出されました。西洋の一神教の世界観に立脚した科学技術や社会システムを一日も早く日本に定着させるには、神と仏の混合した山岳信仰の世界観が邪魔になったのです。こうして廃仏毀釈《はいぶつきしゃく》の嵐が吹き荒れ、富士山頂にあった大日如来は破壊されました。そしてついには、西暦一八七二(明治五)年、修験道廃止令が発布されて、富士講のみでなく全国の山岳信仰は壊滅的打撃を受けたのです。

ところが不思議なことに、その危機の時代に多くの新宗教が現れているのです。外国の圧力により日本人の心が不安におびえはじめた幕末から明治にかけての不安な時代に、新宗教が相次いで誕生するのです。

西暦一八一四（文化一一）年から西暦一九〇八（明治四一）年の間に誕生した新宗教は「黒住《くろずみ》教《きょう》」（岡山の黒住宗忠《くろずみむねただ》氏が西暦一八一四（文化一一）年に開教）、「天理教」（奈良の中山《なかやま》みき氏が西暦一八三八（天保九）年に開教）、「金光教《こんこうきょう》」（岡山の川手文次郎《かわてぶんじろう》氏が西暦一八五九（安政六）年に開教）をはじめ、「神道大教」（稲葉正邦《いなばまさくに》氏が初代管長）、「神道修成派」（新田邦光《にったくにみつ》氏の開教）、「出雲大社教《いづもおおやしろきょう》」（千家尊福《せんげたかとみ》氏の開教）、「扶桑教《ふそうきょう》」（宍野半《ししのなかば》氏が教祖初代管長）、「實行教《じっこうきょう》」（柴田花守《しばたはなもり》氏が初代管長）、「神道大成教」（平山省斎《ひらやませいさい》氏の開教）、「神習教」（芳村正秉《よしむらまさもち》氏の開教）、「禊教《みそぎきょう》」（井上正鐵《いのうえまさかね》氏の開教）、「御嶽《おんたけ》教《きょう》」（下山応助《しもやまおうすけ》氏の開教）、「神理教《しんりきょう》」（佐野経彦《さのつねひこ》氏の開教）など（神道一三派。戦前の国家神道体制のもとにおいて公認された神道教派）が相次いで成立しています。

大本教

これ以外に幕末から明治に出現した新宗教の代表として「大本教《おおもときょう》」（出口《でぐち》なお氏の開教）、「丸山《まるやま》教《きょう》」（伊藤六郎兵衛《いとうろくろべえ》氏の開教）、「蓮門教《れんもんきょう》」（島村《しまむら》みつ氏の開教）、「如来教《にょらいきょう》」（一尊如来《いっそんにょらい》きの氏の開教）などがあります。

大本教は出口なお氏によって開教されました。出口なお氏は西暦一八三七（天保七）年に福知山の貧しい大工の家に生まれます。それは天保の大飢饉の最中でした。一〇歳で父を失い、一七歳のとき綾部の叔母の家に養女となり、一九歳で政五郎《まさごろう》氏と結婚します。一一人の子どもを産み三男五女を育て、極貧の生活を送ります。西暦一八八七（明治二〇）年夫政五郎氏死去。西暦一八九〇（明治二三）年三女久子《ひさこ》氏が発狂、西暦一八九一（明治二四）年長女米子《よねこ》氏が発狂。出口なお氏も神がかりとなり、西暦一八九二（明治二五）年太陰暦一月五日（太陽暦二月三日節分の日）に激しい神がかりとなり、世の立替え立直しを訴えたのです。この日が大本教の開教の日となっています。

しかし神がかりして大声で怒鳴る出口なお氏は、狂人扱いされ、長女の夫によって四〇日も座敷牢に幽閉《ゆうへい》されるのです。そのとき釘で柱に書いた文字が大本教の経典「お筆先《ふでさき》」になるのです。西暦一八九八（明治三一）年に上田喜三郎《うえだきさぶろう》氏が訪れ、西暦一九〇〇（明治三三）年に出口なお氏の五女すみ氏と結婚します。すみ氏は二代目教主になる人です。

後に上田喜三郎氏は出口王仁三郎《でぐちおにさぶろう》と改名します。出口王仁三郎氏は亀岡市の貧しい農家の出身で、西暦一八九八（明治三一）年に富士山の浅間神社のご祭神、木花咲耶姫《コノハナサクヤヒメ》の命《みこと》の使い芙蓉《ふよう》仙人に導かれて村はずれの高熊山に登って一週間修行し、神通力を得たといわれています。

大本教の教えは軍人やインテリにも信者が広がり、明智光秀《あけちみつひで》が築城した亀山城を大本教が購入するまでに発展しました。そのため官憲の弾圧を受け、2・26事件からわずか二週間後の西暦一九三六（昭和一一）年に、出口王仁三郎氏らは起訴され、大本教の聖地綾部の神殿や五六七畳敷きの拝殿などすべてが破壊されました。亀岡の施設も破壊されました。破壊にはダイナマイト一五〇〇発が使われたといわれています。

丸山教・扶桑教

一方、富士講の一派であった丸山講をもとに、伊藤六郎兵衛氏によって丸山教が開教されたのは、廃仏毀釈の嵐が吹き荒れる西暦一八七〇（明治三）年のことでした。丸山教は相次ぐ官憲の弾圧を受けながら、発展を続け、信徒は一三〇万人にも達しました。いくら明治新政府が山岳信仰を弾圧し破壊しようとしても、庶民の心から富士山への熱い思いを消し去ることはできなかったのです。しかし、相次ぐ官憲の弾圧によって、丸山教はついに教団として認可されることなく、衰退しました。

また浅間神社の宮司《ぐうじ》だった宍野半氏によって西暦一八七三（明治六）年に各地の富士講が結集

され、西暦一八八二（明治一五）年に「扶桑教」が設立されました。さらに長谷川角行《はせがわかくぎょう》氏の富士山信仰を受け継いだ柴田花守氏によって組織された「實行教」も、神道教派としては公認されましたが、最終的には衰退の運命をたどりました〈以上は文献（5）（6）（7）を参照しました〉。

3 創価学会などと富士山

敗戦後の日本を救った創価学会

第二次世界大戦から敗戦にかけての時代は、日本の漂流第二の危機の時代[4]でした。第二次世界大戦の敗戦で、官憲の弾圧から解放され、次々と新宗教の教団が活動をはじめたのです。そのなかに創価学会も含まれます。創価学会が富士山と深くかかわったのは、日蓮《にちれん》の弟子の日興《にっこう》が富士山を仰ぎ見る静岡県富士宮市に大石寺《たいせきじ》を建立《こんりゅう》したことによります。創価学会は当初、日蓮正宗の信徒団体としてスタートしたため、大石寺を信仰上の要所としたのです。

牧口常三郎《まきぐちつねさぶろう》創価学会初代会長は、私と同じく「地人相関論《ちじんそうかんろん》」の研究を志《こころざ》した地理学者でした。しかし牧口会長は第二次世界大戦中に官憲の弾圧を受け、西暦一九四四（昭和一九）年に獄中死されました。その後、戸田城聖《とだじょうせい》第二代会長が西暦一九五一（昭和二六）年に就任し、翌年には宗教法人の認可を受けました。戸田会長は大石寺への参拝を「登山」と言うほどに、富士山への崇敬の念を強く持っておられたと思われます。

その創価学会を今日にまで育て上げたのは池田大作《いけだだいさく》第三代会長でした。戦後の高度経済成長期に池田会長の「人間革命の思想」に共鳴した多くの人々が入会しました。池田会長の功績によって、今や創価学会の信徒は世界一九二カ国・地域に広がり、池田会長が創立した公明党は政治の世界でも日本の未来に大きな役割を果たすようになりました。第二次世界大戦の敗戦によって日本の歴史と伝統文化が危機を迎えたその時代に、大きな発展を遂げたのが創価学会でした。

世界救世教

西暦一九四五（昭和二〇）年の「神道指令」（GHQ）に続いて天皇は人間宣言をされました。同じころ「宗教法人令」も出され、自由に教団を組織できるようになりました。天皇の人間宣言によって、逆に「実は自分が神だ」という生き神信仰が出現したのも事実です。これも日本人の宗教観を表す特異な現象であると見なされます。

世界救世教の創始者は岡田茂吉《おかだもきち》氏です。岡田氏は西暦一八八二（明治一五）年東京に生まれ、二四歳のとき父を失い、商売に失敗して、西暦一九一九（大正八）年に大本教に入信。出口王仁三郎氏の一番弟子として頭角を現した人です。「万霊の病を治す扇」をかざせば病気が治ると言って、手かざしの浄霊を発展させました。その後、大日本観音会を設立し、西暦一九四七（昭和二二）年には二〇万の信徒を有するまでになりました。西暦一九五〇（昭和二五）年には世界救世教を立ち上げメシヤ教と呼んだりもしました。欧米のキリスト教との和合・融合も考えたのです。しかし脱税の手入れを受けたりして、西暦一九五五（昭和三〇）年に岡田氏は逝去。その後いくつもの分派に分かれてしまいました。佐賀の世界明主教、別府の救世主教、信楽《しがらき》の神慈秀明会《しんじしゅうめいかい》ＭＩＨＯ、三重の救世神教など分派が相次いだのです。

それでも富士山の麓《ふもと》にある静岡県熱海市には、世界救世教のＭＯＡがあり、今でも岡田氏の遺徳を継承する人々が活躍しています。

生長の家と放光寺

生長の家の創始者・谷口雅春《たにぐちまさはる》氏は、大本教の機関誌『神霊会』の編集者でした。雑誌を読んで病気が治ったという礼状が多くなり、西暦一九二一（大正一〇）年の第一次大本事件を期に、大本教から脱退します。『聖典　生命の實相』という雑誌を再刊し、信者を信者と呼ばず誌友と呼び、自らは総裁と名乗って西暦一九三〇（昭和五）年に独立して雑誌『生長の家』を刊行するのです。

世界救世教の創始者・岡田茂吉氏も生長の家の創始者・谷口雅春氏も、富士山の木花咲耶姫《コノハナサクヤヒメ》の命《みこと》を崇拝した大本教の出口王仁三郎氏の影響を強く受けた人だったのです〈以上も文献（5）（6）（7）による〉。

この他、立正佼成会は、新宗教のみでなく在来の神道や仏教などの宗教活動とも深い関係を持っています。唯我独尊の新宗教が多いなかで、在来の宗教と結びつき、延命を図ろうとするのは、ユニークな動きかもしれません。在来の仏教や神道には千年以上も続くノウハウがあるからです。その延命策を吸収しようとしているのかもしれません。

『じべた』[8]という雑誌があります。山梨県の宗教活動にたずさわる人が中心となって刊行されています。伝統的な神道や仏教も含めた『じべた』の刊行の中心人物で会長を務めているのは、山梨県甲州市の放光寺《ほうこうじ》の住職だった清雲俊元《きよくもしゅんげん》氏です。

今は真言宗になっている放光寺は、何を隠そう安田家の祖先である安田義定《やすだよしさだ》を祀《まつ》ったお寺です。安田義定とその子の安田義資《やすだよしすけ》は源氏が名を上げた富士川の合戦や、源義経《みなもとよしつね》のひよどり越えで有名な一ノ谷の合戦で功績をあげ、安田義定は浜松を中心とする遠江《とおとうみ》の国守、安田義資は越後の国守になった人です。その安田家の祖先のことは拙著『環境考古学への道』[9]に書きましたので興味のある方はご参照いただきたく思います。

清雲俊元氏は今は後継者の息子さんに譲っておられますが、山梨県の文化財保全に尽力されています。

その清雲氏と私が初めて出会ったのは富士山を世界遺産にする会議のことでした。私は静岡県の副委員長としてその会議に出席しておりました。山梨県側の富士山を世界遺産にする委員長は清雲氏でした。「おじさんとよく似た人が山梨県側の委員長だな」と思っていましたら、その人が安田家の祖先を祀る放光寺住職の清雲氏だったのです。「きっと富士山が祖先のことを教えてくれたのだ」と私は勝手に思っているのです。

新宗教も在来の仏教や神道も「サムシング・グレート[10]」の存在を信じる人々の集団です。そこに分け隔てはありません。新宗教と伝統的な仏教や神道の間に区別はないのです。「サムシング・グレート」の存在を信じる人々の心こそが、新しい未来を創造する力になると私は確信するものです。違いはただ、その宗教が千年以上も続くかどうかにあるのかもしれません。新宗教と伝統的な仏教や神道が異なるところは、延命の度合いにあるのでしょう。

創価学会も千年以上続く「世界宗教」にならなければなりません。

ありがとう寺

他にも富士山とかかわる新宗教は山ほどありますが、最後に畏友町田宗鳳《まちだそうほう》氏が興《おこ》した「ありがとう寺」の活動について述べたいと思います。

見えない世界の浄化に取り組む町田氏が「ありがとう寺」を建立したのも富士山を望む静岡県御殿場の地でした。彼はアメリカのハーバード大学・ペンシルベニア大学修了後、プリンストン大学や国立シンガポール大学で教壇に立ち日本に戻った方です。そして六五歳の定年で、広島大学教授を辞められた後、比叡山の修行もされました。

そんな町田氏を日本人が放っておくわけがありません。静岡県の篤志家《とくしか》の支援を得て富士山の見える御殿場市に「ありがとう寺」を建立されました。

町田氏は近著『異界探訪』(11)のなかで、「(私の本当の意図は)人類社会に新しい思想軸を生み出すことである」と書いておられます。そのプロセスのなかで、大自然からヒントを得て、「富士山に集まる日本の神々は、『世界は不治の病に罹《かか》っている。それを我々が治したい』と思っておられるようです」といった指摘をされています。また、「当事者は、それなりの覚悟をもって思想発信をしていくべきだと考えています」という意見も傾聴に値すると思います。

町田氏と私の関係は、私が勤務した広島大学に町田氏がこられたという因縁があります。私にとって広島はあまりいい記憶が残る場所ではありませんが（第一章で詳述）、町田氏にとっては素晴らしい場所だったようです。

人は心の持ち方一つによって、与えられた生命《いのち》、せっかくの人生を楽しくも苦しくもすることができるのです。私は今も町田氏には頭が上がりませんし、どんどんと先を越されていく感じです。それは「見えない力によっているのかもしれないな」と時々思うことがあります。

「生命文明の時代」を実現

かつては宗教の相違が対立を生みました。しかし、私たちは地球人であり、一神教でも多神教でも、宗派の違いなど微々たる相違なのではないかというのが私の信念です。核戦争のない「平和な時代」を招来させ、そして「地球環境を保全」することに全力を投入することが、今の地球人に課された課題なのではないでしょうか。現代の社会的矛盾に、より敏感なのは、伝統的仏教や神道よりも新宗教なのでしょう。

西暦二〇一八（平成三〇）年六月二二日は、富士山が世界文化遺産になった記念すべき日の五周年の記念日でした。それは山を崇拝する日本人の自然観・世界観が、自然保護に有効だと世界の人々が認めた日です。

その記念すべき日に環境省に出かけました。岸本吉生《きしもとよしお》経済産業研究所理事（当時）や中井徳太郎《なかいとくたろう》環境省総合環境政策統括官らと談笑するなかで、「欧米人はすでに自分たちの文明の原理、つまり人間中心主義で、自然を支配して人間の王国をつくるという考えが、もはや限界にきていると十分に見極めているのではないか。だから、うかうかすると日本人は追い越されてしまう」という悲愴感《ひそうかん》を私は感じました。

しかし、「自然への畏敬《いけい》の念は千年以上の歴史と伝統文化のなかで培《つちか》われてきたものだから、欧米人であってもそう簡単には追い越せないだろう」と私は思っています。しょせんそれは儲かるか儲からないかに基盤を置いた見せかけであり、儲からなかったとき、自然は痛々しく破壊されるのではないかという不安がまだまだ残ります。豊かな次代の文明をつくれるのはやはり日本をおいて他にないのかもしれません。

もし欧米人が「自然への畏敬の念」を心底理解できるのなら、本物の新しい「生命文明の時代[12]」を開くことは可能でしょう。

その日は歓談に続き、東京の都道府県会館で開催された、富士山が世界文化遺産になってから五周年を記念する講演会に参加しました。毎年富士山の日（二月二三日）に、静岡県と山梨県が交互に担当されていますが、その年は山梨県の主催でした。ユネスコで事務局長をされ世界をよく知っておられる松浦晃一郎《まつうらこういちろう》氏が、「日本人はもっと自信を持ってその世界観を世界に訴えるべきだ」とおっしゃったことには意を強くしました。そして時代が予想以上に早く進んでいることも実感しました。パネルディスカッションに出られた方全員が、私がこれまで述べてきたことと同じ方向を指摘されたことには驚きました。

西暦二〇一九（令和元）年五月一五日に開催された森林文化協会の理事会の自由討論で、国土緑化推進機構の前田直登《まえだなおと》副理事長が、「現在の欧米人は木の都市をつくることに熱心だ」と発言されました。一二、三階建ての建物までは、木でつくるほうが人肌感覚においても丈夫さにおいても上回っているという話題が出ました。木の価値が欧米人によって見直されてきたのです。コンクリートのほうが火事に強いということで、木をできるだけ使わない日本の都市が世界で一番遅れているそうです。

木を使う点において、日本人が一番遅れているというお話をおうかがいして、私は脳天をぶち割られる思いでした。あれほど森を破壊したのが近代ヨーロッパ人でしたが、その近代ヨーロッパ人が都市を森の木でつくろうとしているのです。ヨーロッパ人は思いついたら行動が早い。一八世紀以降に森を復活したのもヨーロッパ人でした。木の価値・森の文化が見直されているのです。

自分の信仰する宗教が消滅しても恐れない

私たちは民主主義が最高だと見なしてきましたが、それもひとときのことで、個人情報をにぎっている社会主義が、効率の面において上回るかもしれません。同じように自分が最高の神・仏と信じていたものが消滅することもあるのです。しょせん人間が考えることですから、いたしかたありません。ある宗教はその役割を終え、次の宗教に代わるのです。

私はそれはそれでいいと思います。変わらないのは自然と、そのなかで育《はぐく》まれた生命《いのち》です。

自分が信仰した神や仏が消滅したからといって、嘆く必要はまったくありません。宗教とはそういうものです。ですから地球人としてのあなたが今、必要とする神や仏とは何かを真剣に突き詰めることでしょう。

私にとって今、必要なのはこの地球の生きとし生けるものを守る神や仏です。

4 現代は日本の漂流第三の危機の時代

現代もまた日本の危機の時代

富士山を多くの人が仰ぎ見る時代、それは日本の歴史と伝統文化が危機に直面した時代でした。その一例として、富士山を仰ぎ見、その霊性に打たれた開祖・教祖や総裁たちが、新たな宗教を起こしたことを述べました。新宗教は世直しの思想、庶民と弱者の意思の反映です。欲求が閉ざされ、未来の見えない不安な時代に、新宗教が登場してくるのはいつの世も同じだと思います。

現代も、既成の日本人の美徳が激しく揺さぶられ、市場原理主義の跋扈《ばっこ》によって、正規雇用と非正規雇用の格差社会が生まれ、若者が未来に夢と希望が持てなくなった時代です。「人を信じ・

自然を信じ・未来を信じる」日本人の美徳が失われはじめたのです。

全国には多くの不登校児童やひきこもりの成人がいるといいます。私はこれらの人たちは、社会を信じることができなくなった時代の象徴であり、日本人の美徳が失われていくことに警鐘を鳴らしているのだと考えます。そして、彼ら、彼女らを救ってあげなければならないと思うのです。それは日本を救うことでもあるからです。

グローバリズムの終焉

金《かね》子《こ》晋右《しんすけ》氏は最近素晴らしい本『グローバリズムの終焉と日本の成長戦略』[13]を書きました。グローバリズムないしはネオリベラリズム（新自由主義）は、「世界をアウシュヴィッツに変え、多くの労働者の命を奪う」、そしてそのイデオロギーと訣別《けつべつ》することができるのは、「活人剣《かつじんけん》思想を中核とした江戸武士道である」と指摘しています。[13]金子氏は畏友川勝平太《かわかつへいた》静岡県知事の弟子で、国際日本文化研究センター時代に、私の隣の研究室であったために私との接点ができました。苦労をしましたが、いつの間にか人の生命《いのち》をもっとも大切にした『葉隠《はがくれ》』が書かれた佐賀にある佐賀大学経済学部教授になっていました。

時代は確実に私たちの生き方に近づいてきています。その証しとして、長年、江戸時代の武士道を研究してきた畏友笠谷和比古《かさやかずひこ》氏の研究(14)が、近年とみに注目されていることが挙げられると思います。

金子氏が言うように、「経済規模世界第一位の米国も、世界第二位の中国も、ゼロサム文明である。ゆえに世界第三位の経済大国である日本こそが、全人類が幸福になれるプラスサム文明のモデルを、世界に示すべきである」という意見を持つ人を増やすべきです。一人でも多く、自分の考えに共鳴してくれる後継者や賛同者を増やすべきです。それが私たちに課された課題です。

私は「ふじのくに地球環境史ミュージアム」の展示を見て驚きました。口でくどくど説明したわけではないのに、展示を担当してくれた山田和芳《やまだかずよし》教授は、私の主張したいことをよく理解してくれていると思いました。

時代は確実に「収奪文明から共生文明」に舵《かじ》を切りはじめています。学者・研究者として一人ができることはしれています。世代を超えてその考えが受け継がれていくことが大切です。そしてそれが新たな文明を誕生させるのです。

農村文明の誕生

日本の歴史と伝統文化、日本人の美徳をかろうじて温存してきた農山漁村までが、都市化により大きく揺さぶられようとしています。これはおそらく超大国アメリカが世界を支配する長期戦略の一環でしょう。アングロサクソンがまず行ったのはアメリカ・インディアン（ネイティブ・アメリカン）の撲滅《ぼくめつ》でした。その戦略は三つありました。①アメリカ・インディアンの歴史と伝統文化を奪い、②言語を奪い、③伝統食を奪う——ことでした。

同じことをアメリカは、第二次世界大戦後に日本に対しても行いました。でも日本人はマルクス主義の歴史観が一世を風靡《ふうび》（これもアメリカの戦略だったと私は思っています）しても、独自の歴史と伝統文化を失うことはなかったのです。エスペラント語や英語を公用語にしようという動きのなかでも、日本語を失うことはなかったのです。ましてや伝統食の日本食は今や世界的ブームを巻き起こしています。日本を守ったのは日本の美しい「風土」ではなかったでしょうか。「風土」の力が日本の歴史と伝統文化を守り、日本語を守り、日本人の伝統食を守ったのです。

この日本の「風土」を守った農山漁村の歴史と伝統文化を守ることに立ち上がった一人が、長野県木島平《きじまだいら》村の村長をしていた芳川修二《よしかわしゅうじ》氏でした。その活動については近著『文明の精神——「森の民」と「家畜の民」』(15)に書きましたので、そちらをご参照いただければ幸いです。

欧米人はアジア人を見下している

富士山が世界文化遺産となり、世界の人々が日本人の自然観・世界観は、この地球で生きとし生けるものを守る上で大きな役割を果たし得ることを認めました。西暦二〇一八（平成三〇）年六月二二日には、損保ジャパン環境財団の評議員会・理事会がありました。そこで伊東俊太郎《いとうしゅんたろう》先生とお会いすることができました。

伊東先生は語学の達人で、フランス語で講義されたとき、フランス人の偉い先生が日本の和辻《わつじ》哲郎《てつろう》氏や西田幾多郎《にしだきたろう》氏のことを何も勉強しないで、場や「風土」の重要性を述べていたというお話をしてくださいました。

私はそのお話を聞いて「さもありなん」と思いました。「これではだめだなあ」とも思いました。欧米人にとっては自分たちが文明をリードするのであって、アジア人、しかも日本人が場の重要性や「風土」の重要性を認識しているなどとは、これまで思ってもみないことでした。だが、その重要性を、ようやく世界の人々がわかってきたのではないでしょうか。私たちは白人でも黒人でも黄色人種でもなく、地球人なのです。

外国人観光客の急増が物語るもの

外国からの観光客の急増はそのことをよく物語っていると思います。「こんなところにも外国人がいる」と思うようになってきています。

市場原理主義が跋扈するなかで、都市のコミュニティーを維持した町内会のシステムは破壊され、地方都市にはシャッター通りが現出しました。農山漁村にまだ残っていた日本人の美徳と歴史と伝統文化が、今、危機に直面しています。だがこの危機も、日本人がその場の「風土」と歴史と伝統文化、言語そして伝統食を温存できれば、うまく乗り越えられるのではないかと私は期待しているのです。海外からくる観光客が日本の歴史と伝統文化に触れ、その素晴らしさを実感した人々は、それを応援してくれています。

現代社会が市場原理に支配されている以上、それを無視しては生き残れません。そのためには日本人の美徳を基本にした市場社会を構築し、日本の歴史と伝統文化、日本語そして日本食を守るしかないのではないでしょうか。日本の場の力・「風土」の力はそれを応援してくれるはずです。

日本の漂流第三の危機の時代

一方で、西暦二〇一一（平成二三）年の3・11東日本大震災の復興は遅々として進まず、責任を取りたくない人々によって義援金の分配が遅れただけではない、復興予算が他の目的に使用される事態まで発生しました。そして日本人の生命《いのち》の源である豊かな「風土」を封じ込め、コンクリートの防潮堤を延々と構築しようとする知事まで現れてきました。たしかに「誰を信じたらいいのだ」「何を頼りに生きたらいいのだ」と、切実な弱者の声が日本各地から聞こえるようになってもいます。

そのうえ、世界では地球環境の破壊が進行し、地球温暖化が顕現してきました。熱波と豪雨が日本各地を襲い、3・11の福島第一原子力発電所の事故による放射能汚染や北朝鮮の危機、発展途上国の人口爆発と食糧危機、シリアなどの内戦、一部のイスラム過激派によるテロ、中国や韓国との海域領土をめぐる国際紛争、アメリカと中国の貿易戦争など、日本の国際的地位を揺るがす事件が多発するようになりました。

なによりも深刻なのは、あと二〇年後には、四〇億の人々が、清潔な飲み水にもこと欠く事態が生まれるということです。生命《いのち》を支える「水」の危機が刻一刻と忍び寄りはじめているのです。人間は石油がなくても生きられますが、生命《いのち》の「水」がなくては生きられません。そして日本列島では東海地震・東南海大地震の襲来もささやかれ、[16] 巨大地震と巨大津波の災害のみでなく、富士山までもが噴火するのではないかと指摘されるようになっているのです。

私が指摘しているように、[4] 現代はその意味において日本の漂流第三の危機の時代なのです。その危機を乗り切るためには、日本の美しい「風土」とそこで生まれた歴史と伝統文化、日本語、そして日本食を大切に守って生きることです。「日本を守る」とはそういうことなのでしょう。

5 富士山への信仰は生命《いのち》の「水」の信仰と深く結びついていた

富士山に呼び寄せられるかのようにやってきた

そんな不安な時代に川勝平太氏は静岡県知事になりました。私は彼の研究者としての能力を高く評価してきました。しかし川勝氏が西暦一九九五（平成七）年の『富国有徳論』[17] のなかで、「世俗にあって廉直《れんちょく》な心を持続する者のことを『士』、豊かな物の集積を『富』と名づければ、新日本の建設のために、両者を兼ね備えた『富士のごとき日本人』こそ、めざすべき新しい日本人[17]」の姿であると喝破《かっぱ》していることに、不覚にも注意を払っていませんでした。

そしてまるで富士山に呼ばれるかのように、静岡県知事選挙に立候補し、当選しました。川勝氏は静岡県知事になるべくしてなったのだと私は思っています。富士山が川勝氏に夢を託したのだと思っています。新しい「ふじのくに」をつくり、貧しき者も富める者も「人を信じ・自然を信じ・未来を信じて、夢を持って幸せに暮らすことができる社会」を「ふじのくに」としてつくり直すことを託したのだと思っています。

甦る柿田川

西暦一九八〇年代に入って、縄文時代以来の日本人の富士山への熱い思いが、静岡県三島市清水町を流れる柿田川《かきたがわ》を甦《よみがえ》らせました。柿田川は、一日約一〇〇万トンも湧出する富士山の湧水を源流とします。高度経済成長期に静岡の大地は公害先進地となり、柿田川も異臭のするドブ川になりました。しかし、地元の漆畑信昭《うるしばたのぶあき》氏（図4-2右上）や環境保護団体のグループは、あたかも富士山に突き動かされるかのように、この市街地の真ん中を流れる柿田川を、美しく甦らせたのです。
川勝知事と私はこの柿田川も何とか世界文化遺産の構成資産にしたいと思ったのですが、残念ながらその思いはかないませんでした。でも柿田川はその後、日本の天然記念物になったのです。

湧玉池で禊をして富士山に登拝する伝統までが復活し、今や「山ガール」どころか「禊ガール」なるものまで現れはじめたと聞きます。二一世紀に贈る山岳信仰のメッセージとは、まさにこの生命《いのち》の「水」の循環を守り、自然環境を再生し、生きとし生けるものの生命《いのち》が輝く世界を創成することなのではないでしょうか。「人を信じ・自然を信じ・未来を信じて生き、夢のある幸せな社会を創造すること」――それをなさしめているのもまた富士山の力なのだと私[18]は確信します。

【図 4-2】静岡県柿田川は 1 日約 100 万トン以上の富士山の美しい湧水で涵養されている（左下）。右上はその柿田川を汚染から守った漆畑信昭氏（右）と筆者（左）

川勝平太静岡県知事は「森は海の恋人」を静岡県の新しい文明をつくる目標にしてくれました（西暦二〇一九（令和元）年五月一七日の知事定例記者会見議事録）。これは畠山重篤《はたけやましげあつ》氏[19]や私[20]が何度もこれまで指摘してきたことです。しかし地方自治体の政策にはなかなか取り上げられなかったものです。それを新しい文明の指標にしてくださったことは、ありがたいと言うしかありません。

富士山は静岡県と山梨県にまたがります。このため入山料の徴収をめぐっても当初は対応が分かれました。しかし、最終的には歩調が合いました。両県が協力して富士山の保全と管理に当たるのは、はたから拝見していても奇跡に近いと思います。県民性も、利害も異なる独立した二つの地方自治体が、ともに協力して富士山を世界文化遺産にし、その保全・管理に取り組んでいる姿は、日本の県政史上においてもきわめて珍しいことだと思います。

6 富士山信仰の聖地

静岡県富士山世界遺産センター

西暦二〇一三（平成二五）年六月二二日にカンボジア・プノンペンで開催されたユネスコの会議で、富士山が世界文化遺産になることが正式に決定されました。世界文化遺産になった以上、どこかにビジター・センターをつくる必要がありました。

ビジター・センターは一般の人が富士山についての知識を得るとともに、富士山を守り、世界一流の研究にも触れるところでなくてはなりません。静岡県は候補地を公募し、九件の応募がありました。そして選ばれたのが富士山本宮浅間大社のそばだったのです。

その「静岡県富士山世界遺産センター」の開所式が、西暦二〇一七（平成二九）年一二月二二日に静岡県富士宮市の富士山本宮浅間大社の赤鳥居の前で挙行されました。翌日には一般の人々にも開館され、開館からたった六日間で入館者一万人を突破したのです。

一般に開館した一二月二三日は、奇《く》しくも上皇陛下のお誕生日であり、ゴロあわせからも富士山の日にふさわしい二月二三日（富士山の日として川勝知事が命名）は、登山を好まれる天皇陛下のお誕生日なのです。「静岡県富士山世界遺産センター」の館長には静岡県で育ち、元文部科学大臣までされた遠山敦子《とおやまあつこ》先生が就任してくださいました。静岡で富士山を仰ぎ見ながら青春を過ごされた遠山先生の富士山への思いが、今、やっと実現したなと思いました。「信仰の対象と芸術の源泉」を中軸に据えて、富士山を「守り」・「伝え」・「交わり」・「究める」ことになったのです。

「静岡県富士山世界遺産センター」が建設された場所は、富士山信仰の本拠地である富士山本宮浅間大社の大鳥居の内側の聖地でした。湧玉池からこんこんと富士山の湧水が溢《あふ》れ出る神田川《かんだがわ》のそばです。アドバイザーの先生方からは、「静岡県富士山世界遺産センター」の建設を契機として、静岡県富士宮市には富士山の聖地として品格のある街並みをつくっていただきたいという申し入れがありました。湧玉池から溢れ出る清流を生かし、伊勢神宮の「おかげ横丁」に匹敵する「お宮横丁（仮称）」をつくるために、須藤秀忠《すどうひでただ》市長は富士宮市役所の職員らと力を合わせて取り組んでおられます。

「静岡県富士山世界遺産センター」の建物は坂茂《ばんしげる》氏の設計になり、歴史に残る記念物として、その屋上から富士山を仰ぎ見やすいようになりました。建物だけを見にこられる人も大勢おられるようです。西暦二〇一九（令和元）年六月二四日に東京で行われた森林認証についての国際シンポジウムでは、「静岡県富士山世界遺産センター」が国産材を使ったモデルとして取り上げられていました。

富士宮市の職員等は、不退転の覚悟で、世界の富士山の聖地にふさわしい街づくりに取り組むことを約束されました。富士宮市の市民が、自分たちの暮らす場所こそが、日本の、いや世界の富士山の聖地であるという気概を持って暮らせば、市全体が品格のある市になり、世界から崇敬の念を集めることになるでしょう。

富士山は静岡県民と山梨県民だけのものではありません。全国に「見立て富士」があるように、富士山は日本国を代表するものです。それは世界に冠たる日本の象徴なのです。静岡県民と山梨県民がこれからも、その思いを大切にして、ともに協力し合って、世界の模範となる「ふじのくに」づくりに邁進《まいしん》していっていただきたいものです。

大勢の入館者で溢れる静岡県富士山世界遺産センター

西暦二〇一八（平成三〇）年正月三が日は、富士山本宮浅間大社に初詣にこられる人が多いから「静岡県富士山世界遺産センター」を開けるようにという私の意見が聞き入れられ、落合《おちあい》徹《とおる》副館長が決断してくれました。「一富士・二鷹・三茄子《なすび》」とは初夢の縁起担ぎですが、「静岡県富士山世界遺産センター」に、正月三が日に一万五八六九人もの入館者があったのです。

創価学会の会員が大石寺に通っていたころのJR駅のプラットホームはまだそのまま残っています。川勝知事は「そのホームの跡地をホテルにすれば、富士山の見える立派なホテルができる」と言っておられますが、ＪＲにはまだその意思はないようです。

専用のホームが必要なほどに、当時は創価学会の人で溢れていたのです。しかし大石寺との訣別にともない、閑古鳥が鳴くようになりました。それを覆《くつがえ》すのが富士山を代表とする山への信仰の復活と、現代の消費の喜びを満たす巨大な商業施設のオープン、そして日本人の歴史と伝統文化を重んじ、自然と人間の共存・共生を考える「静岡県富士山世界遺産センター」でしょう。私はその創設にかかわらせていただいたことに、なにかの縁を感じています。

日本平の開発

西暦二〇一八（平成三〇）年一一月二日、富士山を見上げ、静岡市を見下ろす日本平《にほんだいら》山頂において、静岡県と静岡市の共同の建設になる「日本平夢テラス」の開所式が挙行されました。こんなに一望できるのかと思うほどの展望の美しさです。

日本平山頂の開発は川勝知事の夢でした。一階の会場には久能寺経《くのうじきょう》（秦久能《はたのひさよし》が納めたといわれている）の陶板も展示されました。秦氏の子孫である川勝知事は、先祖の開発したこの久能山を開発するために静岡県の知事になられたのかもしれません。富士山に憧れた中曽根康弘《なかそねやすひろ》元総理が揮《き》毫《ごう》した石碑と、富士山に初めて登ったという伝説のある聖徳太子を研究された梅原猛《うめはらたけし》先生が揮毫した石碑の間には、富士山が美しく輝いて見えます（詳しくは拙書『人類一万年の文明論』⁽²⁰⁾参照）。

開所後一カ月に満たないのに、日本平山頂には一〇万人の方が訪れるという静岡県政史上初の快挙となりました。まだ外国人には知れ渡っていませんので、今後さらに訪れる人は増えると思われます（『静岡新聞』二〇一八年一一月三〇日付朝刊）。静岡空港の近くにリニューアル・オープンした「お茶の博物館」のにぎわいや「ふじのくに地球環境史ミュージアム」の充実によって、やっと川勝知事がめざされたことが、静岡県民に理解されはじめたのではないかと思われます。

ここまでくるのに、実に九年近くがかかりました。私の役割ももうぼちぼち終わりに近いでしょう。梅原先生が「安田と川勝がいたらなんでもできるな」と言われましたが、それでも九年かかりました。

現在暮らす仙台から静岡に通うようになって、地方の創生⁽¹²⁾は一朝一夕にはできないこともわかりました。それは人々の生活がかかっているからでしょう。政治家はまさにそのことを日々実践されているのだと思いました。

次にやるべきは「自然への畏敬の念」を持つ日本人が、新たな世界文明の潮流をつくることです。それには創価学会の皆様のお力添えが必要なのです。

7 後継者の育成

『人生地理学』と牧口常三郎氏

私が地理学者になろうと思った西暦一九七一(昭和四六)年、日本地理学会の石田龍次郎《いしだりゅうじろう》会長が、七〇年近く前の西暦一九〇三(明治三六)年に発刊された牧口常三郎創価学会初代会長の『人生地理学』[21]を、初めて日本地理学会の会長講演で取り上げられ、紹介されました(第一章で詳述)。

牧口会長は「地人相関論・自然と人間の関係の研究こそが地理学の王道である」ことを主張し続けられました。明治以降とりわけ第二次世界大戦後の日本の地理学は欧米一辺倒で、「日本人の空間認識まで欧米人の空間認識と同じだ」と、未来の見えない日本の地理学者たちが主張していた時代です。

畑作牧畜民の欧米人の空間認識と稲作漁撈民の日本人の空間認識は違うはずです。とりわけ生命《いのち》の「水」の循環系をどう扱い維持するかが根本的に相違しているはずです。その違いを研究するのが地理学であるはずなのに、欧米の文明に幻惑された日本のリーダーたちは、欧米人の空間認識に日本人の空間認識をあてはめようとすることに、躍起《やっき》になっていたのです。「それは間違っている」といくら私が主張しても、広島大学助手という底辺の身分にある者の意見は抹殺《まっさつ》されました。私はしかたなく「地人相関論」「自然と人間の関係」を研究する分野を「環境考古学」[22]として新たにつくらざるを得なかったのです。

「地人相関」「自然と人間の関係」を構築しているのは生命《いのち》です。生命《いのち》のやり取りこそが自然と人間の関係性の基本をなすものです。したがって、「地人相関」「自然と人間の関係」を研究していた私は、西暦一九九〇年代から、未来に「生命文明の時代」[12]を招来することが重要だと主張するようになっていました（国際日本文化研究センターの共同研究会は「生命文明の時代」を招来することを基本としたものでした）。

その「生命文明の時代」を招来することが重要だという主張は、実は戸田城聖創価学会第二代会長が西暦一九四〇年代にすでに提唱されていたのです。そしてその生命の哲学は、池田大作創価学会第三代会長に受け継がれ、今や世界の多くの人々がＳＧＩ（創価学会インタナショナル）のメンバーとして、その考えに賛同する時代になりはじめているのです。

しかし、不勉強の私は、創価学会がそのような主張をされているとは露《つゆ》ほどにも知らなかったのです。

池田大作氏とトインビー博士

池田会長が西暦一九七〇年代初頭に、イギリスのA・J・トインビー博士と対話されたことは、よく知られています。その対話はトインビー、池田大作『二十一世紀への対話』[23]として刊行され、世界の二八言語に翻訳されました。

出版当時、人々はトインビー博士の意見ばかりに目を向けていました。私自身も、対話は池田先生からトインビー博士に申し込まれたものだとばかり思っていました。ところが事実はまったく逆だったのです。対話はトインビー博士から池田先生に申し込まれたものでした[24]。

池田先生が言っておられる生命文明論は、五〇年来、何も変わっていません。それは『池田大作全集』[25]（全一五〇巻）を見れば明らかです。むしろ聞くほうの態度が変化して、世の中の対応が変わってきたというのが正解でしょう。トインビー博士と池田先生の対話から半世紀近くが経《た》ち、人々はやっと池田先生が主張されている「生命文明の時代」、核兵器のない「平和な時代」を対話で創造することの重要性がわかるようになってきたのです。

私たち日本人が明治以降憧れてきた「力と闘争の欧米文明」は明らかに輝きを失い、「美と慈悲の文明[26]」に世界は動きはじめているといってもよいでしょう。アジアの復権が果たされようとしているのです。

創価学会との出合い

私は西暦二〇〇四（平成一六）年に国連大学で、後にノーベル平和賞を受賞したＩＰＣＣ（気候変動に関する政府間パネル）のＲ・パチャウリ議長の後に講演しました。講演が終わったら一人の人が近寄ってきました。浜名正勝《はまなまさかつ》という名刺の肩書には、創価学会総北海道長と書いてありました。私は多少緊張しました。なぜなら創価学会のことはよく聞いていましたが、世間的にあまりいいイメージではなかったからです。

浜名氏は「北海道渡島《おしま》半島には青森県三内丸山《さんないまるやま》遺跡を上回る素晴らしい縄文の遺跡がある。講演会を開催するので、その際に一度見にきてほしい」と言われました。私はしぶしぶ承諾し、北海道の函館市と石狩市で講演をしました（講演の内容は『生命文明の世紀へ[27]』として刊行されました）。

講演が終わった後、私は函館市の南茅部《みなみかやべ》遺跡群を見学しました。すると浜名氏は「ちょっと待って、ここには誰々おじいさんがいる。あそこには誰々おばあさんがいるから、元気かどうか見てくる」と声をかけに走っていかれるではありませんか。それを見て私は「人が密集していない北海道という大地では、人と人のつながりが重要だ。その役割を創価学会は果たしているのではないか」と初めて思ったのです。

二一世紀の日本列島は少子高齢化で人口の少なくなる大地となるでしょう。そのとき人と人をつなぐ役割を果たせる宗教が重要になると、そのとき思ったのです。

国内での創価学会の救済

東北創価学会が、西暦二〇一一（平成二三）年の3・11東日本大震災のとき、会館を開放し、被災者救援に命がけで当たられたことは記憶に新しいことです。創価学会の活動はこの会館が拠点となっています。

一般の市民は「あそこの会館にいく人々は特定教団の信者たちだけ」という思いからまだまだ脱し切れていないような気がします。それを打破する契機の一つになったのが、東日本大震災での被災者救援活動であったと私は思っているのです。

キリスト教の教会やイスラム教のモスクは誰でも自由に入れます。日本の著名な仏教観光寺院や神道の社《やしろ》も誰でも自由に入れます。創価学会の会館もそうなってほしいと思います。そうならないと「巨大宗教」「世界宗教」にはなかなかなれません。

「生命文明の時代」を構築し、核戦争のない「平和な世界」を構築するためには、創価学会の考え方が広まることが重要だと思います。そのためには創価学会自身が、特殊な宗教教団だというイメージから脱却する必要があります。私は創価学会の会館が人と人をつなぐ場所になればいいと思っているのです。創価学会にシンパシーを感じる人もそうでない人も、ともに集まる平和の知の拠点になればいいと思うのです。

もう一度くりかえしたいと思います。かつては宗教の相違が対立を生みました。しかし、私たちは地球人であり、宗派の違いなど微々たる相違なのではないかというのが私の信念です。池田先生の言われる核戦争のない「平和な時代」を招来し、私の言う「地球環境の保全に邁進」することに全力を投入すべきだというのが、今日の地球人に課された課題なのではないでしょうか。

世界に雄飛する平和の志

問題は後継者です。後継者の若者をどう育てるか。これが組織を維持・運営する上では欠かせないことです。

私が自分の弟子だと呼べる人は、西暦二〇一八（平成三〇）年四月の段階で大半が就職してくれました。一人でやれる学問はたかがしれています。ですから、それを継承発展してくれる若者を育てなければいけないのです。西暦二〇一七（平成二九）年には弟子とともに、『自然と人間の関係の地理学』[28]を刊行できました。後継者の育成は、学問の世界にとどまらず、すべての組織運営にとって必要不可欠の事柄であると思います。

創価学会の発展とともに、若者が海外に雄飛し、ＳＧＩの組織が発展していることは誠に朗報です。その一例として南米のコロンビアにいるＴ氏のことを紹介したいと思います。彼は創価大学を卒業後、コロンビアのＳＧＩに飛び込んだ一人です。彼を紹介してくれたのも、浜名氏でした。

長らくコロンビアは内戦が続き不安定な政治情勢だったのですが、やっと近年、国情が落ち着くようになりました。コロンビアは日本の警察システム〈交番システム〉を導入し、成果を上げているなど親日的な国です。Ｔ氏は持ち前の語学力を生かし、安倍晋三《あべしんぞう》総理がコロンビアを訪れたときも、日本語とスペイン語の通訳をするなど活躍をされておられます。

コロンビアＳＧＩも年々、会員を増やしています。日本はもとより、次は世界の人々がＳＧＩ

の活動、とりわけ平和と地球環境を守る活動に共鳴するときがきたと思います。後継者を育成し、その思いを伝えることこそが、何にもまして重要な事柄であると思われます。

8 未来へ

使命を果たし抜く人生

西暦二〇一七（平成二九）年五月九日に北海道石狩市厚田の創価学会戸田記念墓地公園で花見の宴が開催されました。その年は墓地公園の開園四〇周年の記念すべき花見であり、私も妻とともに出席しました。素晴らしい青空の下、北限のソメイヨシノが満開でした。これからも花見は何年も続くでしょう。

その礼状を書いたところ、浜名氏からメールを頂戴しました。そこには「今世に生まれてきた本来の使命を果たし抜く人生を生ききって参りましょう」と書いてありました。この世に生まれた一人の人間の人生を悔いのないものとすることの重要性がひしひしと伝わってきました。

半世紀以上も前に、池田先生の思想、法華経に立脚した東洋の生命哲学こそが未来を開く哲学であることに、浜名氏らはよくぞ気づかれたと思いました。私は今、遅まきながら法華経の哲学(29)を勉学中です。

創価学会の発展を担ったのは浜名氏のような団塊の世代の人でしょう。創価学会が今日のように発展できたのは、第三代会長の池田先生とこうした団塊の世代の人のおかげではないでしょうか。しかしそうした創価学会をリードしてきた団塊の世代の人々も、もう七〇歳の大台に達しています。「歳月人を待たず」とはよく言ったものです。彼らもいつのまにか年をとっていたのです。しかし川勝静岡県知事は、「静岡県では老人と呼ぶのは七七歳の喜寿からで、それまでは壮年だ」と言って張り切っておられます。高齢社会の老人が溢れる時代に、静岡県民のような生き方は高齢社会のこれからの見本になるでしょう。

世界文化遺産と私の研究

私は西暦二〇一二(平成二四)年三月に国際日本文化研究センターを定年退職し、東北大学大学院教授となって富士山を世界文化遺産にすることにたずさわりました。そして翌年六月二二日にカンボジアのプノンペンのユネスコの会議で、富士山は三保松原《みほのまつばら》を含めて見事に世界文化遺産になったのです（第三章で詳述）。

これで山を崇拝する日本人の信仰は世界の人々に理解されました。次は日本人の海への信仰を世界の人々に理解していただかなくてはならないと思いました。

福岡県の沖ノ島を中心とする海の交流を、次に世界文化遺産にしようと思い、お世話になっている岸本吉生氏（九州経済産業局長・当時）が九州にこられたことを契機に、私は立命館大学環太平洋文明研究センター長として西暦二〇一四（平成二六）年に福岡県宗像《むなかた》市でシンポジウムを開催しました。単行本も『対馬海峡と宗像の古墳文化』[30]として刊行することができました。

そして、富士山が世界文化遺産に登録されてから四年後の西暦二〇一七（平成二九）年七月九日に、「『神宿る島』宗像・沖ノ島と関連遺産群」が世界文化遺産になったのです。翻訳を務めてくださった加藤暁子《かとうあきこ》さん（日本の次世代リーダー養成塾事務局長）と私は、福岡県が申請していた宗像三女神《さんじょしん》すべてが世界文化遺産になることは、なかばあきらめていました。しかし、葦津《あしづ》敬之《たかゆき》宗像大社宮司と谷井《たにい》博美《ひろみ》宗像市長（当時）は「一神教はキリスト教とイスラム教のように対立しているが、多神教やアニミズムは対立軸を持たず、人類の未来を希求している」ことを訴え続けられたのです。

そして、ポーランドの私の弟子のM・マコホニエンコ氏が、世界遺産にかかわるユネスコの最終会議が、ポーランドのクラクフ市で開かれることを聞きつけ、その会議の議長がヤツェク・プルフラ国際文化センター所長であることをつきとめてくれたのです。マコホニエンコ氏はポーランド・ポズナン市のアダム・ミツキエヴィッチ大学教授をされていますが、クラクフ市までプルフラ所長にお願いに行ってくれたのです。

そして見事に、ユネスコの最終会議で、日本側が請求した宗像三女神を含むすべてが、世界文化遺産に登録されたのです。

これで日本人の山の信仰（富士山を代表とする日本の山々）と海の信仰（宗像の海を代表とする日本の海）の代表が世界の人々に認められたことになります。

それを記念して静岡県では「ふじのくに地球環境史ミュージアム」と「静岡県富士山世界遺産センター」の合同国際シンポジウムを、西暦二〇一八（平成三〇）年三月二日と四日に開催しました。ユネスコの会議の議長を務めてくれたポーランドのプルフラ所長やマコホニエンコ教授、そして宗像大社の葦津宮司もお招きして、山と海の世界観を語っていただきました。川勝静岡県知事をはじめとして富士山にかかわる方々も参加され、森里海の生命《いのち》の「水」の循環の重要性についてお話しいただいたのです。谷井宗像市長もお祝いに駆けつけてくださり、開会挨拶までしてくださいました。

川勝知事は一人のスピーカーとして演壇に立たれました。そして「海の神殿」「山の神殿」という言葉を使われたのです。神殿といえばギリシャのパルテノン神殿を真っ先に思い浮かべる教育を私たちは受けてきましたが、静岡県いや日本列島は「海の神殿」「山の神殿」で満ち溢れているというご指摘に私は感動しました。「日本の山と海が世界の神殿になる」、未来はそういう時代でしょう。これからは、日本人の自然観・世界観に立脚した「海の神殿」「山の神殿」を、自信を持って世界に広めていく時代だなと思いました。

私の研究活動と人生は、日本列島の歴史と伝統文化を育んだこうした「風土」や世界観を、世界の人々に知っていただき、それを世界遺産にし、保全・継承し、未来につなげていくことと深くかかわっているようです。

残された課題は山と海の縄文が世界文化遺産になることとです。縄文は日本列島全域にあります。縄文の代表として津軽海峡を挟む北東北と北海道の縄文を世界文化遺産にしようという意見(31)があります。もちろん縄文は関東にも西日本にもあります。北海道から沖縄まで日本列島全域に縄文は形成されているのです。縄文があるところ、そこが日本なのです。

それは日本人全体が世界文化遺産になることを意味します。この縄文が世界文化遺産になれば、私の思いは完遂するのです。

第四章　引用・参考文献および注

（1）町田洋『火山灰は語る――火山と平野の自然史』蒼樹書房、一九七七年
（2）安田喜憲『山は市場原理主義と闘っている――森を守る文明と壊す文明の対立』東洋経済新報社、二〇〇九年
（3）青柳周一『富嶽旅百景――観光地域史の試み』角川叢書、二〇〇二年
（4）平野秀樹・安田喜憲『奪われる日本の森――外資が水資源を狙っている』新潮社、二〇一〇年
（5）佐木秋夫『新興宗教――それをめぐる現代の条件』青木書店、一九六〇年
（6）梅原正紀「教祖・生き神・生き仏」田丸徳善・村岡空・宮田登編『日本人の宗教　第二巻　儀礼の構造』佼成出版社、一九七二年
（7）清水雅人「新興宗教」田丸徳善・村岡空・宮田登編『日本人の宗教　第三巻　近代との邂逅』佼成出版社、一九七三年
（8）清雲俊元編『じべた』一～四二号、山梨県宗教者懇話会、一九七六～二〇一八年
（9）安田喜憲『環境考古学への道』ミネルヴァ書房、二〇一三年
（10）村上和雄『人を幸せにする「魂と遺伝子」の法則』致知出版社、二〇一一年

(11) 町田宗鳳『異界探訪――パワースポットの最深部に異界への扉があった』山と溪谷社、二〇一八年
(12) 安田喜憲ほか編『生命文明の時代』ローコストカンパニー・ものづくり生命文明機構（オンデマンド出版）、二〇一九年
(13) 金子晋右『グローバリズムの終焉と日本の成長戦略』論創社、二〇一八年の中に『葉隠』のことについても触れている
(14) 笠谷和比古『武士道の精神史』ちくま新書、二〇一七年
(15) 安田喜憲『文明の精神――「森の民」と「家畜の民」』古今書院、二〇一八年
(16) 鎌田浩毅『地球とは何か――人類の未来を切り開く地球科学』サイエンス・アイ新書、二〇一八年
(17) 川勝平太『富国有徳論』紀伊國屋書店、一九九五年
(18) 安田喜憲『稲作漁撈文明――長江文明から弥生文化へ』雄山閣、二〇〇九年
(19) 畠山重篤『森は海の恋人』文春文庫、二〇〇六年
(20) 安田喜憲『人類一万年の文明論――環境考古学からの警鐘』東洋経済新報社、二〇一七年
(21) 牧口常三郎『人生地理学』文会堂、一九〇三年、『人生地理学　訂正増補　第八版』一九〇八年
(22) 安田喜憲『環境考古学事始――日本列島2万年』NHKブックス、一九八〇年
(23) A・J・トインビー・池田大作『二十一世紀への対話』文藝春秋、一九七五年
(24) 吉澤五郎『トインビーとの対話――現代への挑戦・希望の道』第三文明社、二〇一一年
(25) 池田大作『池田大作全集（全一五〇巻）』聖教新聞社、一九八八〜二〇一五年
(26) 川勝平太・安田喜憲『敵を作る文明　和をなす文明』PHP研究所、二〇〇三年

(27) 安田喜憲『生命文明の世紀へ――「人生地理学」と「環境考古学」の出会い』第三文明社、二〇〇八年
(28) 安田喜憲・高橋学編『自然と人間の関係の地理学』古今書院、二〇一七年
(29) 池田大作『法華経の智慧(全六巻)』聖教新聞社、一九九六~二〇〇〇年
(30) 安田喜憲・西谷正編『環太平洋文明叢書4 対馬海峡と宗像の古墳文化』雄山閣、二〇一六年
(31) 安田喜憲・阿部千春編『環太平洋文明叢書1 津軽海峡圏の縄文文化』雄山閣、二〇一五年

第五章

森の蛇と女たち

1 雨と蛇

雨にもかかわらず、たくさんの方においでいただきまして、誠にありがとうございます。

今日雨が降ったのは皆さまの責任ではありません。ひとえに私の責任であります。どうしてかと言いますと、最近、蛇のことを研究しているからです。私がきますと突然雷雨が起こって雨が降るようになったのは、それからです。

ご存じのように蛇は水神です。これは嵐を呼ぶ神様です。私には蛇が乗り移ったんじゃないかと思うのです。

この雨は私のせいでございまして、決して皆さまのせいではありません。

しかし、この雨をついておいでいただいた大勢の皆さま、私の講演を聞くと生命《いのち》が少なくとも一〇年は長く延びるんです（笑）。蛇というのは、長生きのシンボルなのです。それから、お金のない人も必ずお金が儲かるようになります。恋をしたい人、激しい愛を交わしたい人もきっといい恋人が見つかります。

この雨のなかをわざわざおいでいただいたわけですから、きっといい御利益があると思ってお話を聞いていただけたら幸いに存じます。

2 花粉から蛇へ

先ほどまで、県民カレッジの係の方とお話をしていました。「『森のリスと女たち』だったらとってもいい題なのに、先生のタイトルは森の蛇！ 森のリスではあかんのですか」とおっしゃるわけです。あかんのですね（笑）。やっぱり、森の蛇じゃないとだめなんです。リスではだめなんです。

なぜ蛇じゃないとだめかということを、今日はお話ししたいと思います。

私の専門は花粉分析です。富山県の埋蔵文化財センターの所長さんとお知り合いになったのも、江上《えがみ》遺跡の花粉分析の調査を通してです。

富山県に何回も通いました。富山県の遺跡の土も採りました。土の中には小さな花粉の化石が含まれています。花粉は肉眼では見えませんが、空中を飛んでいます。それが湿地や湖に落ちても腐らず、何万年でも形が残るんです。

そこで、遺跡を発掘し遺跡の断面から土を採り、その中に含まれている花粉の化石を分析するわけです。そうすると、かつてどういう森があったかがわかります。スギの花粉がたくさんあれば、ここにはスギの森があったということ、マツの花粉がたくさんあればマツの森があったということがわかります。そういうふうにして、私は日本列島各地の遺跡の花粉分析をし、かつてどんな森が分布していたか、あるいは人間がどのようにして森を開拓していったかを研究しておりました(1)。

ところが、一〇年ほど前からちょっとおかしくなったんです。それまでずっと日本の研究をしておりましたが、西暦一九八〇年代から私は地中海沿岸のギリシャあるいはトルコ、シリアというような地域の研究をするようになったんです(2)。

エーゲ海や地中海周辺には森がほとんどありません。山は禿山《はげやま》ばかりです。そして、ギリシャやトルコは昔から禿山だったとみんなが思っていた。ギリシャ神話の研究者も、「ギリシャには森がなかったから、森の神様がいない」などと言っていました。

しかし私はそうは思わなかった。「このような高度な文明が発展した地域の山々が、どうしてこんな禿山なんだろう」と、ギリシャに行ったときにそう思いました。もうどこを見ても禿山なんですから。山へ行ったら森があるというのは日本人の常識ですよね。ところが、ギリシャへ行ったら森がないわけです（図5-1）。パルテノン神殿の背後の山が全部禿山でした。私はそのとき初めて、森がなくなったこと、禿山になったことが、ひょっとしたらギリシャ文明の崩壊と深い関係があるんじゃないかと思ったわけです。

3 ギリシャで発見した蛇

それで、西暦一九八〇年代からギリシャ世界の研究をはじめたんです。やはり同じように、土にボーリングして花粉分析をしました。

それでわかったことは、実はギリシャ文明が発達した時代、今から約三〇〇〇年前から二五〇〇年くらい前ですが、その時代、あのギリシャの山々には鬱蒼《うっそう》とした森があったということです。ナラとかマツの森があったんです。文明が発展するなかでその森を破壊し尽くして、今のような

【図5-1】ギリシャはどこへ行っても禿山だった。ギリシャのプレベザからアルタの間の風景

禿山にしてしまったわけです。

また、ギリシャには数多くの神々がいますが、そのなかに蛇の神様がいます。現代のパルテノン神殿は紀元前五世紀につくられたものですが（パルテノン神殿はそれまでにも何回も建て替えられている）、紀元前六世紀のパルテノン神殿を見たら、その梁《はり》に大蛇が飾ってあるんです（図5-2）。

ギリシャ文明は理性の文明で、近代ヨーロッパ文明の原点になった文明です。われわれが憧れてやまなかったヨーロッパ文明の原点でもあります。ソクラテスやプラトンやアリストテレスが活躍した理性の文明、その理性の文明の象徴のパルテノン神殿、紀元前六世紀のパルテノン神殿に大蛇がいるわけです。「いったいこれはどういうことだろう」ということから、私は蛇にとりつかれてしまったんです。

【図5-2】ギリシャ、アテネのアクロポリス博物館にあるパルテノン神殿（紀元前6世紀）の梁に飾られていた大蛇

4 ギリシャは森の文明

ギリシャ文明は森の文明でした。森がなかったら文明は繁栄しない。ギリシャ文明は交易の文明でもありました。船を使って交易をした。船をつくるためには木が要《い》ります。また、ギリシャ文明は青銅器を輸出しました。青銅器をつくるためには燃料が要ります。鉱石を溶かして青銅器をつくるのですから、それには燃料としての木がないとできません。

ギリシャ文明が発展した時代には深い森があって、その中には蛇がいたんです。蛇は森の主です。その森の主が、パルテノン神殿の梁に飾られていたのです。

梁に飾られた大蛇を発見したとき私は驚きました。どうして驚いたかというと、私は小さいとき祖父から、「家の梁におる蛇は家の主や。殺したらあかん」と言われたことを思い出したからです。あのパルテノン神殿の梁に飾られていた蛇は、まさにパルテノン神殿の主ですよね。これまで私は、ギリシャ文明ははるかに優れた理性の文明で、日本の文化などはとうてい及ばないと思っていました。その文明がわれわれと同じ世界観を持っていたわけです。「蛇は家の主だ」という世界観を持っていたのです。

5 日本の蛇信仰

日本の古典の代表は『古事記』『日本書紀』あるいは『風土記《ふどき》』です。その日本の神話のなかに『常陸国風土記《ひたちのくにふどき》』があります。常陸の国は今の茨城県です。

『常陸国風土記』のなかに、クレフシという里の話があります。その里に、ヌカビコとヌカビメという兄妹が住んでいました。妹のヌカビメのところに、毎晩得体の知れない男性が通ってきます。いわゆる「夜這《よば》い」ですね。そして、何度も逢瀬《おうせ》を重ねるうちに、ついにヌカビメは子どもを産むわけです。その子どもは小さな蛇なんですね。ヌカビコとヌカビメは、これはきっと神様の子だということで、土器《かわらけ》に入れて飼うわけです。ところが、その蛇はどんどん大きくなります。土器《かわらけ》から大皿に移し、大皿でも入らないもんだから今度は大きな瓶に入れました。しかし瓶に入れてもまだ大きくなるものだから、とうとうヌカビコとヌカビメは、「もうお前は、お父さんのところに帰れ。うちでは飼えない。だから、もう帰れ」と言うわけです。そうするとその蛇は、「私一人で帰るのは嫌だ。誰か一緒にきてくれ」と言う。「でもこの家にはヌカビコとヌカビメの二人しかいないので、誰もお供できない」と言うと、その蛇はお兄さんのヌカビコを殺して天に昇ろうとするわけです。そこで、ヌカビメは土器《かわらけ》を投げるんです。すると、その蛇は天に帰ることができなくてクレフシ山に留《とど》まったという奇怪な物語が『常陸国風土記』にあるわけです。

戦後の日本の歴史学者と考古学者は、「こういう物語は非科学的だ」「古代人が妄想で書いた」と言ってきました。だから、「こんなもの相手にしてはいけない」というのが、私たち戦後民主主義の教育のなかで受けてきた科学的歴史学の教えでした。でも、それはあまりにも古代人に対して失礼ではありませんか。当時、紙は貴重品ですよ。その貴重品に物語を書く。そのとき思いついた蛇の物語を勝手に書いたわけじゃないと思うんです。何か意味があるから、そういう物語を書いているわけです。

私はこれは本当の話を書いたと思うようになりました。

どうしてそんなことがわかったかというと、そのことを私は地中海で発見したんです。

6 蛇を飼う容器の発見

地中海にクレタ島という小さな島があります。そこにはミノア文明という文明が繁栄していました。それを、アーサー・エヴァンズという人が発掘調査しました。クノッソス宮殿がその中心的な遺跡です。イラクリオンという町に博物館があり、そこにクノッソス宮殿から発見された遺物が展示されています。そこに図5-3のような土製の筒がありました。その粗末な筒の両側にはお皿が三つほど付いているんです。その解説を見て、もうびっくりしました。

この粗末な筒は蛇を飼っていた容器だと書いてありました。しかもこの小皿はミルクや蜂蜜を入れると書いてあるのです。古代の三五〇〇年から四〇〇〇年前のミノア文明では、蛇がそういう容器に飼われていたんです。

これを見て、私は『常陸国風土記』の物語が本当の物語だったとわかったのです。ヌカビコとヌカビメも土器《かわらけ》に蛇を入れて飼っていたのです。かつての日本にも、蛇を飼う蛇巫女《みこ》がいたんだろうと思ったのです。

【図5-3】ギリシャ、クレタ島クノッソス宮殿から出土した蛇を飼う容器。餌にはミルクなどが与えられたという（クレタ島、イラクリオン博物館）

そのクノッソス宮殿から、図5-4のように両手に毒蛇を握った大地母神像が出土しています。大きい乳房を持つ女性が、蛇を両手に持っている。蛇を飼うのはやっぱり女性なんです。男じゃない。

県民カレッジの係の方とお話をしていたら、こういう言い伝えが富山県にもたくさんあるらしいと言うのです。

7 今も残る蛇の神話

例えば、富山県南砺《なんと》市に蛇喰《じゃばみ》という地名があるとのことです。その蛇喰にある池に大蛇が住んでいた。その大蛇が若い娘をさらっていくんです。やはり蛇は若い娘と関係があるんです。ところが、あまりにも悪さをするものだから、その近くにいたおばあさんが、「お前、一回、豆に化けてみろ」と言った。そうしたら、その大蛇は豆に

【図5-4】ギリシャ、クレタ島クノッソス宮殿から出土した蛇を両手に握る大地母神像。手に握る蛇は毒蛇と見なされている（イラクリオン博物館）

化けた。豆に化けたのをおばあさんが食べてしまった、と。そういう伝承があるそうです。もう一つ聞いたのですが、富山県宇奈月《うなづき》温泉の近くの愛本《あいもと》というところにも伝承があるそうです。毎晩女性のところに若武者がやってくる。そして、その娘が子どもを産むことになった。「これから子どもを産む部屋へ入るから、お父さんお母さん見ないでください」と言ったんですけれども、お父さんやお母さんは心配なものだから、その娘が子どもを産むところを見ると、娘は大蛇になって子どもを産んでいた。それを見られた娘は、「自分の恥ずかしい姿を見られましたから、もうお父さんお母さんのところにはおれません」と言って、若武者のところへ帰るわけです。そして帰るときにちまきの作り方を教えていったという。

こういう伝承があるんです。ちまきというのは、やっぱり蛇信仰はお米をつくる稲作とも深い関係があるからでしょう。

こういうふうに、今でも私たちは蛇の伝承を持っている。

もう一つだけ蛇の伝承を申し上げたい。それは、『日本書紀』に書いてある箸墓《はしはか》伝説です。奈良県桜井市に三輪山《みわやま》という聖山がある。その麓《ふもと》にヤマトトトヒモモソヒメというお姫様が住んでいました。そこにやっぱり毎晩男性が通ってくるんですね。ヤマトトトヒモモソヒメは毎晩自分のところへ通ってくる男性の顔を一目見たい。夜しかこないものですから顔がわからないわけなんですよ。それで、その若い男性にお願いをする。そうすると若い男性は「わかりました。私は明日の朝、あなたの櫛箱《くしばこ》の中に入っていましょう」と言うわけです。姫は「おかしいなあ。なんで人間が櫛箱の中に入っているんだろう」と思うんですけれども、自分の愛する人の顔が見られるということで「わかりました」と言うわけです。しかし、その男性は「私の姿を見ても決して驚かないでください」と言います。それも約束します。

そして翌朝、姫は恐る恐る自分の櫛箱を開けると、その中から衣紐《したひも》ほどの大きさの小オロチがニュッと顔を出すのです。小さな蛇が鎌首《かまくび》を上げたんですね。その蛇を見て姫は「アッ」と驚くわけです。そうすると、その蛇はたちまち美しい凜々《りり》しい人間になって、こういうふうに言うわけです。「あなたは私との約束を破った。あなたは私の本当の姿を見ても驚かないと言ったじゃないか。ところが驚いた。だから私もあなたに恥ずかしい死に方を与えます」と言って、三輪山に帰るわけです。実はその蛇は三輪山の神様だったわけです。

ヤマトトトヒモモソヒメはショックのあまりドスンと腰を落としたのですが、その下にお箸があった。そして、お箸で自分の大切な陰部を突き刺して死んでしまったという奇怪な物語が書いてあるわけなんです。これも、恐らく本当にあった話だと私は思います。

まず、蛇の大きさが衣紐《したひも》くらいの大きさだったと書いてあります。昔、女性は腰巻というのを着けていました。この衣紐《したひも》というのはいったいどういう意味か、六〇代以上の方はわかるかもしれませんね。私はこれをアイヌのおばあさんに聞いて驚いたんです。衣紐《したひも》は自分の夫以外には見せてはいけないものなのです。だから、衣紐《したひも》を取るということは、その女性が男性に体を許すということなんです。

また、『日本書紀』に衣紐《したひも》くらいの小オロチと書いてあります。三輪山の神様なんだから大蛇であったらいいと思うんですが、そうじゃないんです。衣紐《したひも》なんです。ということは、そういう蛇とそれを飼っていた蛇巫女との間に、なんらかの性的な関係を結ぶような儀式が古代にはあったのではないか。蛇巫女が蛇と交合《まぐあ》う真似をした可能性もあるわけです。

『日本書紀』はさらに書くわけです。そのヤマトトトヒモモソヒメは、そのお箸で自分の大切な女陰《ほと》を突き刺して死んだ。そして、その亡骸を箸墓という古墳に葬ったと。

大神《おおみわ》神社の前に大きな前方後円墳があります。それを箸墓古墳といいます。この箸墓古墳の被葬者は、『日本書紀』によればお箸で女陰を突き刺して死んだ女性なんです。

これは類推ですけれども、恐らく古代においては蛇と交合《まぐあ》う儀礼があったのではないでしょうか。大切な女陰の中へ蛇を入れるわけですから、何かのアクシデントがあって、その巫女が死んでしまった。その巫女を箸墓として葬った可能性がないとは言えないんですね。そのことを吉野《よしの》

裕子《ひろこ》先生は指摘されています。(3)

ここまで言いますと、日本の考古学者からは馬鹿にされますが、今まで日本の考古学者はそういう物語をまともに読もうとしなかった。こんなものはいい加減な物語だと言っていたわけです。ところが、ギリシャや地中海世界を研究しておりますと、それが実は本当の物語であった可能性が非常に高くなってきたのです。

戦後七〇余年間、私たちはどんな歴史を学んできたのでしょうか。戦後学んできた私たちの歴史というのは本当に正しかったのかどうか、もう一度考えるときにきているのではないでしょうか。

8 蛇巫女との出会い

図5-5の彫刻は、ローマのバチカン美術館にあります。これはお棺なんです。ギリシャやローマ時代にはお棺の上に

【図5-5】ローマのバチカン美術館にある蛇巫女の墓標。右手にグルグル巻きにした蛇は生きているようだった

生前の姿、例えば、お棺に葬られている人が兵隊だとしたら戦っている姿を彫刻しました。哲学者ならば、ものを考えている姿を彫るわけです。図5-5の彫刻は女性ですね。この女性の顔を見て驚きました。恍惚《こうこつ》の表情なんです。そして、右手に蛇をぐるぐる巻きにしている。しかもこの蛇は生きている。蛇は口や目を開けている。これを見た瞬間に私は「これはまさに蛇巫女だ」と思いました。生前この女性はこういうふうな蛇を扱う巫女だったんです。その巫女が亡くなったものだから、その姿をこういう彫刻に彫ったんです。

これを見ると、ギリシャやローマに蛇巫女がいたんだから、当然日本にいてもおかしくないですよね。しかも、日本では『常陸国風土記』や『日本書紀』にちゃんと書いてある。にもかかわらず、日本の歴史学者は「そんなものは絵空事だ」と言ってまともに考えようとしなかった。しかし、ギリシャやローマにはこういう蛇巫女がちゃんといたんです。

図5-6は、ギリシャのパルテノン神殿に飾ってあったという女神アテネ像です。これはローマ時代の複製で、本物は高さ一〇メートルくらいある象牙と黄金でつくられた巨大な像であったといわれていますが、左手に持った盾の裏側に蛇がいるのです。この蛇はエリクトニオスというアテネの王様です。死んだ後、蛇になった。アテネの王様は、女神アテネに守られているわけです。

【図 5-6】ギリシャ、アテネのパルテノン神殿には巨大な女神アテネの像があったといわれている。その盾の裏にはアテネの王、エリクトニオスの化身といわれる大蛇が隠れていた

　つまり、この女神アテネも蛇巫女だったわけです。あのパルテノン神殿の中で蛇を飼っていた証拠です。

　この蛇には髭《ひげ》が生えたり、角《つの》があったり、冠をかぶっているものもあります。メソポタミアだとかエジプトの蛇には角が生えているんです。私は、メソポタミアやエジプトの蛇だけに角が生えていると思っていたんです。ところが『常陸国風土記』をまた読んでみると、『常陸国風土記』にも「角折れの浜」のことが書いてあり、角の生えた蛇のことが出てくるんです。

　まだこの謎は解決しておりません。なぜ古代の蛇に角が生えているのか。これはわかりませんが、メソポタミアでも地中海でも日本でも、神話に出てくる蛇には角が生えています。

9 家の主の蛇

図5-7は紀元前六世紀のパルテノン神殿の破風《はふ》に飾られていた蛇です。日本では梁の上にいる蛇は家の主だと言われてきた。それと同じ世界観がギリシャ世界にもありました。

図5-8が先ほど申し上げたヤマトトトヒモモソヒメ。右側に蛇が見えますでしょうか。小さく鎌首を上げています。まさに、それは衣紐《したひも》の大きさですね。女性と男性との関係が蛇と巫女との間にあったということを物語っています。古代の日本人は、蛇に人間を殺す力があるというふうに考えたし、ギリシャの人々も同じように考えた。

図5-9左はラオコーンという彫刻です。まさにトロイの神官ラオコーン父子が二匹の大蛇に絞め殺されようとする、その壮絶な姿をここに描いたものです。蛇に人間を殺す力がある。そういうふうに古代の人たちは考えた。それはギリシャも日本も同じだったのです。ところが図5-9右のペルガモンの時代になると、女神が蛇の怪物と闘いやっつけるというふうに、物語が変わっていきます。

【図5-8】ヤマトトトヒモモソヒメが櫛箱を開けた瞬間、小オロチが鎌首をもたげてきた。「あっ」と驚くヤマトトトヒモモソヒメの瞬間を見事に描いている山本芳翠（1850～1906）画

【図5-7】ギリシャ、アテネのアクロポリス博物館には紀元前6世紀のパルテノン神殿の破風に飾られていたという青髭（あおひげ）と呼ばれる大蛇の怪物が展示されていた

【図5-9】ローマのバチカン美術館にあるラオコーン。トロイの神官ラオコーン父子が大蛇に絡まれて息絶えようとしている（左）。ドイツ、ベルリンのペルガモン美術館にある女神と大蛇の化身との戦い（右）。かつて大蛇には人間を殺す力があったが、それがペルガモン時代になると人間に支配されるようになる。しかし支配するのは男神ではなく女神であることに注目

10 病気を治す蛇

蛇には病気を治す力があると古代の人は考えました。図5-10はギリシャのアスクレピオスという神様です。向こう側に女神がいます。これはヒュギエイアといい、奥さんであったり娘であったり妹であったりするんですが、必ずこの女神がいるんです。蛇に餌をやっていますね。このアスクレピオスは医学の神様であり、シンボルは蛇なんです。

なぜ蛇に病気を治す力があるか。私たちも病気になったときやちょっと元気がないと思うとき、マムシ酒やマムシドリンクを飲みますね。今でも一升瓶にマムシを入れて飲むと元気になるという〝信仰〟があります。

古代の人はなぜ蛇が病気を治す力があると考えたのでしょうか。

それは森の思想でもあるのです。森は春には若芽が出てくるでしょう。夏には若葉が出て秋に

【図5-10】トルコ、イスタンブール考古学博物館にあるギリシャ神話の病気を治すアスクレピオス神。医学の神様である

は木の実がなるけれども、落葉《らくよう》の広葉樹林《こうようじゅりん》は葉っぱを落とす。そして冬には森は深閑《しんかん》となる。けれどもまた春には若芽が出てくる。

つまり、「森の中の生命《いのち》というものは、永劫《えいごう》の再生と循環をくりかえしている」、こう考えたわけです。これが森の思想、森の心です。それをもっともシンボリックに体現しているのが蛇なんです。まさに蛇は脱皮をして生まれ変わるからです。

そういう考えは今、私たちも持っています。孫を見たら、「ああ死んだおじいちゃんにそっくりだ」と言うでしょう。生まれ変わりじゃないですか。私たちはやっぱり森の思想[4]を持っているのです。

日本人は梁の上にいる蛇は家の主だという考えを持っていると同時に、孫を「おじいさんの生まれ変わり」というふうに考える。森が若葉をつくって秋には木の実をつけ、冬には死ぬ。死ぬけれどもまた春には生まれ変わる。こういうふうに、森の生命《いのち》は永劫の再生と循環をくりかえしている。こういう世界観が森の民の世界観にあるのです。

ギリシャやローマ時代の人々も、そういう森の民の世界観をみんな持っていたんです。私たちと似たような考えをみんな持っていたんですね。

11 商売繁盛も蛇

昔から、蛇の抜け殻を財布に入れておくとお金がたまると言うじゃないですか。それは「財布の中に蛇の抜け殻を入れていると、生命《いのち》が生まれ変わるように、なくなったお金が生まれ変わってくる」という願いからでしょう。ですから、商売のシンボルも蛇です。

他にも、一橋大学の校章は蛇です。それから今でもドイツでは、お医者さんのシンボルが蛇なんです。病気を治すということは、生まれ変わること、再生すること。それと同じように、お金も生まれ変わってくる。お金を再生する商売にもつながってくるんです。

12 蛇はあの世とこの世のメッセンジャー

もう一つお話ししなければならないことがあります。

図5-11はメドゥーサという神様です。メドゥーサはギリシャ神話に出てくる恐ろしい怪物で、

髪の毛が蛇なんです。そして、見るものを石に変えるほどの恐ろしい怪物だとギリシャ神話には書いてあります。ところが、これはトルコのディディマという神殿の梁に飾ってあったメドゥーサなんですが、神々《こうごう》しいですよね。ですが、なぜ怪物が神殿の梁に飾られているのかよくわからなかった。実は、このメドゥーサの髪の毛が蛇だということに意味があったのです。それはまさ

【図5-11】トルコ、ディディマ神殿（上）の正面の梁に飾られていたメドゥーサ（中・下）

【図5-12】トルコ、イスタンブール考古学博物館の中庭に展示されている石棺の花飾りの上に彫られたメドゥーサ

に生命《いのち》を再生させるという意味があったのです。

図5-12はトルコのイスタンブール考古学博物館の中庭に展示してある石棺です。この石棺にメドゥーサが彫られているんです。その理由を私は長い間不思議に思っていました。ところが、ヘレニズム文明の中心地エジプトのアレキサンドリアに行くと、メドゥーサのところが蛇になっているではありませんか。図5-12のメドゥーサが、図5-13では蛇になっているわけです。

ギリシャやローマ、あるいはヘレニズム時代の人々にとって、蛇はあの世の支配者であり、同時に生命《いのち》を再生させる役割を果たすものだったのです。だから、死んだ人間が生まれ変わってくれるように願いを込めてお棺に蛇を彫ったのです。

アレキサンドリアの町をつくったアレキサンダー大王のお母さんは熱狂的な蛇信仰の信者でした。当時は、マイナデスという蛇を信仰する女性集団があり、女性だけが三々五々森の中へ集まって男性を襲うのです。最後には、男性を八つ裂きにして、その肉を食べたという伝説があります。アレキサンダー大王のお母さんは、そのマイナデスの熱狂的な信者だったんです。そしてアレキサンダーに「お前は蛇の化身だ。だから世界を支配して人類の平和の国をつくれ」ということを懇々と説いたのです。

アレキサンダーの脳裏には、お母さんから受け継いだ蛇信仰が大変大きな影響を持っていたのです。

13 豊穣と愛のシンボル

図2-17（73頁参照）は五〇〇〇年前のシリアのマリという遺跡から出た聖なる台座でした。二匹の蛇が絡まっているんです。そして、絡まって鎌首を上げてキスをしている。これが聖なる台座に彫られているんです。見た瞬間に私はもう「これはいったい何だ。どういう意味なんだろ

【図5-13】エジプト、アレキサンドリアにある石棺は、本来メドゥーサがある部分が蛇になっていた

う」とずっと気になっていたわけです。

吉野裕子先生から、(3)「安田さん、注連縄《しめなわ》は蛇なんですよ」と聞いたとき、私はもう脳天をぶち割られる思いがしました（第二章で詳述）。まさに二匹の蛇が絡まっている姿は注連縄なんです。（この講演の時、つまり西暦一九九七〔平成九〕年はまだ半信半疑でしたが、それから二〇年以上が経《た》って、吉野先生の教えが正しかったことを実感しています。）

二匹の蛇が絡まり合っている姿、それは二匹の蛇が交尾をしているときの姿でした。交尾するとき、蛇は注連縄みたいに絡まった（73頁の図2-18）。それがあのシリアのマリという遺跡でも日本でも、注連縄になっているわけなんです。

そこで第二の質問です。なぜ、二匹の蛇がこう絡まっていたら、それが聖なるものになるんでしょうか。それは蛇は交尾の時間が長いからです。半日以上絡まっている。それを古代の人はよく見ているわけです。つまり、激しくオスとメスの蛇が絡まり合って愛を交わす。それは子どもをたくさん産むことにつながります。

現代では交尾というと卑猥《ひわい》な感じがしますけれども、古代の人々にとっていかにたくさん子どもを産むかということは、ものすごく重要なことでした。だから、それはまさに豊穣《ほうじょう》のシンボルだったのです。

14 森の消滅と蛇信仰の衰退

ギリシャやローマ時代にも、注連縄みたいに蛇が二匹絡まり合って交尾をしているところを、聖なるものとして拝む世界観があったわけですが、そういう世界観はアジアでは今でも残っています。73頁の図2-18は中国・雲南省の滇《てん》王国の李家山《りかざん》遺跡から出土した雄牛と二匹の絡まり合った蛇でした。李家山遺跡は二五〇〇年ほど前の遺跡です。

しかし、ギリシャやローマ、さらに中国では蛇信仰はなくなっていくわけです。なぜなくなるか。これが重要です。日本人はそういう世界観を今でも持っているのに、ギリシャやローマ、あるいは中国ではなくなってしまった。その原因を探りたいと思います。

その原因が図5-14と図5-15に示されています。ギリシャやローマでは森の神様を信仰し、蛇を崇拝していたにもかかわらず、農業、生活のやり方が森を破壊するやり方だったんですね。

それはヒツジやヤギ、さらには乳牛などの家畜をともなった畑作牧畜農業です。畑はどんなところでもつくることができます。天水農業で雨さえ降るところだったら、多少の斜面でもつくることはできますから、どんどん森を破壊していった。言うまでもなく、木を伐《き》り出して船をつ

【図 5-14】ギリシャ、カトリーナ湿原周辺におけるヤギの群れ（左）と木に登って若芽を食べるヤギ（右）

【図 5-16】中南米ホンジュラス、コパン遺跡からの帰路に見た山肌（上）と中国・雲南省の山肌（下）。山に行ったら森があると思うのは日本にしか通用しない

【図 5-15】ギリシャ、世界の大半は山へ行っても森はないのである。ヒツジが草を食べる牧草地が広がっているだけだ

くったり、神殿をつくったりもした。そういうことによって森は破壊されました。それだけじゃない。農業のやり方が森を破壊する農業だったんです。特に家畜のヤギやヒツジは、森を破壊した後、若芽が出てきても、その若芽をバリバリと食べてしまう（図5―14右、図5―15）。ですから、ギリシャやローマでは一度森を破壊してしまうと、森は二度と再生しないんです。家畜が草や若芽を根こそぎ食べてしまう。そのために森がなくなったのです。森を守り、生きとし生けるものと何万年でも暮らしていこうとするライフスタイルがないと、中南米（図5―16上）や中国（図5―16下）のようになってしまいます。

森がなくなると、蛇の住む大地がなくなります。カラカラの乾燥したところではガラガラヘビは住むことができますけど、もともと森にいた水神の蛇は生活できない。そして、春夏秋冬、季節に応じて変わっていた森がなくなるということは、再び生まれ変わるというような再生と循環を信仰する森の民の世界観がなくなっていくことを意味します。森が消滅したことによって、蛇を神様として崇《あが》めるような世界観がなくなったのです。

森がなくなった後の地中海世界や中国（図5―17）、さらにはニュージーランド（104頁の図2―40）では、砂漠で誕生したキリスト教が広がったり、蛇の代わりに龍を信仰する宗教が広がった。これが、蛇信仰が追放された第二の大きな要因です。地中海世界から森や「水」の神々を、あるいは中国や新大陸世界から蛇を神様と崇めるような世界観を追放していったのは、このキリスト教という一神教の宗教と東洋では龍の信仰です。

図5-18は現在のエーゲ海です。美しいでしょう。ここは泳ぐのにはいいんですよ。でも、私は何回も魚釣りをしましたがなかなか釣れません。それはどうしてかと言うと、山に森がないからです。森を破壊してしまうと、海も痩《や》せてしまう。だから、魚がいないんです。

【図5-17】中国・雲南省の漢民族の居住する裏山は荒廃していた。裏山が荒廃しているかどうかを見れば、その村が漢民族の村なのか少数民族の村なのか判断できる

【図5-18】ギリシャの海。日本人が憧れてきた青いエーゲ海は、森を破壊し尽くした結果生み出された海の景観だった

15

邪悪のシンボルとしての蛇

森がなくなるとともに大きな力を持ってくるのは、天候の神様なんです。嵐の神様です。図5-19は天候神バアルといいますが、シリアなどでものすごく大きな力を持っています。見てください、その神様を。顎髭《あごひげ》を生やしているでしょう。男神です。そして、左手で大蛇を握り締めて右手に斧を持っている。この天候の神様が蛇を支配するようになるんです。蛇を支配する神様は、女性ではなくて男性なんです。これが重要なんです。

それまで、蛇は女性と深い関係にあった。ところが、この新しく出てきた神様、天候の神様は男性なんです。

その天候の神様の一つがユダヤ・キリスト教の神様なんです。例えば図5-20は旧約聖書に出てくるアダムとイブの物語です。イブにリンゴを渡すのは蛇なんです。なぜ

【図5-19】シリア、アレッポ考古学博物館に展示された天候神バアル。アッシリアのテルク遺跡から出土。右手で斧を振り上げ、左手に大蛇を持っている

【図5-20】ドイツ、ベルリンの古代史博物館に展示されたアダムとイブ

蛇なのか。リンゴを渡すんだったら手のある猿のほうがいいわけですよ。ところが、手のない蛇がイブにリンゴを渡す。なぜイブが蛇からリンゴをもらうのか。蛇はそのために邪悪のシンボルになるわけですが、これはなぜか。

もともと地中海世界には巨大な蛇信仰がありました。そこへイスラエルから新しい宗教として一神教のユダヤ・キリスト教が広がってきます。そのときに、ユダヤ・キリスト教はもともとあった蛇信仰の多神教と対決しなければならなかったわけです。そして対決することによって、蛇を邪悪なものとしなければならなかった。そうしないことには、自分の教えが広まらないからです。そのために旧約聖書では、イブにリンゴを渡して楽園から追放させる、そういう原因をつくるのが蛇なんです。

図5-21は西ローマ帝国の都だったイタリアのラベンナの教会に飾ってある「闘うキリスト」というモザイク画です。十字架を肩に背負ったキリストは、右足にライオン、左足に蛇を踏みし

めています。キリスト教のもとでは、蛇は邪悪のシンボルとして位置づけられていくわけです。蛇信仰を追放しないことには自分たちの教えを広めることができなかったからです。

図5-22はトルコのイスタンブールの地下宮殿にあるメドゥーサです。イスタンブールはビザンチン帝国の首都でしたが、その地下に貯水槽があるんです。私はトルコの研究を長くしていましたから、最初行ったときは地下の貯水槽の真っ暗闇の水の上をボートで行ったんです。

【図5-21】イタリア、ラベンナにある闘うキリストのモザイク画

ところが、西暦一九八八（昭和六三）年にその貯水槽の水を全部抜いてみたら、貯水槽の一番奥の柱の下からメドゥーサが二つ出てきたのです。しかも一つは逆さまになって、一つは横倒しになって見つかったんです。柱の下にメドゥーサが沈められていた。先ほど言ったようにメドゥーサは髪の毛が蛇で、病気を治す神様でした。それがこの地下の貯水槽に沈められていた。それはユスティニアヌスという皇帝がやったわけですが、その皇帝は敬虔《けいけん》なキリスト教徒だったわけです。蛇を神様として信仰するような宗教は邪教ということで、

この地下の貯水槽の真っ暗闇の中に沈めたわけです。メドゥーサが二度と地上に出ないように封じ込めたわけです。

私たちは世界史の教科書で、ネロというローマの皇帝を「キリスト教徒を迫害した悪い皇帝」として学びました。キリスト教徒は迫害のなか、カタコンベで苦しい生活をしながら信仰を守り通したと、そのように勉強してきました。ところが、キリスト教も同じように、それまであった蛇信仰を弾圧しているんです。

宗教には大なり小なりそうした側面があります。なにもキリスト教だけが悪いわけじゃありません。みんな同じなんですね。それまであった蛇信仰を弾圧することによって、自分たちの力を拡大していったわけです。

【図5-22】トルコ、イスタンブール地下宮殿の水を抜いてみたら、一番奥の柱の下からさかさまのメドゥーサと横倒しのメドゥーサが出てきた

16 化け物になった蛇

図5-23がメドゥーサの成れの果てです。近代ヨーロッパのルネサンス期、M・カラバッジョが描いたメドゥーサです。髪の毛の蛇はうようよとまだ生きています。まさにこの段階になって、メドゥーサは怪物から化け物になったんです。それまでは蛇は神と同じ力を持った怪物だった。ところがこれはもう、気持ちの悪い化け物でしょう。

図5-24は敬虔なキリスト教徒であったP・P・ルーベンスが描いたメドゥーサです。首を切られて目の玉が今にも飛び出しそうです。われわれが今、蛇に対して抱いているイメージはまさにこれです。

明治以降、日本は近代ヨーロッパ文明の影響を受けた。

【図5-23】イタリア、ウフィツィ美術館にあるM・カラバッジョが描いたメドゥーサ

そしてどんどん生活は豊かになったけれども、その過程において蛇たちは恐ろしい化け物にされ、追放されていった。図5-24のルーベンスの蛇のイメージが、現代の大半の人が持っている蛇に対するイメージですね。

こういうふうに見ていくと、ギリシャやローマ時代の人々は、私たち日本人と同じく蛇を神様として崇める世界に住んでいたことがわかるのです。ところが、そうした世界観が失われていった。それは、森がなくなっていくことと軌を一にしていました。そして、その後に砂漠で誕生したキリスト教が広まっていった。こうして蛇は邪悪のシンボルに変えられていったのです。

【図5-24】オーストリア、ウィーン市ウィーン国立歴史博物館にあるP・P・ルーベンスが描いたメドゥーサ。古代地中海世界では神だったメドゥーサは、近代に入って化け物になってしまった

ところが幸いなことに、日本はそういうことを体験しなかった。だから今でも、注連縄を聖なるものとして崇めているわけです。なぜそうした森の心、森の思想が残ったのか。それは日本の国土の七〇％以上が今でも森だからです。その森の中で、蛇は元気に生活することができる。その蛇をわれわれが見る。だから、そういう蛇を神様として崇めるような世界観が生き残ることが

できたわけです。

もし日本の森が全部なくなっていたら、蛇を神様として崇めるような世界はとうの昔になくなったでしょう。ところが、森があるがゆえに私たちは、そういう世界観を維持できているのです。

17 東洋の蛇信仰と稲作

皆さん、仏さんを拝んでいらっしゃるでしょう。仏さんの後ろに光背《こうはい》があります。あれは何だと思いますか。仏さんの後ろにワーッと広がっている光背は、ナーガ（図5-25）というコブラの神です。コブラがワーッと広がったところ、あれが仏さんの光背なんです。だから、インドにも蛇を神様とする世界観が今も生き続けている。ヒ

【図5-25】カンボジア、仏の光背はナーガという蛇。カンボジアの欄干にも使われている

ンドゥー教では蛇は重要な神様です。

あるいはエジプト。皆さん、ツタンカーメン王の黄金のマスクを見られたことがありますね。あのツタンカーメン王の黄金のマスクの頭の上には何がついていますか。一つはコブラです。もう一つはハゲワシです。上エジプトと下エジプトのシンボルがそこについている。まさにコブラはエジプトでも神様だったんです。

それだけじゃない。蛇を神様として崇める蛇信仰の大きなもう一つのルーツは中国です。揚子江流域に巨大な稲作漁撈民《ぎょろうみん》の長江文明があるということがわかってまいりました（第二章で詳述）。今まで文明というのは、エジプト、メソポタミア、インダス、黄河と四つだった。ところが最近私たちは、揚子江流域、長江流域に六〇〇〇年前に巨大な長江文明があったということを指摘しています。それは、稲作漁撈を生業《なりわい》にした文明でした。

中国の人々は自分たちの祖先は伏羲《ふくぎ》と女媧《じょか》という二匹の蛇だと考えていたんです。伏羲と女媧。伏羲というのは男の蛇。女媧は女の蛇です。その二匹の蛇はまさに注連縄のように絡まっているんです。図5-26は中国人の祖先神なんです。その世界観が日本にもきている。

私たちの日本文明のルーツは中国にあります。特に最近では、稲作農業は一万年以上前までさかのぼるということがわかってきました。今まではせいぜい五〇〇〇年前だと思っていたんですが、森と「水」の多い揚子江流域（長江流域）では、すでに一万年以上前に稲作農業がはじまっているということがわかってきたのです。

そうした稲作漁撈社会に北方で誕生した龍がやってきた。揚子江（長江）の流域で五〇〇〇年前にすでに龍が北方からやってきているんです。揚子江（長江）流域には玉《ぎょく》でつくった彫刻がいっぱいあるんですが、その玉の彫刻のなかにちゃんと龍が彫られているんです。龍はいろいろなトーテムを複合してつくり上げたものですが、その原形の一つには揚子江鰐《わに》があります。

お米をつくるには「水」が要りますので、川を龍に見立てるわけです。あるいは、雨を降らす神様として龍を考えたわけです。しかも、蛇よりも自由に空を飛べる。それが後には皇帝のシンボルにまでなっていくわけです。

もちろん蛇信仰も生きていました。特に日本のような辺境地帯では龍よりも蛇のほうが崇拝されました。中国でも伏羲と女媧の思想は戦国時代から漢代に流行しました。お

【図5-26】中国の少数民族は自分たちのルーツは伏羲と女媧という２匹の蛇だと考えていた

墓の画像石に描いてあるんです。地中海沿岸の人々が石棺にメドゥーサや蛇を彫ったのと同じ思想ですね。生まれ変わりを願ったのです。

伏羲と女媧というオスとメスの二匹の蛇が絡まっているでしょう。注連縄みたいに。これが中国人が考えた祖先神なのです。まさにこれは注連縄のルーツです。だから中国の少数民族も私たちと同じように蛇を自分たちの祖先、あるいは神様であると考えていました。しかしそこに龍を発想したことによって自然破壊の力を獲得し、人間中心主義に至る元凶があったのでしょう。

18 カラスと蛇

それからもう一つ。蛇と一緒にカラスも大事なんです。なぜカラスなのか。これも私たちが持っている日常の世界から十分に理解できます。カラスがカアカアと鳴くと死人が出ると言いませんか。つまり、カラスはあの世とこの世のメッセンジャーなんです。カラスが鳴くと死人が出る。火葬場に行くとカラスがギャアギャア鳴く。

古代の人はそういうことをよく知っていたんです。だからさっき話したように、蛇が脱皮をすることによって生命《いのち》が生まれ変わる。蛇もこの世とあの世を行き来する動物です。同じようにカラスも行き来します。

揚子江（長江）上流域の四川省には、私たちが調査した三星堆《さんせいたい》遺跡という興味深い遺跡がありますす。三五〇〇年から四〇〇〇年くらい前の遺跡なんですが、そこから八咫烏《やたがらす》がとまった青銅製の扶桑樹《ふそうじゅ》が出土しました。

八咫烏《やたがらす》の信仰は当然日本でもあります。それは太陽信仰と深い関係があるんです。

太陽は朝、東の空から昇って夕方西の空で死ぬ。でも、翌朝また扶桑の木にとまっていた八咫《やた》烏《がらす》が太陽を運んできて、生まれ変わるんです。太陽を運ぶ八咫烏《やたがらす》は一〇羽います。太陽は朝生まれて夜死ぬ。そういう永劫の再生と循環をくりかえしていく。それがまさに森の民の思想なんです。

カラスを大切にする世界観は中国や日本だけではありません。アメリカ・インディアン（ネイティブ・アメリカン）のハイダ族はワタリガラスが神様です。また、スコットランドのケルト民族もカラスを神様として信仰していました。

先ほどの蛇がエジプトやインド、そして中国で神様であったのと同じように、カラスを神様と見なす信仰も、やはり西方ユーラシアから中国、さらには北米にまで広く分布しているのです。

19 おわりに——蛇が姿を消した大地——

この会場には農業をなさっている方がいらっしゃると思いますけれども、蛇の数が減っていませんか。最近蛇を見ないんです。蛇がいるということは、やはり自然度が高いということです。蛇が減った代わりにモグラとかネズミが多くなった。県民カレッジの方も、「蛇がいなくなってネズミやモグラが増え、田んぼの畦《あぜ》に穴を開けてしょうがない」と言っておられました。最近蛇が減っているんです。それだけ私たちは豊かな自然を失いつつあるんです。

私たちは豊かになりました。戦後七〇余年間、ヨーロッパやアメリカに追いつけ追い越せと思って一生懸命やってきた。ところがふっと自らの足元を見て、「私たちのアイデンティティとは何なのか」「日本民族のアイデンティティとは何なのか」「日本の国家とは何なのか」「日本民族とは何なのか」ということを問うたときに、何もわからなくなっている現実に気づくのです。私たちは戦後、アメリカの民主主義を手本にしてきましたけれど、しょせんアメリカ人と同じにはなれない。アメリカと同じような民主主義の国にはなれないんです。

「私たちとはいったい何なのか」「日本民族とは何なのか」「日本国家とは何なのか」。その問いに答えられない限り、日本の未来のビジョンも描けないのです。

ふっと日本民族の足元を見たとき、そこには蛇がいるんです、蛇がうごめいているんです。そして、その蛇は中国、東南アジア、ひいてはインドからエジプト、さらに地中海へとずっと連続しているのです。

その蛇を神と見なす世界観の背景には、自然を敬《うやま》う気持ち、自然への畏敬《いけい》の念があるのです。自然を大事にする。自然を尊敬する。自然への畏敬の念。こういう世界観がここにはあるわけです。これを、私たちは戦後七〇余年間まったく無視してきたわけです。

もちろん無視してきても、注連縄には手を合わせてきました。理由は知らずにやってきたのだけれども、実はその背景には、自然を敬い、自然に対して畏敬の念を持つ、そして、自然と仲良く生活をしていくことの大切さを教える巨大な稲作漁撈文明の伝統があったわけです。

これを思い出して、二一世紀の、地球環境問題が起こり人口爆発が起こる危機の時代に、私たちの心のアイデンティティに生かしていく必要があるのではないでしょうか。

死んだものは生まれ変わる。永劫の再生と循環をくりかえすという森の心。そして、生きとし生けるものに対する慈《いつく》しみの気持ち。蛇もリスも、もちろん、ツバメもカラスも生きとし生けるものの生命《いのち》を大切にしながら、ともに生きていく。これが森の心なんですね。そういう森の心を忘れるものだから、学校でもいじめが起こったりするのではないでしょうか。

私は日本民族のアイデンティティのシンボルとして、蛇を取り上げているわけですが、蛇だけには限りません。あらゆる生命《いのち》あるものに対して畏敬の念を持って、そして、自然を大事にしながら生きていくのが私たち日本人の生き方なんです。

今日の講演で、そのことに気づいていただけたら大変ありがたいと思うわけです。熱心に聞いていただきましたから、皆さまの寿命はたしかに一〇年延びました（笑）。そしてそのことによって、この美しい大地、自然の生命《いのち》が一〇〇年延びることを願わずにはおれないのです。

第五章　引用・参考文献および注

（1）例えば安田喜憲「江上遺跡群の泥土の花粉分析」『北陸自動車道遺跡調査報告——上市町木製品・総括編』上市町教育委員会、一九八四年

（2）安田喜憲『森林の荒廃と文明の盛衰——ユーラシア大陸東西のフィールドから』思索社、一九八八年

（3）『吉野裕子全集（全一二巻）』人文書院、二〇〇七〜二〇〇八年

（4）梅原猛『森の思想が人類を救う』小学館ライブラリー、一九九五年

第六章
女性原理と男性原理

1 風土が人間をつくる

松井孝典《まついたかふみ》氏[(1)]は、「宇宙は生命に満ち溢《あふ》れている」と指摘しています。しかし私は、地球を出たら宇宙服で身を固めて、放射線から身を守らなければ人間は生きていけないのではないか。人類（ホモ・サピエンス）はこの地球という生態系の中でしか生きられないのではないかと指摘しているのです。[(2)]

松井氏は私が尊敬する科学者の一人であり、それゆえ松井氏とは「火星で人間は暮らしていくことができるのか」といつも議論します。私はむしろ「莫大《ばくだい》なお金を宇宙開発に使うのだったら、まず地球の環境を守ることからはじめよ」と言うのです。松井氏は「人類はそれでは生きられない。夢を持たないと生きられない」と指摘します。たしかに子どもたちは限りない夢を宇宙に発見しています。未来は宇宙開発の時代でしょう。しかし、どうしても私は自分たちの足元に目がいってしまうのです。宇宙よりも地球に目がいってしまうのです。

宇宙開発の主目的は、地球を捨てて宇宙に移住することではなく、この美しい地球を守りながら、いかに人類（ホモ・サピエンス）がこの地球で生き続けることができるかということに、重点目標を置くことにあるように思います。この生命《いのち》に満ち溢れた美しい地球をどう守るかが、宇宙開発の真の目的になってほしいのです。

今までのサイエンスは自然を知る、自然を分析する科学でした。これに対して自然が人間に対してどんな影響を与えているかという発想からの科学は少なかったように思います。

森をどう使うか。どういうふうに人間の生活の発展のために森林資源を役立てるかという技術は研究されてきたと思いますが、森の「風土」がどういうメカニズムを通して人間の心や体に影響を与えているかという研究は、今まで少なかったように思います。これからは主客を逆転し、新しい科学と技術の世界をつくっていく必要があるのではないかと思うのです。

人の心は生まれ育った「風土」と密接不可分のかかわりを持ちます。山の「風土」で育った人は山の心を、海の「風土」で育った人は海の心を、森の「風土」で育った人は森の心を、砂漠の「風土」で育った人は砂漠の心を持っています。

近代ヨーロッパ文明は理性を身体よりも高次のものと見てきましたが、私は「心自一元論」を提唱しています。つまり、心と身体は不即不離、一体のものであるように、身体を包み込む自然と人間もまた一体であり、不即不離の関係にあると見るのです。これは養老孟司《ようろうたけし》氏(3)の教えによるものです。それゆえ、心＝身体＝自然であり、心は身体の五感を通してその身体が生まれ育った風土的特性と不即不離の関係を持つと見なすのです。

西暦二〇一一（平成二三）年の3・11東日本大震災に直面して、世界の人々が驚嘆したのは「悲しみをじっと抱きしめて耐える」東北の人々の気高い心でした。なぜ東北人はこんなに優しい気持ちを持ち続けることができたのか。それを、今の科学で解き明かすことはできません。なぜなら、すでに述べたように、東北の「風土」が人間の心にどんなメカニズムで影響を与えているのかを解き明かすことに、現時点では大きな力を割《さ》いてこなかったからです。そこに西洋近代科学の限界があるように思います。それは西洋近代科学が自然を支配し人間の王国をつくるための科学であったためではないでしょうか。

しかし、大震災の後の東北の人々の姿を見ると、どこかで東北の大地、美しい森と豊かな海は、人間の身体を通して、そこに暮らす人々の心に大きな影響を与えているのではないかと思わざるを得ないのです。そういうことを、これから私は研究してもらいたいと思っているのです。

環境決定論が見直されはじめた

やっと最近になって、「エピジェネティック変異」（後天的作用による遺伝子発現の多様性を生み出す仕組み(4)が提起されるようになりました。しかしこれまでは、環境が変われば人間の心も変わるという考え方は、「非科学的環境決定論」だとして一蹴されてきたのです。

しかし毎日、森の中に住む人間が、森の影響を受けていないはずがない。風で木々の梢《こずえ》がすれる音や葉音に至るまで、人間の心や感性に何らかの影響を与えていないはずがないのです。

この点の科学的な究明に突破口を開いたのが大橋力《おおはしつとむ》氏(5)でした。音環境が人間の心や健康に与える影響の解明です。大橋氏によれば、人間にとってもっとも好ましい音環境とは熱帯雨林です。熱帯雨林は人間の聴覚ではとらえきれない二〇キロヘルツ以上の癒《いや》しの音、憩《いこ》いの音に満ち溢れています。その中で人間が暮らすと、その音環境が脳幹を刺激し、ストレスの解消や免疫力の向上などさまざまな効果が表れることを、大橋氏(6)は実験的に確かめられたのです。

それに対して砂漠は静寂です。その音環境は二〇キロヘルツ以下の音に大半が占められています。砂漠に近いのが都市の音環境です。その砂漠や都市の音環境は、人間にストレスを加え病気を引き起こす原因ともなっているのです。

この快適性に満ちた森の環境の中で暮らした人間が考え出したのが「現世的秩序」であり、砂漠の環境の中から人間が生命《いのち》の鼓動を求めて夢想したのが「超越的秩序」であったと私(7)は指摘しました。

都市の拡大は、人間の身体にとっては砂漠的環境の拡大を意味しました。「都市はオアシスだ」ということをよく聞きます。飲み屋街がオアシスだと言われる方もいるでしょう（笑）。でもやはり「オアシス」という言葉は、自然の豊かさが感じられる場所をいうのではないでしょうか。同じように「都市砂漠」という言葉も聞きます。音環境から見ても都市は砂漠に近いのではないでしょうか。

現代文明を止揚し、地球環境の危機を回避するためには世界を森で埋め尽くし、「現世的秩序」に立脚した新たな「美と慈悲の文明」「生命文明」を創造するしかないというのが、私の主張です。

世界を森で埋め尽くせば人々を取り巻く音環境も変化し、人々の心も穏やかになり、生きとし生けるものの生命《いのち》に畏敬《いけい》の念を感じるアニミズムの心を取り戻せるのではないでしょうか。

身近なところに森の「風土」があることが重要なのです。その意味で、日本の里山は、日本人が自然への畏敬の念、アニミズムの考えを維持する上で、大きく役立ったと思います。だって世界一人口が多かったといわれる江戸の町に、夜になるとタヌキやキツネといった里山の動物たちが出没したというのですから。

2 縄文は文明か?

縄文は文明と呼べるか?

今日はたまたま会場に近藤誠一《こんどうせいいち》文化庁長官（当時）がきておられます。近藤長官がある雑誌に、縄文を「縄文文明」と記されていました。

縄文を文明と呼ぶかどうか。私は、「縄文も文明だ」と指摘してきました。(8) すると考古学者からは、「縄文のどこに都市がある、どこに金属器がある、どこに文字がある、どこに物質的豊かさがある。そんなものは文明と呼ぶのはおかしい」という厳しいご批判を頂戴したのです。

でも私は「一万年以上も続く縄文人の持った持続型の精神世界、倫理や道徳の世界は文明と呼ぶだけの価値があるのではないか」と指摘しました。私は「縄文というのは、文明と呼ぶべきだ。物質エネルギー文明の視点から見れば文明とは呼べないかもしれないけれども、その精神世界は文明と呼ぶにふさわしい価値がある。一万年以上続いたということだけでも価値がある」と指摘したのです。近藤長官も縄文を文明だと指摘された。私はそのことに非常に感動しているところです。

これまでは、パンを食べてミルクを飲み肉を食べる人々、つまり乳を利用して家畜を飼う畑作牧畜民のみが文明を持っていたという考えが支配的でした。四大文明と呼ばれるメソポタミア文明、エジプト文明、インダス文明、黄河文明はいずれも畑作牧畜文明です。これに対して私(9)は、米を食べて味噌汁を飲み魚を食べるアジアの稲作漁撈民《ぎょろうみん》や、ジャガイモやトウモロコシを食べ、魚や野生動物に主たるタンパク質を求めた中南米のジャガイモ・トウモロコシ農耕民も文明を持っていたと主張したのです。

稲作漁撈文明の代表が長江文明であり、ジャガイモ・トウモロコシ農耕文明の代表がマヤ文明やアンデス文明なのです。重要なことは、これらの稲作漁撈文明やジャガイモ・トウモロコシ農耕文明は乳利用の家畜を持っていないことです。

畑作牧畜民のつくった文明のみを文明と見なす文明論は、西洋人とその考えに強く影響された日本の世界史研究者が考えた文明論ではないかと私(7)は指摘したのです。今こそ、畑作牧畜民としての西洋人の考えた文明概念から脱却する必要があるのではないでしょうか。

その意を受けて、私の弟子の那須浩郎《なすひろお》氏は、縄文時代の遺跡から出土する大豆やヒエの植物遺体の研究から(10)、縄文人は農耕民になることを拒否したのではないかという仮説を提示しました。

ひょっとすると、縄文時代にはイネや麦類などの穀物の栽培を拒否し、ドングリやクリ、さらには大豆やエゴマなどの栽培にこだわった文明の潮流があったのではないかと、私は考えているのです。

「縄文は文明だ」と言うことによって、初めて日本文明の素晴らしさがわかるのではないでしょうか。縄文が本当に文明であるということを実感したときに、初めて日本文化の持っている素晴らしさが理解でき、それを世界に発信できるのではないでしょうか。その日本文化の素晴らしさに立脚した新しい科学、新しい技術を創造していく。これが二一世紀の日本の役割だと、私は思っているのです。

3 女性原理の文明と男性原理の文明

日本は女性原理（母性原理）の文明だった

縄文が女性原理の文明であったということは、土偶の大半が女性であることからもわかると思います。人類（ホモ・サピエンス）はすべてが、かつては女性原理（母性原理）の文明を持っていました。あるとき砂漠の一角から男性原理の文明が誕生して、これが全世界を支配したのです。男性原理は乳を利用する家畜と深くかかわっていました。

私は定年で西暦二〇一二（平成二四）年四月に京都から東北に移り住みました。東北には縄文時代以来の女性原理（母性原理）が根強く残っています。自然に対する優しい気持ち、人間に対する優しい気持ち、生きとし生けるものの生命《いのち》を畏敬する心も残っています。

Ｆ・ベイコンやＲ・デカルトなどによる科学革命が一七世紀に起き、これが世界を席捲《せっけん》しました。それは、伊東俊《いとうしゅん》太郎《たろう》先生[11]が世界で初めて指摘されたことです。

その一七世紀というのは、ヨーロッパの森がもっとも少なくなったときに当たります。イギリスの森は九〇％以上が破壊され、スイスの森も九〇％が破壊されました。人間が森を破壊し尽くしたときに、あの科学革命が起こっているのです。

それ以前の森が豊かだった時代は大地母神の時代[12]、つまり母性原理の文明でした。それが森を破壊し尽くしたときに、自然を支配する思想が生まれたのです。なぜ森がなくなったら人間はそういう考えをするのか。そのことはまだわかりません。そのメカニズムをこれからきちんと明らかにしないといけないと思っています。

男性原理の帝国の代表はやはり漢帝国です。漢帝国の周辺にあったのは、日本の邪馬台国、扶《ふ》南《なん》というカンボジアにあった国、それから滇《てん》王国という中国・雲南省にあった国です。これらは母性原理の国々です。(13) 母が大事なのです。これに対し漢民族はお父さんが一番大事なのです。

『三国志』は紀元二二〇〜二八〇年の中国の歴史を陳寿《ちんじゅ》が編纂したものです。「巻三〇　魏《ぎ》志《し》・東夷伝《とういでん》・倭人《わじん》」には「対馬国。其大官卑狗《ひく》、副官卑奴母離《ひなもり》」とあります。つまり対馬国《つしまのくに》の大官は卑狗《ひく》といい、副官は卑奴母離《ひなもり》というと記載されているのです。

この倭人や倭族は鳥越憲三郎《とりごえけんざぶろう》氏(14)が指摘するように、長江以南に暮らしていた稲作漁撈民の総称であったことは確実です。

その対馬国には、卑狗《ひく》という大官と卑奴母離《ひなもり》という名前の副官がいたという。(15) 私が注目したのは卑奴母離《ひなもり》という副官の名前でした。この副官の名前は対馬国のみでなく一支国《いきこく》、奴国《なのくに》、不弥国《ふみこく》の副官にも付いていました。男性中心の漢民族の社会では母人という用語はめったに使用せず、それは動物と同じきわめて蔑視の呼称でした。その上に卑奴というきわめつけの蔑視の言葉が付いた副官・卑奴母離《ひなもり》の名前は、おそらく漢民族が嘲笑とさげすみの強い意味を持って付けたのであろうと思います。

男性原理の文明を持つ漢民族から見ると、倭国には犬以下の母を崇拝する卑《いや》しい文明を持った者が暮らしているということになります。それが男性原理の漢民族のものの見方です。日本や台湾、それから東南アジアなど周辺の少数民族は、女性原理の文明を持った国々だったのです。

東アジアでは漢帝国の出現によって、男性原理に立脚した文明と女性原理に立脚した周辺諸民族の文明とが、対立する構図が生まれたのではないかというのが、私の最近の考えです[7]。

男性原理に立脚した漢帝国の周辺に、女性原理の邪馬台国、滇王国そして扶南国があった。こうした女性原理の文明の女王国が「東アジアの肥沃《ひよく》な大三角形地帯」を形成していたのではないか[15]。これは中尾佐助《なかおさすけ》氏[16]の「納豆の大三角形」や川勝平太《かわかつへいた》氏[17]の「豊穣《ほうじょう》の三日月地帯」に対応するものです。

西方ユーラシアでは、同じようにローマ帝国に砂漠で誕生した一神教が広がっていきました。キリスト教は男性原理が基本ですから、次第に男性原理の文明が世界の中心になっていきました。ほぼ同じ時代に、西洋と東洋で、男性原理が世界を支配するローマと漢帝国の文明と、女性原理が世界を支配する周辺文明が、地域ごとに分かれたのではないかとも思うのです[18]。

そのなかで日本は、女性原理（母性原理）の文明の伝統を強く持った国であると思います。第二次世界大戦のとき、特攻隊として散った若者が最期に叫んだのは「お母さん」だったといいます。江戸時代の女性は家名を守るために頑張った。その日本が現代の先進国のなかで女性がもっとも活躍していないという。それは明治以降の男性中心の欧米の文明原理をマスターするのに一生懸命だったからではないでしょうか。私はあせることはないと思います。いったんその重要性に目覚めたら、日本人の変化は早いと思うのです。

女性原理の文明を復活する

すでに述べたように、地球が広大な宇宙という海に浮かぶ、生命《いのち》を宿す小さな「島」に過ぎないことが明らかになりました。島国に暮らす人々は、自分たちの住む世界が有限であることを体験的に知っています。

地球という「島」の、限りある資源をどう持続的に利用していくか。島国に持続的文明社会を構築することに成功した社会は、女性が大きな力を持つ社会でした。生命《いのち》を生み出す女性は生命《いのち》の再生と循環の世界観を実感できます。例えば、日本列島に豊かな森が残されたことと、縄文の土偶の大半が女性像であったこととは無縁ではないと私は考えています。

南太平洋の島々のイースター島とタヒチ島の比較研究[19]はわれわれに教訓を与えてくれています。イースター島のモアイの文明は、森を破壊し尽くして最後は崩壊しました。五世紀頃、ポリネシア人がイースター島にやってきたとき、この島は森に覆われていました。ところが一二世紀頃から、農耕地の開拓、モアイ像製作や船の建造のための森林伐採などによって森が急速に消滅し、土壌侵食が加速して、飢餓に直面し、一七世紀にイースター島のモアイの文明は崩壊しました[7]。

一方、タヒチ島は森と水がよく保存されていました（図6-1）。タヒチ島の人々が信仰したのは大地母神で、ティピ（図6-2）という高さ二メートルほどの小さなものでした。男性中心の部族社会であったイースター島のモアイ像（図6-3）が男性像で、年々巨大化していったのとは対照的でした。生命《いのち》を生み出す女性を崇拝するタヒチの人々は、森を残したのです。

【図6-1】森と水にめぐまれたタヒチ島。豊かな熱帯の森と遺跡（右上）。美しい生命（いのち）の水（左下）

女の園だけでは森は守れない

二一世紀の人類は、母なる大地との関係において危機に直面するようになったのではないでしょうか。自らを誕生させてくれた母なる自然、母なる大地、母なる地球との関係が危機的状況にある今こそ、私たちは普遍的な女性原理にもう一度立ち返り、母なる大地との関係性を再考す

【図 6-2】タヒチ島は、女神のティピを崇拝し、現代も森と水の風土を維持している

【図 6-3】チリ、イースター島のモアイ（男神）の文明は森を破壊して滅んだ

ることが求められているように思います。

　しかし、普遍的な女性原理だけでは不十分なことが中国・四川省ロコ湖（図6-4右）を訪ねたときわかりました。ロコ湖周辺の村々は女性中心で、デーンとおばあさんがいろりのそばに座っていて、一家のことを取り仕切っていました。夫はこそこそとして影が薄く、使用人のようでした。

　しかし、ロコ湖周辺の山々は荒廃していたのです（図6-4左）。それを見て女の園だけでは、森を守ることはできないし、平和な時代を創造することもできないなと思いました。やはり男と女、すべての民族が地球人であるという自覚のもとに行動することが必要なのでしょう。

【図6-4】中国・四川省ロコ湖（右）と周辺の山の風景（左）。山肌は荒廃している。女の園だけでは森を守ることはできないことを示しているのかもしれない

第六章　引用・参考文献および注

（1）松井孝典『宇宙誌』徳間書店、一九九三年

（2）松井孝典・安田喜憲『地球文明の寿命——人類はいつまで「発展」を享受できるか』ＰＨＰ研究所、二〇〇一年

（3）養老孟司『バカの壁』新潮新書、二〇〇三年

（4）村上和雄『スイッチ　遺伝子が目覚める瞬間』サンマーク出版、二〇一一年

（5）大橋力『音と文明——音の環境学ことはじめ』岩波書店、二〇〇三年

（6）大橋力『ハイパーソニック・エフェクト』岩波書店、二〇一七年

（7）安田喜憲『環境文明論——新たな世界史像』論創社、二〇一六年

（8）安田喜憲『縄文文明の環境』吉川弘文館、一九九七年

（9）安田喜憲『稲作漁撈文明——長江文明から弥生文化へ』雄山閣、二〇〇九年

（10）Nasu H.,:Why Jomon people did not become farmers by themselves? The 3rd International Symposium in Shizuoka Prefecture, abstract volume, 2019.

（11）『伊東俊太郎著作集（全一二巻）』麗澤大学出版会、二〇〇八～二〇一〇年

（12）安田喜憲『大地母神の時代——ヨーロッパからの発想』角川選書、一九九一年

(13)安田喜憲『環太平洋文明叢書2　日本神話と長江文明』雄山閣、二〇一五年
(14)鳥越憲三郎『古代中国と倭族——黄河・長江文明を検証する』中公新書、二〇〇〇年
(15)安田喜憲「東アジアの大三角形地帯」『比較文明研究』13、二〇〇八年
(16)中尾佐助「東アジアの農耕とムギ」佐々木高明編著『日本農耕文化の源流』日本放送出版協会、一九八三年
(17)川勝平太『文明の海洋史観』中公叢書、一九九七年
(18)Yasuda, Y. (ed.) : *Water Civilization : from Yangtze to Khmer Civilizations.* Springer, Heidelberg, 2012.
(19)安田喜憲編『山岳信仰と日本人』NTT出版、二〇〇六年

第七章

動物文明と植物文明

1 人間が何を食べるかで文明が決まる

これからお話しします「動物文明と植物文明」ということですが、人間というのは、「何を食べるか」ということで、心のあり方、体のあり方が決まります。肉を食べる人間は大きいし、植物しか食べない菜食主義の人間は、どちらかというと痩《や》せていて細い。

しかし、それだけではない。心のあり方、それから文明や文化のあり方に大きな影響を及ぼすということをお話ししたいと思います。それを最初に指摘したのは佐々木高明《ささきこうめい》先生（ガレリアかめおか館長、当時）です。

佐々木先生は、『地域と農耕文化』(1)という本の中で、人間が「何を食べるか」ということによって、心と体だけではない。文明と文化のあり方に大変大きな影響を及ぼしているということをお書きになっているわけです。

その中で、佐々木先生は、世界の文明というもの、あるいは文化というものを八つに分類しておられます（図7－1）。例えば、採集・狩猟・半栽培・漁撈《ぎょろう》型というものは、魚を取ったり、狩りや採集活動をしながら食料を得ている。あるいは雑穀《ざっこく》＝汁物《しるもの》型は、雑穀（アワとかキビ）と汁

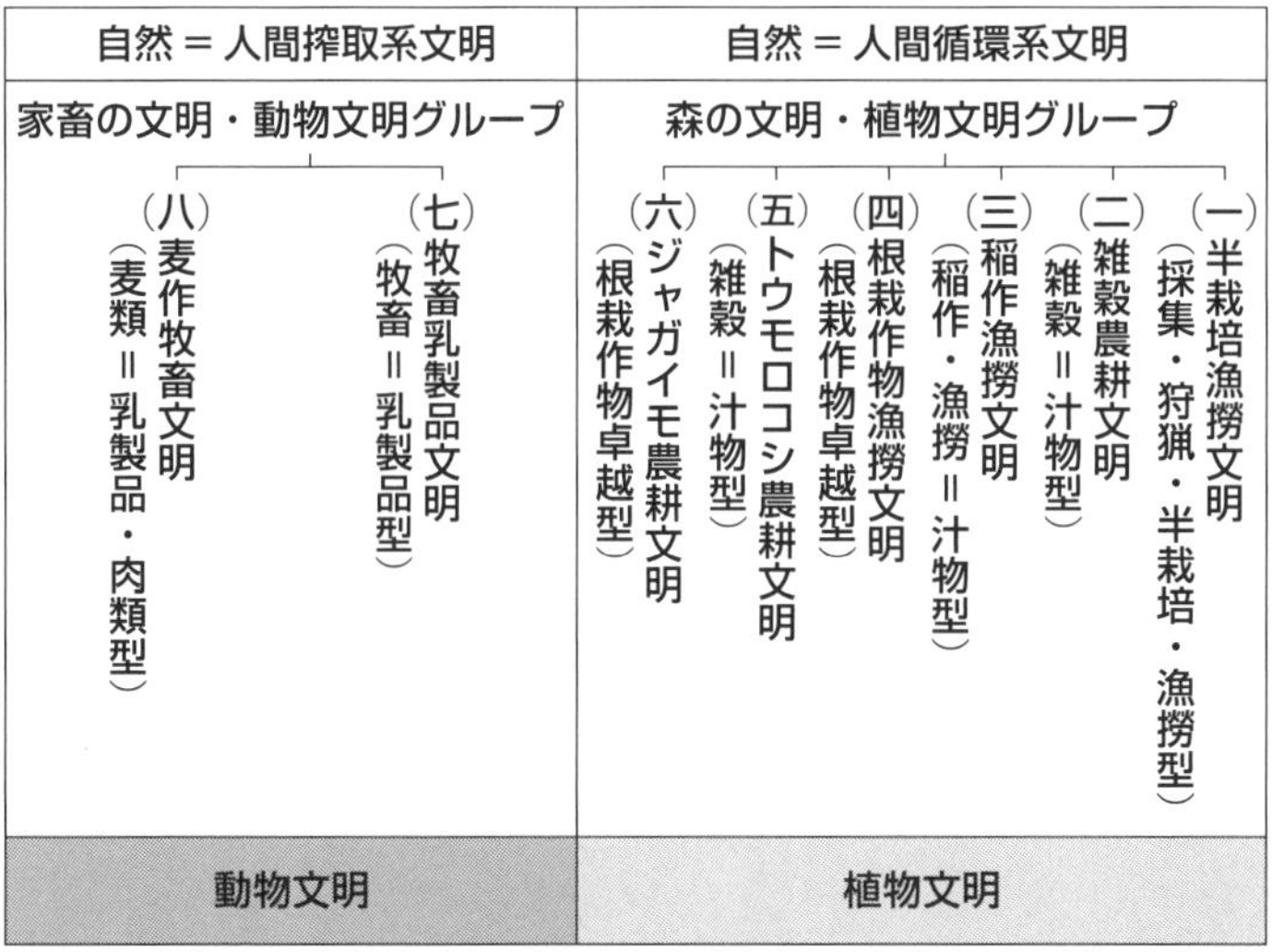

自然＝人間搾取系文明	自然＝人間循環系文明
家畜の文明・動物文明グループ	森の文明・植物文明グループ
（八）麦作牧畜文明（麦類＝乳製品・肉類型）　（七）牧畜乳製品文明（牧畜＝乳製品型）	（六）ジャガイモ農耕文明（根栽作物卓越型）　（五）トウモロコシ農耕文明（雑穀＝汁物型）　（四）根栽作物漁撈文明（根栽作物卓越型）　（三）稲作漁撈文明（稲作・漁撈＝汁物型）　（二）雑穀農耕文明（雑穀＝汁物型）　（一）半栽培漁撈文明（採集・狩猟・半栽培・漁撈型）
動物文明	植物文明

【図 7-1】動物文明と植物文明。佐々木高明『地域と農耕文化』（大明堂、1998）で示された８つの分類を２つのグループに分けた（安田喜憲『日本よ、森の環境国家たれ』中公叢書、2002 より）

物をとる。あるいは稲作・漁撈＝汁物型はコメと魚を食べる。佐々木先生は、何を食べるかということによって世界の文明を八つに分類されました。これは今まで誰もやっていないことです。英語で書けばきっとノーベル賞に匹敵する国際賞を受賞されたと思いますけれども、残念ながら日本語でしか書かれていない。

それで、私は、その八つに佐々木先生がお分けになったものを使って、『日本よ、森の環境国家たれ[2]』という本を書きました。そのときに先生が八つに区分したものを大きく二つにグルーピングしたのです。一つが、「動物文明」。動物型の文明です。それは、基本的には肉を食べ、ミルクを飲み、バターやチーズをつくって食べる。つまり家畜を飼うということです。例えば牧畜をして、乳製品型の食事をしている人とか、あるいは大麦や小麦をつくってパンを食べて、ヒツジやヤギを飼って、ミルクを飲んで、その肉を食べて、毛皮を利用する。こういう畑作牧畜の人が「動物文明」の代表です。

これに対して、「植物文明」というのは何か。これは、ミルクの香りがしない、ミルクを飲まない文明です。佐々木先生が提示された『照葉樹林文化の道《しょうようじゅりん》』(3)という著書がありますが、照葉樹林文化はミルクの香りがしないのです。乳を飲まない。家畜を飼わない。しかし、人間が生きるためにはタンパク源が要《い》る。そこで魚を獲ってタンパク源にしている。他に、納豆とかお餅《もち》が好きなんです。ねばねばしたものが好きで、発酵食品を食べるわけです。

私は今、ドイツの先生方と共同研究しています。湖底の年縞堆積物《ねんこうたいせきぶつ》を花粉分析して、過去の環境を細かく復元するのが私の専門ですから、その研究がもっとも進んでいるドイツのポツダムの地球学研究所と共同研究しているわけです。

そこの人たちを福井県へ連れていったときのことです。あそこは羽二重《はぶたえ》餅が有名なんです。そこでお土産として羽二重餅を勧めました。それから二カ月後に私がドイツの研究所に行ったら、せっかく高いお金を出して買った羽二重餅がそのまま置いてあるんです。「食べようと思っても食べられない」と言う。彼らはパンを食べることには慣れているけれども、ああいうお餅は食べられないらしい。パンを食べる動物型の文明の人々は、餅を食べることができない。これには本当にびっくりしました。

私たち照葉樹林文化の民というのは、ねばねばしたお餅が大好きだということを佐々木先生や中尾佐助《なかおさすけ》先生が提示していたわけです。その代表を「稲作漁撈文明」(4)と私は名づけたわけです。「動物文明」の代表が「畑作牧畜文明」、これに対して、「植物文明」の代表が「稲作漁撈文明」と、ここで言いたいと思います。

2 稲作漁撈民と畑作牧畜民の文明戦略

「植物文明」の代表が稲作漁撈文明で、米を食べて魚を食べる。こういう人々は、今までは、汚くてダサいと思われていました。お米をつくるときは泥の中へ入らなければいけない。だから汚い。私が広島大学にいたときに、アメリカから大学の先生がきた。日本人ですけれども、その先生が日本人のことを馬鹿にするのです。

「日本はスティンキーだ」と言う。「うんこくさい」という意味です。私はそのとき日本人として恥ずかしいと思った。たしかに、畑作牧畜民の文明のところ、例えば西アジアのシリアとかトルコは日本よりも経済的に劣っているけれど、そういうところへ行っても、あまり「うんこくさくない」のです。ところが、中国など稲作漁撈社会へ行くと、「うんこくさい」のです。それは、人間が排出したものを大事に取って、肥料として使っているからです。排泄物《はいせつぶつ》を循環的に利用をしているわけです。

ところが、畑作牧畜文明のところではそういうことはない。人間が排出したものは、深いトイレを掘るか、流しているのです。シリアやトルコのような発展途上国は、日本よりも衛生状態がいいはずがない。ところが、気候が乾燥しているせいもあって、トイレの排泄物を再利用しないために「うんこくさくない」のです。

ところが、稲作漁撈民は排泄物を再利用している。循環的利用をしている。それを今まで私たちは恥ずかしいと思っていた。ところが、何も恥ずかしいことではない。限られた人間の排泄物を肥料として循環的に使っている。それは素晴らしいことです。

戦後七〇余年間、私たちは、ご飯を食べて、味噌汁を飲んで、メザシを食べる。その食生活を恥ずかしいと思ってきた。だから、家で子どもたちにメザシを食べさせない。味噌汁を飲ませない。学校では、給食で必ずパンを食べる。私たちは脱脂粉乳《だっしふんにゅう》を飲みました。どうしてか。これはアメリカの戦略です。敗戦直後にはたしかに食糧はなかった。しかし、五年経《た》ったら、日本は十分にお米を自給できたのです。ところがアメリカは余った小麦粉を持ってきて、これで学校給食をつくれ、パンをつくれと、どんどんやった。私は外国へ行くと、すぐご飯を食べたくなりますが、うちの子どもたちは、ジャガイモとパンで十分生活できます。それほどまでに今の子どもたちの食生活は変わってしまったのです。

戦後七〇余年間、私たちは嬉《うれ》しそうに、パンを食べるのがかっこいいと思ってきた。皆さん、朝食にパンを食べていませんか。自分のところの田んぼでお米をつくっている人も、パンを食べているでしょう。それは家畜の民、パンを食べる人々の戦略に踊らされた結果の産物ではないかと私は思います。その戦略に七〇年間見事に乗った。

その結果として、子どもがキレたり、日本では今まで考えられなかったような暴力沙汰が起こっているという面もあるのではないでしょうか。それらは全部、「何を食べるか」ということと深い関係があるのではないかと、私は思っているのです。

そういう面で、そのことを最初に指摘された佐々木先生のご本(1)は、大変意義があると思います。

3 畑作牧畜文明の原罪

世界の文明を私は273頁の図7-1のように分けました。人類の文明を見ると、二つの大きな文明に類型区分できます。私たちが今までは文明だと思っていたものは、例えば、エジプト文明、メソポタミア文明、インダス文明、黄河文明、これらは全部パンを食べて、ミルクを飲んで、肉を食べる、畑作牧畜民、つまり「動物文明」がつくった文明です。「動物文明」だけが文明をつくったとみんな信じ、まったくそれを疑わなかった。ほんの最近まで、日本の考古学者は、畑作牧畜民のライフスタイルだけが文明だと思っていました。

ところが、パンを食べない人間、ミルクを飲まない人間も文明を持っていたのです。例えば縄文です。私は縄文も文明だと言っています。こう言っても、日本の考古学者はみんな相手にしてくれません。しかし、世界にはちゃんと見ている研究者がいます。

縄文文明の他に長江文明、そして、アンデス文明とマヤ文明。これらの文明はバターやチーズを食べない、ミルクを飲まないというのが原則です。これらをひっくるめて私は[5]「環太平洋生命文明」と名づけたわけです。

そういう「動物文明」と「植物文明」の違いがどうして起こるか。明らかに雨の降り方、気候の違いが影響しています。私たち稲作漁撈民が住んでいるモンスーンアジアは一年中雨が多いのです。それに対して、畑作牧畜民が住んでいるところは乾燥していて、雨が降らない。雨が降らず「水」がないから、家畜を飼って、ミルクを飲むしかない。

「動物文明」が「植物文明」を支配するときの戦略の一つに、武力戦略というのがあります。「動物文明」は、武力を持っていて馬に乗るのです。馬に乗って武器としての金属器をいち早く活用した。だから世界を武力で自由に支配できるのです。

それから、彼らが持っているもっとも恐ろしいものは病気です。スペインやポルトガルからやってきたわずかの人間が、アンデス文明やマヤ文明を滅ぼした。それは彼らが持って行った病気が原因だったのです。例えば結核、インフルエンザ、天然痘、ジフテリア。こういう伝染病はみんな家畜と接触することによってうつる病気です。だから、家畜がいない縄文時代には、結核も天然痘もなかった。家畜を飼う「動物文明」の人々がやってくるということは、恐ろしい病原菌を持った人々がくるということです。スペイン人がクシャミをするだけでインディオ（インディヘナ）の人々は死んでいった。なぜか。インディオの人々にはウイルスに対する免疫力がなく、クシャミによってウイルスが伝染し、その病気にかかって死んでいったわけです。

もっと恐ろしいことは、彼らは行く先々で、宗教と言語を変えていったことです。例えば、スペイン人が南米に行って何をしたか。彼らは伝統的なインディオの人々の宗教をキリスト教に変えさせた。それだけではない。言語も英語・スペイン語・ポルトガル語に変えました。

言語というものは民族の根幹を形成するものです。例えば「日本語を捨てて、英語を公用語にしよう」なんていうことを、日本のリーダーが言うこと自体が、私はとてもおかしなことだと思います。明らかに家畜の民、つまり「動物文明」の筋書きに乗って踊らされていると思います。

そして、彼らは新しく侵略した場所を、自分たちのふるさとと同じ環境に変えます。例えば、スペイン人宣教師が南米にやってきて、「やっと苦労に苦労を重ねて、この南米の大地をスペインと同じ禿山《はげやま》に変えることができました(6)」と、得意気に本国に手紙を書いている。つまり、彼らの生まれた時代のスペインには森がなく、禿山になっていた。その禿山にやっと変えることができたと宣教師は喜んで本国に報告しているのです。

オーストラリアやニュージーランドにイギリス人が入植します。そうすると何が起こるか。ヒツジやヤギを連れていって森を破壊するだけではない。自分たちが遊ぶために、例えばキツネやウサギを連れていった。それでどれだけ南半球の動物が殺されたか。今やオーストラリアやニュージーランドでは、ヨーロッパ人が連れていったウサギとキツネが大繁殖して、生態系を大きく変えているのです。

さらに、彼らが持っている恐ろしい文明の闇《やみ》は奴隷制度です。人間を家畜と同じように奴隷として使う。アングロサクソンというのは家畜の民、「動物文明」の典型です。まさに「動物文明」はとどまることができないのです。彼らはとどまれない。なぜとどまれないかということが、実は大変重要な問題になってくるのです。

「拡大」こそ畑作牧畜民のエートスであり、発展の原動力でした。家畜をコントロールするためには力が必要です。畑作牧畜民は力と闘争によって、拡大のエートスを持つ文明を推し進めたのです。それは男性中心の「力と闘争の文明」にならざるを得なかったのです。

4 動物文明のシンボル・植物文明のシンボル

この「動物文明」のシンボルは女性の豊満な胸、いわゆる「デカパイ」なんです（笑）。かつて女性は神様でした。その畑作牧畜民の神様は実は「デカパイ」なんです。図7-2を見てください。大きいでしょう。すごい！

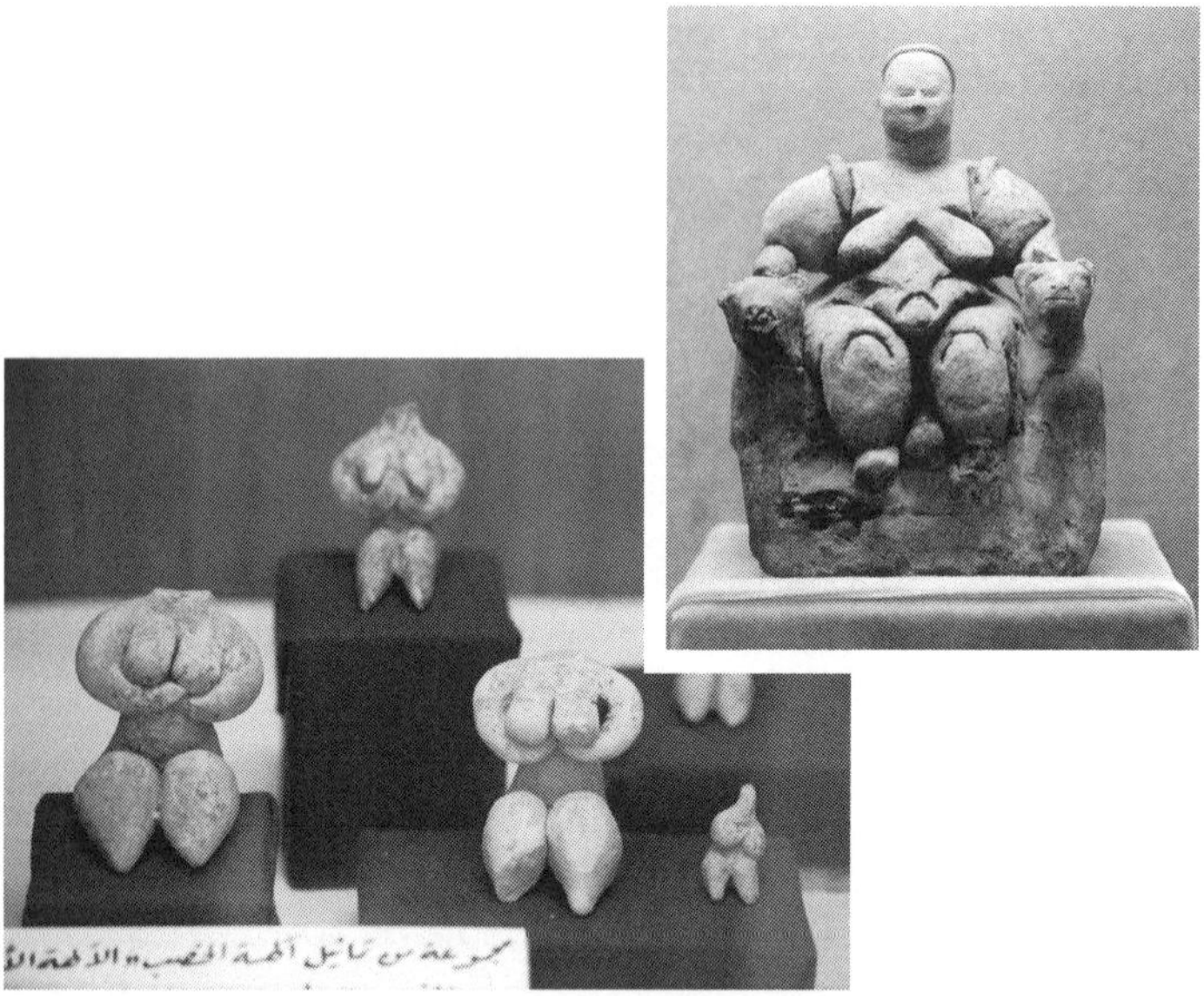

【図 7-2】トルコ、チャタルヒュユク遺跡（8000 年前）の大地母神（右上、アンカラ、ヒッタイト考古学博物館）とシリア、マリ遺跡（7000 年前）の大地母神（左下、アレッポ考古学博物館）

【図 7-3】イタリア、ローマの浴婦（ローマ、ボルゲーゼ美術館）

図7－2右上はトルコのチャタルヒュユク遺跡というところで出た八〇〇〇年前のものです。それから図7－2左下は、シリアのマリというところから出た七〇〇〇年前の大地母神です。大きいですね。本当にゆさゆさと揺れているような乳房を持っています。

図7－3はローマ時代の浴婦です。それよりちょっと前の三五〇〇年前のクレタ島の大地母神も大きいですね（219頁の図5－4）。

なぜこういう畑作牧畜民の人々は、「デカパイ」の大地母神を信奉するかというと、気候が乾燥しているからです。乾燥しているところではミルクがないと生きられない。生命《いのち》の源《みなもと》が実はミルクなんです。だから、家畜を飼って、そのミルクを飲む。これが生命《いのち》をつなぐ源です。それで大きな「デカパイ」の大地母神をつくったのではないかと思われます。

それでは、日本ではどうか。例えば、図7－4は青森県の三内丸山《さんないまるやま》遺跡の四五〇〇年前の土偶です。胸は大きくありません。では、縄文人はどこに意識を集中しているかというと、実は下腹部です。異常なほど下腹部に意識を集中しているの

【図7-4】青森県三内丸山遺跡の4500年前の土偶

です。

図7-5は、縄文時代後期の青森県の宇鉄《うてつ》遺跡の土偶です。これが縄文時代の土偶のなかで一番大きな乳房を持っている。しかし、この程度の大きさしかないのです。では、どこが一番強調されているかというと、下腹部にちゃんと割れ目がある。これが西洋と私たちの違いです。

図7-6上は、縄文時代の石棒です。下の秋田県大湯の環状列石（図7-6下）は男根が女陰に突き刺さっているように見えます。

江戸時代の浮世絵にも、「デカパイ」の女性を描いた浮世絵はほとんどない。大半は下腹部を

【図7-5】青森県宇鉄遺跡（縄文時代後期）の土偶（坪井清足編『日本原始美術大系3　土偶・埴輪』講談社、1977）

【図7-6】山梨県北杜市金生遺跡の石棒（上）と秋田県鹿角市の大湯環状列石（下）

強調しています。そこに私たち日本人はなぜか異常な関心を示すのです。

いろいろ研究を続けてみると、日本人の根源はどうもこの辺にある。生命《いのち》を生み出すところの問題をきちんと語らないと、文明の本質は見えない。それが私の最近の考えです。

縄文人は大きな目を持っていた。人間が死に、生命《いのち》がなくなると、まず目の力がなくなる。一方で下腹部は子どもを産むところ、生命《いのち》が誕生するところです。ですから、縄文の土偶では生命《いのち》がなくなるときに力を失う目と、生命《いのち》を誕生させる下腹部がもっとも重視されているのではないかと思いました。

5 他人を信じない畑作牧畜民

佐々木高明先生は、人間が何を食べるかということによって、心のあり方とか、体のあり方、文明や文化のあり方に違いがあるということを指摘されたわけですが、もう一つ、私はそれに追加するものとして、自然に対する対応の仕方が全然違う点を挙げたい。(5)つまり、家畜を飼って、ミルクを飲んで、肉を食べる人間は、森の破壊者・自然の収奪者だということを指摘したいのです。

これに対して、お米を食べて、発酵食品を食べ、魚介類を食べる人間は、森を守る。森を守ると同時に、森を崇拝し、信じてきた。森を信じるということはどういうことか。自然を信じるのです。自然を信じることができるのですから、人間を信じることはたやすい。私たちは他者を信じることができます。他人を信じることができる社会に生きているのです。

私が初めて中国へ行ったときに驚いたのは、五階建てとか六階建てのアパートの窓に、全部鉄格子がはめてあるんです。まるで刑務所のようだけれど、普通のアパートでした。なぜ鉄格子をはめてあるのかと聞くと、「五階や六階でも泥棒が入ってくるので、泥棒から守るためだ」と言うのです。

畑作牧畜民の世界は、他人を信じられない。韓国でもそうです。韓国では一番立派なのは入り口の門です。鉄の厳重な門で家を守っている。まさに畑作牧畜民は人を信じることができないのです。

ところが日本はどうですか。出かけるとき鍵をかけない人もいるんじゃないですか。泥棒にとって、日本は天国ですよ（笑）。日本というのは、それだけ他者を信じる社会だったのです。

6 森を破壊し尽くした畑作牧畜民

畑作牧畜民は森の破壊者でもありました。

例えば、現在のギリシャに行くと禿山だらけなので、もともとギリシャは禿山の国だと思っていた人が多かった。しかしギリシャ文明が繁栄した時代には、深い森があったのです。私がギリシャやシリアなど地中海沿岸各地の花粉分析を行った結果(7)から、そこはかつて深い森に覆われていたことが明らかになりました。しかし、その地中海沿岸の森は、ギリシャやローマ文明など地中海文明が繁栄していくなかで、徹底的に破壊されてしまったのです。

もちろん、畑作牧畜民は森を破壊しようと思って生きているのではありません。毎日生きるために食べた結果、いつの間にか森を破壊してしまっていたのです。彼らはパンを食べミルクを飲み、バターやチーズ、肉を食べる。パンを焼くにはコメを炊く三倍の火力が必要です。ミルクを飲み、バターやチーズ、肉を食べ、毛皮を利用するために家畜を飼う。その家畜が再生しようとする森の若芽を全部食べてしまうために、森は二度と再生することができなかったのです。

7 アメリカも森の破壊者の国

ヨーロッパや地中海の森を破壊しただけでは「動物文明」は終わらなかった。彼らは一七世紀以降、アメリカへ行きます。当時、アメリカは森の大国でした。ところが、アングロサクソンの人々がアメリカに渡って、たった三〇〇年でアメリカの原始林の八〇%がなくなったわけです。(2) その子孫の代表がアメリカ大統領だったG・W・ブッシュさんです。ブッシュさんの祖先はカウボーイです。あの、牛を追っていく人々がこの森を破壊したのです。そして今、世界の森を破壊して、人類をも破滅に導こうとしている。これがアメリカを代表とする「力と闘争の文明」です。それが今の現実です。

西暦一六二〇(元和六)年のアメリカは森の大国でした。その巨大な森を、たった三〇〇年で破壊してしまうようなえげつないことをやったにもかかわらず、いまだ彼らは反省していません。D・J・トランプ大統領は、地球温暖化対策の国際的枠組み「パリ協定」からの離脱を宣言しているのです。それがアメリカです。それが今、人類(ホモ・サピエンス)を、いや地球を破滅へと導こうとしているのです。これは本当に恐ろしいことだと思います。

南半球の美しい森も瞬《またた》く間に破壊されました。西暦一八八〇（明治一三）から西暦一九〇〇（明治三三）年のわずか二〇年の間に、ニュージーランドの国土の四〇％の森が破壊され、それをアングロサクソンの人々は「グレート・ワーク（偉大な仕事）」と呼んだのです（第二章で詳述）。

8 中国でも起こった森の破壊

森を破壊したのは欧米の人々だけではありません。アジアでも同様のことが起こりました。漢民族は元来北方からきた畑作牧畜民と深い関係がありました。今から約四二〇〇年前、気候の寒冷化によって畑作牧畜民が大挙して南下してきました。これは司馬遷の『史記』にも書いてあります。

この畑作牧畜民がやってくると、激しい森の破壊が引き起こされました。例えば、現在は森のない黄土高原も、かつては深い森があったのです。これは花粉分析の結果からわかっています。森のない黄土高原にも、明代《ミン》まではマツとナラの混交林が生育していたのです。

あるいは海抜三八〇〇メートルの四川省のチベット高原のクルガイ湿原です。ヤクが草を

【図 7-7】中国、ヤクが草を食べるチベット高原東端のクルガイ湿原にも森があった。海抜 3800 メートルの中国・四川省チベット高原にも、トウヒやカバノキの森が 1500 年前まで確実にあった

【図 7-8】中国・雲南省金沙江上流域の山肌は荒廃していた。その川面も泥の川だった（左）。照葉樹林文化の故郷といわれる山々は、森を失っていた（右）

食《は》んでいる（図7－7）。私はこんなところにさすがに森はないだろうと思っていた。ところが、一五〇〇年前までは森があったのです。それを全部、畑作牧畜民が破壊していったのです。

佐々木先生たちがおっしゃった照葉樹林文化のふるさとである雲南省。照葉樹林文化のふるさとと言っても、照葉樹林の立派な森なんてどこにもありません。全部痩せた荒れ地で、みんな禿山です（図7－8）。

そして、例えば中国・四川省の岷江《みんこう》という峡谷、こんな上流の峡谷でもドロドロの川です。清流がない（図7－9）。中国の川は濁っているのです。なぜか。それは森がないからです。森がないから、降った雨が土壌を川に流し込むのです。だから川が濁っている。

中国では生水は飲めない。いつも温かいお茶を飲む。森を破壊し尽くした結果、生水を飲むことができなくなったのです。それを知らない中国人は、暑い夏に「水」を出すと怒るのです。生水を飲めるのがどれほど幸福かを考えないといけない。

しかし、中国の四川省では経済発展のなかで木が必要です。その木をどこから伐《き》っているかというと、四川省・九寨溝《きゅうさいこう》のさらに上流のところにあるツガ材を伐っている。ここにはパンダが住んでいるのです。そのパンダの森を、なけなしの森を今、平気で伐っているのです（図7－10）。

漢民族は顔だけ見れば同じ東洋人の黄色人種ですが、森に対する心・精神性は、稲作漁撈民の日本人とはまったく違うのです。

ちなみに、中国に共産主義が残った背景には、西洋のマルクス主義と黄河文明は同じ畑作牧畜文明で同根だということが、どこかで関係しているのではないでしょうか。人と家畜だけの世界をめざすという最終目標が同じなために、波長が合うのかもしれません。

しかし揚子江（長江）流域の少数民族は必ずしもそうではありません。例えば、南宋など揚子

【図 7-9】中国・四川省の岷江の上流部でも川の水はドロドロだった

【図 7-10】中国・四川省岷江上流域、パンダの森を伐採しツガ材を運ぶトラック（1997 年当時）

江（長江）流域に中国の中心があったときは、その人々の気質は穏やかで日本人と同じ情感を持つので、日本ともっとも仲がよかったといわれています。鎌倉時代に蒙古が攻めてきて彼らが台風に遭い難破したときも、日本人は南宋の人たちをまっさきに助けたといいます。

日本人がもし中国人と心を分かち合って話したいと思えば、貴州省や雲南省など少数民族が住むところに行くべきだろうと思います。彼らは私たちと同じ考えを持ち、同じものを食べているからです。

雲南省に行ったときに、鮒《ふな》と大豆の味噌煮をつくってくれたことを思い出します。幼いころ母親がつくってくれた味とそっくりでした。日本の基層文化と雲南省・貴州省の（少数民族の）基層文化は共通しているのではないでしょうか。太陽を崇拝し、山を崇拝し、柱や鳥など天地を結合するものを崇拝する世界観も同じです。

畑作牧畜民が四二〇〇年前頃に西北方からやってきて中国大陸を席捲《せっけん》するようになって、その周辺部に追いやられた少数民族こそ、私たちと同じ世界観を持ち同じ文明圏に属する稲作漁撈民でした。彼らは貴州省や雲南省に逃れ、その一派がボートピープルになって日本へやってきて稲作をもたらしたと私は考えています。

9 楽園の喪失

畑作牧畜民、つまり「動物文明」が森を破壊した証拠は、花粉の化石からわかります。

地中海東岸のシリアのガーブバレイというところの花粉分析をしたところ、今から約一万年前に落葉《らくよう》性のナラの森が激しく破壊されていることがわかりました。そして、今から約五〇〇〇年前に、もうほとんどこのシリアのガーブバレイ周辺の森はなくなっているのです。これは恐ろしいことです。約五〇〇〇年前に今と同じ禿山の風景ができているのです。

図7-11上が今のシリアのガーブバレイ周辺の肥沃《ひよく》な三日月地帯の風景です。見てください。「水」もないし、豊かな土もない。これほどまでに激しく彼らは森を破壊し、自然を破壊することができるのです。

シリアの人々は、図7-11下のような岩だらけのところを耕しているのです。森を破壊して、岩だらけのところを耕している。

そして、その文明はどこへ行ったかというと、地中海北岸のギリシャやローマに行った。そこでも激しい森の破壊が行われた。かつてギリシャ文明が繁栄したときには深い森があった。それをギリシャ文明が繁栄したなかで全部破壊してしまったのです。

ギリシャを訪れた人は、もともとここは禿山だったと思うはずです。それはおかしいと初めて私が言ったのが西暦一九八八（昭和六三）年です。[7] しかしそれは日本語で書いたので、世界的に注目されなかったけれども、「*Forest and Civilisations*」[8] という英語の本を出して今やそれは定説になっています。ギリシャにはかつて深い森があった。その森は、文明が繁栄していくなかで徹底的に破壊されていったのです。

アダムとイブ（240頁の図5―20）はなぜ楽園を追放されたか。イブがヘビからリンゴをもらって、それを食べた。それで追放されたと旧約聖書には書いてあるけれども、実はそこには人類（ホモ・サピエンス）の歴史の深い謎が隠されていたのです。エデンの園とは何か。それは明らかに深い森の中にある。アダムとイブは楽園を追放された。その楽園とは何か。それは森だということです。今のイスラエルからレバノンの地域にも、かつては深い森があった。その森を破壊することによって、人類（ホモ・サピエンス）は楽園を失ったと旧約聖書は書いているのです。

なぜ、楽園を失うのか、それは、家畜を飼う、ヒツジやヤギを飼うからです。この動物たちが生きようとするなかで、森の若芽を全部食べてしまう（236頁の図5―14）のです。だから森は二度と再生できないのです。

【図7-11】シリア、森も肥沃な土壌も失ったシリア北西部の「肥沃な三日月地帯」（上）。シリア北西部の岩だらけの大地を耕す人々（下）

【図7-12】トルコ、陸の森を破壊して地中海の海も痩せてしまった。アンタルヤ海岸、山々は森を失っている

それだけではない。森を破壊した後、この地中海も痩せたのです。地中海の海で、皆さんは楽しそうに泳いでいますが、図7-12の海岸をよく見てください。この間たまたま富山県の人を連れていった。「先生、白い貝殻がいっぱい落ちていますね」と言うので、「よく見てください」と言いました。白いものは貝殻ではない。石です。方解石《ほうかいせき》という、石灰岩の結晶のいいものです。貝殻一つ落ちていない。海草一つ生えていない。海の中へ入ったら、クラゲどころか、魚もいな

い。地中海は死の海です。

なぜ死の海になるのか。それは背後の森を全部破壊したために、その森の栄養分が海に流れなくなったから、地中海は死の海になったのです。

そんなところで泳いでいたら気持ち悪いです。私は本当に気持ち悪かった。足元を見ても、海草がないのです。私はずーっと前から地中海の研究をやっていますけれども、最近特にその気持ち悪さを感じるようになりました。不気味でした。人間しかいない世界です。こういう世界を畑作牧畜民はつくり上げる。「動物文明」はつくり上げるのです。

10 もうユートピアはない

「風土」と宗教も非常に深い関係を持っています。もしイエスが、中東の地域に生まれず、高温多湿の地域に生まれていたとしたら、今のようなキリスト教は誕生しなかったはずだと私は考えています。

モーゼが神に出会ったシナイ山が、森に覆われ生命《いのち》の輝きに満ちた山であったのか、それとも森のない岩山であったのかによって、宗教に大きな性格の違いが生まれたのではないでしょうか。

モーゼの十戒は、その後のユダヤ教やキリスト教の持つ宗教的倫理性の根幹を形成しました。十戒のうち、最初の四つは神と人間との関係についての戒《いまし》めで、残り六つは人間と人間との関係についての戒めでした。

しかしそこに一つ欠けたものがあったのではないでしょうか。すなわち、自然と人間の関係についての戒めです。もしモーゼが自然と人間の関係についての戒めを追加しておいてくれたら、人間は今日のような地球環境問題に直面することはなかったでしょう。

森のない岩山のシナイ山に立ち、あたりには燃える柴と天に光り輝く星しかない。生命《いのち》あるものは人間しかいない。そのような砂漠の「風土」のなかで、どうして自然の生命《いのち》と人間のかかわりを意識できるでしょうか。ここにユダヤ教とキリスト教が背負わなければならない風土的限界（原罪）が存在すると私は考えるのです。

もしもシナイ山が緑の森に覆われていたら、モーゼの十戒は、自然と人間のあり方を明確に規定し、自然の生物をむやみに殺してはならないという戒めを定めたに違いないと思うのです。

地球環境の危機に直面した現代は、自然と人間の関係についての「新十戒」が必要な時代なのではないだろうかと思う次第です。

私はすでに自分なりの「新十戒」を出しています。(9) それに対して、日本のキリスト教教会の重鎮の笠井恵二《かさいけいじ》氏(10)からおほめの言葉をいただいたことは嬉《うれ》しく思いましたが、私のような未熟者ではまだまだ影響力はありません。

ミルクを飲み肉を食べて育った私、キリスト教の文化に憧れて育った自分が、一神教の限界を敏感に感じ取っていたように、多神教の「風土」のもとに育ったキリスト教の信者の方が、一神教の限界に敏感になり、それをよく知っておられるのは世の常だと思います。

名著『森林の思考・砂漠の思考』(11) をお書きになった恩師の鈴木秀夫先生もキリスト教徒でした。キリスト教徒だったから、その宗教の持つ風土的限界〔原罪〕を敏感に感じておられたのではないでしょうか。

宗教の背景には、それを育てた「風土」が必ず存在します。砂漠には砂漠の「風土」が、森には森の「風土」があるのです。釈迦は森の「風土」のなかに生まれたために、あのような仏教思想が育《はぐく》まれてきたのではないか。モーゼやイエスは中東のような砂漠の「風土」のなかに生まれたために、一神教的な宗教を誕生させたのではないか。私はそのように考えているのです。

11 聖なる山の違い

図7－13の背後はトルコのハサン山ですが、聖なる山と言われています。二つ峰がある。いわば「デカパイ山」です。

日本の聖山は何ですか。富士山です。独立峰でしょう。二つの峰ではないです。一つの独立峰が聖なる山になる。なぜ円錐《えんすい》形の独立峰が聖なる山なのか。円錐形の山というのは、まさに蛇がとぐろを巻いている(12)、その姿がまさに聖なる山なんです。私たち稲作漁撈民にとっては二つの峰があるところは聖なる山ではない。ところが、畑作牧畜民にとっては、トルコの「デカパイ山」が聖なる山になるのです。

実は、ユダヤ・キリスト教も聖なる山を崇拝する

【図7-13】トルコ、遠くにハサン山が見える。畑作牧畜民のユートピアは「デカパイ山」と花園だった。右下は蜜と乳の溢れる花園

ことから生まれたのに(13)、どうしてユダヤ・キリスト教は山を崇拝する心、山の霊力を見失ってしまったのでしょうか。

不幸にもイスラエルなどは、半乾燥地帯の砂漠の縁辺《えんぺん》に位置していました。このため山に森が少なかったためではないかと私は考えています。砂漠の遊牧民にとって、森は体験したことのない異郷であり、恐ろしい「魔の森」でもあったのです。

森のない砂漠の思想を受け継いだキリスト教は、ヒツジやヤギを飼う畑作牧畜が主たる生業《なりわい》でした。こうして地中海の森は徹底的に破壊されました。ヨーロッパアルプス以北も一二世紀以降開拓されると瞬く間に森はなくなりました。五〇〇年後の一七世紀までに、アルプス以北のヨーロッパ平原のナラ類やマツの森は、大半が破壊され尽くしたことは、これまで述べてきた如くです。ヒツジやヤギ・ウシ・ウマによって食い尽くされてしまったのです。

山に森があるかないか、身近なところに森があるかないか、これが山とともに暮らす人間の世界観のありように、きわめて大きな影響をもたらしたのではないかと思います。里山はその意味では身近な自然、身近な森として日本人の世界観にきわめて大きな影響を与えたと思います。

私たちは今、森のない風土的過去を背負った「文明の原罪」から離脱すべきときなのではないでしょうか。

12 人間中心主義の終わり

イエスはこう言った。人間がのどかに、穏やかに暮らすところは、「蜜と乳の溢《あふ》れる花園」（図7-14）であると。これが畑作牧畜民の理想郷、つまり現在のユートピアです。

しかし、この花園というのは、森を破壊した後に出てくるのです。ですから、イエスは巨木の森を見ることができなかった。イエスがお生まれになったときには、もうイスラエルの森は完全に消えていた。だから、理想郷が花園になる。今でもこの地域の理想郷は、花園です。

畑作牧畜民は、自分たちのユートピアを求めて、メソポタミアから地中海、地中海からヨーロッパ、ヨーロッパからアメリカへと拡大していきました。

力の拡大を正当化するためには大義名分が必要でした。キリスト教という超越的秩序の布教活動というのは、こうした拡大のための大義名分として格好のものとなったのです。アズテク文明

【図7-14】レバノン、レバント回廊のアムミック湿原の花園。遠景に雪をかぶったヘルモン山が見える

やマヤ文明を滅ぼした人々は、キリスト教の教えを広めるためと称して、虐殺と征服を正当化しました。

そもそも、超越的秩序を形而上学的・倫理学的に構築するには、現世のあるがままのなかに美しさを発見するのではなく、それらを人工的に、形而上学的・倫理学的に複合させる必要がありました。そこには人間中心主義の視点が不可欠でした。ユダヤ・キリスト教の超越者も、旧ソ連の共産主義者も、人間中心主義が生み出した空想と幻想の産物という側面を否定できないのです。

大東亜共栄圏もまた、明治以降、超越的秩序の文明に心酔した一部の日本人が妄想した超越的秩序だったのではないでしょうか。

たしかに、幻想や空想が新しい時代を創造したことは事実です。しかし同時に、その幻想や空想に振り回されて、人間はいくつもの不幸や悲劇を体験してきたのです。そして今、そのマイナス面が省《かえり》みられないまま、より強調されようとしているのではないでしょうか。

だが、二一世紀には人間中心主義の論理や超越的秩序を説くことによって、人間のみを救済する宗教は、もうそろそろ役割を終えつつあるのではないでしょうか。今日の地球環境問題は、目の前にある現実世界の生命倫理と地球倫理よりも、人間中心主義の倫理を重視することによって引き起こされたように見えます。市場原理主義という人間中心主義の倫理的幻想によって、どれほどかけがえのない地球生命が奪われたことか。そのことを考えるときにいたっていると思います。

人間が地球で誕生した生物である以上、私たちの生命《いのち》は、この地球上に生きるものとしてどこかでつながっているのです。DNAレベルで見れば、人間とチンパンジーの違いはほんの数％に過ぎないといいます。DNAレベルでは人間のDNAの大部分は動物と同じなわけですから、人間が動植物に対して偉そうなことを言う資格はないはずです。

「草木国土悉皆成仏《そうもくこくどしっかいじょうぶつ》」ともいわれるように、地球の生きとし生けるものとともに暮らすことが最高の幸せなのではないでしょうか。人間と家畜だけが最後に生き残ったのでは何の幸せもないのです。美しい大地、自然に囲まれながら、私たちの生命《いのち》も輝く。生きとし生けるものの生命《いのち》も一緒に輝く。それこそがこの地球で誕生した本当の人間の理想ではないでしょうか。

13 地球上にもう新天地はない

超越的秩序のもと、ユートピアを求め続けた人々は、森を破壊し、大地を不毛の砂漠に変えました。そしてまた新たな天地に未来のユートピアを求め続ける。だが地球上にはもうユートピアを求める人々の欲求を満たすだけの「テラ・インコグニータ」(未開の新天地)はなくなりました。もしユートピアを求め続けようとすれば、宇宙に行くしかないのです。だからアメリカ人や中国人は一生懸命、火星や月に移住計画を立てているようです。しかし、それがいつ完成するかはわからない。それまでに人類(ホモ・サピエンス)は、いや地球は、危機的な状況に陥《おちい》る可能性が十分あるのです。

14
人類の未来を救えるのは稲作漁撈民

では、どうすれば、われわれはこの小さな地球の中で、西暦二〇五〇年には八〇億に達しようとする人々が生きていくことができるのか。われわれの子どもや孫のために、この地球の生態系をどう守るか、それが重要です。

私は自然を一方的に収奪するライフスタイル(生活様式)を変えなければならないと思っています。でもそう簡単ではありません。自然を一方的に収奪するライフスタイル、力と闘争によって相手をねじ伏せるライフスタイルを変えようとするのは大変です。

しかし、同じ人類（ホモ・サピエンス）にも、生きとし生けるものの楽園を破壊することに歯止めをかけようとした人々がいます。それが私たち稲作漁撈民なのではないでしょうか。

「植物文明」の稲作漁撈民は、長い間、文明というものを持たず、どちらかというと、パンを食べる人間よりも遅れていると考えられてきました。

その一番の例が、K・マルクスが言った「アジア的生産様式」という言葉です。戦後七〇余年間、日本の歴史学者はこれが真実だと思っていました。マルクスが言う「アジア的生産様式」、もっとも遅れた未開の地帯、野蛮な地帯、その代表が稲作漁撈社会であると思ってきたのです。それを戦後七〇年間、日本の歴史学者は信じてきたのです。そして一生懸命、日本の歴史を、K・マルクスの頭で考えたのです。アジア的生産様式の代表である稲作漁撈社会はだめだ、だめだという、馬鹿げた意見に翻弄《ほんろう》されて日本の歴史を考えたのです。

しかし、K・マルクスは、アジアの稲作漁撈社会に一度も足を踏み入れたことはないのです。そんな人間がアジアのことをわかるわけがないでしょう。これはとんでもない間違いです。

実はこの稲作漁撈民は、メソポタミア文明やインダス文明と同じように高度な文明を持っていました。それが長江文明[14]です。その長江文明というのは、稲作漁撈民がつくった文明です。

私たちは、六〇〇〇年前の中国・湖南省の城頭山《じょうとうざん》遺跡を掘り、王宮や神殿、祭壇を発見しました。いずれも都市の機能を示しているものでした。

15 ユートピアから桃源郷へ

畑作牧畜民、「動物文明」が理想としたものはユートピアでした。蜜と乳の溢れる花園ということです。これに対して、稲作漁撈民が理想としたのは、桃源郷《とうげんきょう》です。

ユートピアは人間の勝手な空想と幻想の産物ですが、桃源郷は、この世の生きとし生けるものの生命《いのち》が輝く世界への回帰です。自然と人間が共存・共栄し、折り合いをつけた平和な過去の楽園（桃源郷）に回帰することを理想としたのです。(2)

「桃源郷を求める心には発展性と向上心が欠如している。だから稲作漁撈民はだめだ」というのがこれまでの論理でした。しかし、もうこの地球上にはユートピアを求める新天地はないのではないでしょうか。限られた地球で間もなく八〇億の人々が肩を寄せ合って生きるためには、生命《いのち》の「水」の循環を守り、人類（ホモ・サピエンス）の欲望のコントロール装置の役割を果たす桃源郷の世界観が必要なのです。

お米や魚を食べ、発酵食品を食べ、生命《いのち》の「水」の循環を維持し、森を守りながら、森を崇拝し森を信じてきた稲作漁撈民こそ、これからの地球の鍵を握っているのではないでしょうか。

東晋という時代の陶淵明《とうえんめい》という人が『桃花源記』に書いた風景が、稲作漁撈民にとっての理想郷です。陶淵明の桃源郷というのは、あるとき、すなどりをする人、つまり漁師さんが道に迷った。どんどん行くと、桃の花の咲き乱れるところに出合った。さらに谷を登っていくと、洞窟があった。洞窟の入り口は狭い。だんだん洞窟が上に行くほど広くなる。その洞窟を抜けると、目の前に豊かな水田と集落が広がってきたというのです。美しい棚田が広がっていたのです。

図7-15は中国の貴州省の棚田の写真ですが、美しい水田と集落があった。

そこで、漁師さんは、数カ月過ごした後、帰ります。帰るときに枝に印をつけて帰るのです。こんな素晴らしいところがあるので、もう一度行こうとする。ところが二度と行くことができなかった、というふうに書いてあるわけです。

桃源郷といわれているのは湖南省武陵源《ぶりょうげん》というところで、ちょうど私たちが発掘調査しているところの近くです（図7-16）。

稲作漁撈民の生命《いのち》がもっとも輝くところは桃源郷です。桃源郷というのは、「水」と生命《いのち》に満ちているところ。「水」に支えられたさまざまな生命《いのち》に満ちている。これが稲作漁撈民の、生命の維持装置といっていい。

【図 7-15】中国、貴州省の棚田。生命（いのち）の「水」の循環（撮影：竹田武史）

【図 7-16】中国、湖南省武陵源の桃源郷の入り口（左）と湖南省麗水の桃源郷の風景。それは稲作漁撈民の桃源郷だった（右）。私たちが発掘調査した湖南省城頭山遺跡はこの下流にある

畑作牧畜民の生命維持装置は、人間が森を破壊した後の花園と、家畜のいる蜜と乳の溢れるユートピアです。これに対してわれわれ稲作漁撈民の生命の維持装置は、「水」と生命《いのち》に満ち溢れた桃源郷です。

稲作漁撈民にとって、どこが一番安心できて、どこで生命《いのち》が一番輝くか。それは、三方を山に固まれ、一方が開いている。そして、その麓《ふもと》からこんこんと水が溢れているところ。例えば京都盆地がそうです。京都盆地のように、南が開いていて、北と東と西が山に囲まれている。そういうところが稲作漁撈民にとって生命《いのち》がもっとも輝くところだったのです(15)。

これが稲作漁撈民の生命《いのち》がもっとも輝くところです。これは見た瞬間にわかりますね。これはまさに女陰です。女性のもっとも大事なところ、生命《いのち》を生み出すところです。

16 日本こそアジアの桃源郷

縄文時代の人々は、なぜか男根と女陰の結合に異常にこだわった。稲作漁撈民も下腹部にこだわった。江戸時代の浮世絵、私たち日本人の祖先の歴史には、この下腹部に対する異常な執着がある。それはなぜかというと、母なる母性に帰るということです。つまり、女性が大昔から持っている社会、その母なる母性に帰ること、それが桃源郷に帰るということなのです。そこは豊かな生命《いのち》の「水」に恵まれている。これが稲作漁撈民の理想郷であるわけです。

そういうところで育った人、例えば、その代表が最澄《さいちょう》です。最澄は、こう言った。「草木国土悉皆成仏」、つまり、生きとし生けるものは、みんな仏になる。自分だけではない。この山や川や草や木、それがみんな仏になる。自分以外の生命《いのち》の大切さをきちんとこういう桃源郷に生きる人は認識できるのです。

あるいは、空海《くうかい》は、晩年の作品の中でこう言っている。「森は人の世の中よりは美しい。しかし、天上の世界よりも美しい」(16)(要旨)。そういう世界観はまさに稲作漁撈民の社会、あるいは縄文時代以来の森の文明の社会で築かれてきた世界観です。これが私たち日本人の心の根底を形成している。どういう心を持つかということが重要です。私たちは最澄や空海と同じ心を持っているということです。日本列島こそアジアに唯一残った桃源郷であるということがわかるのです。

ところが残念なことに、人類(ホモ・サピエンス)の文明は「動物文明」の手に落ちました。例えば、二一世紀の現在、グローバルスタンダード、これは全部、畑作牧畜民、欧米人がつくったものです。それにみんな合わそうとしている。

二一世紀の世界も、おそらく畑作牧畜民がリードする世界になるでしょう。地球と人類（ホモ・サピエンス）がどうなるか心配です（図7-17）。

そういうなかで、日本は大変危ないところにいるのです。世界の畑作牧畜民の力が今伸びている。誰もが疑うことなくアメリカの世界観に、あるいは中国の畑作牧畜民の世界観に追従しようとしている。そういうなかで、「植物文明」としての日本民族、稲作漁撈民は大変危ないところにあるのです。私たち稲作漁撈民の「植物文明」は「動物文明」にやられっぱなしです。そのやられっぱなしの私たちが、果たして「動物文明」に勝つことができるのか。いや、勝たなければ、稲作漁撈民、「植物文明」としての日本民族は自滅するしかないでしょう。

【図7-17】自然を収奪できる限りし尽くした現代文明が崩壊する道（上）と、キリスト教の聖者シメオンが修行したという石の柱の上に乗る人（右下）。多神教徒ならこうしたことはしないだろうと私は思う

17 森と「水」の循環が鍵を握る

自滅を避けるにはどうしたらいいのか。二一世紀の文明は、「水」で危機に直面します。地球温暖化によってCO_2の濃度が二倍になると、アメリカの穀倉地帯やウクライナの穀倉地帯、あるいは南米の穀倉地帯、こういった世界の穀物の生産地帯は、大旱魃《かんばつ》に見舞われます。(17) つまり、畑作牧畜民、「動物文明」が発展しているところは、激しい旱魃に見舞われるというのは、ほぼ間違いのない予測です。例えば、今、中国では激しい経済開発が続いていますが、すでに黄河の「水」は枯れてきました。中国は「水」がないのです。

これに対して、稲作漁撈民が住んでいるところは、あまり激しい旱魃には見舞われない。むしろ豪雨に見舞われる確率が高いのです。

石油に代わるものはいろいろあります。風力発電、原子力発電、あるいは太陽光発電もある。しかし、「水」に代わるものはありません。われわれの体の約七〇%は「水」ですから、「水」がなかったら人間は生きていけない。

この地球上には、中国の人々の必要にこたえるだけの「水」はないのです。なぜ「水」がないか。それは森がないからです。「水」はどこにあるか。それは森の中に蓄えられている。森は巨大な水がめです。森があるということは「水」があるということです。そうすると、私たちのこの日本は、国土の七〇％以上が森で覆われているということは、巨大な水がめを抱えているということです。これは二一世紀に大変大きな資源になります。

例えば、メソポタミア文明の発祥したシリアの北西部の麦作農業地帯、畑作牧畜民が住んでいた故郷では、小麦をつくろうと思うと、地下三〇〇メートルにボーリングをして、

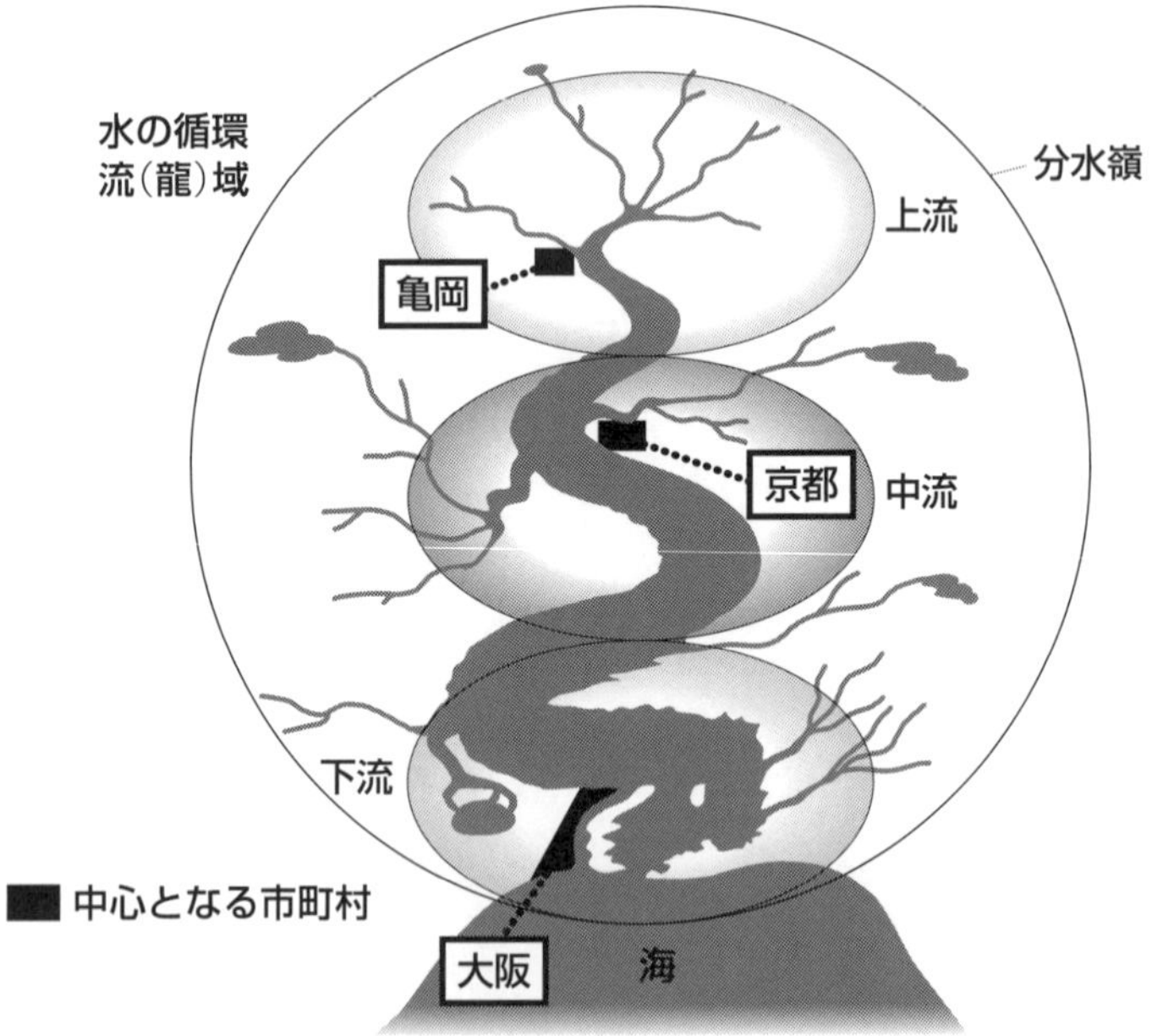

【図7-18】ドラゴンプロジェクト概念図（安田、2002）

その地下水をくみ上げないと農業ができません。

ところが、私たちの水田稲作農業はそういうことはない。降った雨を利用する。表流水を利用しているわけです。地下水をくみ上げているというのは、石油をくみ上げているのと同じです。あのアメリカのグレートプレーンズの穀倉地帯、これも全部オガララ帯水層という過去の地下水をくみ上げて農業に利用しているのです。だから、いずれは枯渇するわけです。石油と同じようになくなる。しかし、私たちの水田稲作農業は、雨が降る限り永遠に続けていくことができます。

二一世紀、私たち稲作漁撈民が畑作牧畜民、「動物文明」に勝つ方策は、「水」です。それを私は「ドラゴンプロジェクト」（図7-18）と名づけています。川を一匹の龍に見立てる。そして、上流・中流・下流の人が「水」の循環系を核にした運命共同体になるわけです。これは私が今新たに言ったことではありません。ほんの最近までみんなやっていたことです。高度経済成長期までは、日本の社会は、流域を単位にして営まれていました。例えば、上流にいる人々と、中流にいる人間、下流にいる人間、これは生命《いのち》の「水」の循環によって結ばれているわけです。

上流の人はきれいな「水」を飲んでいる。中流だとちょっと汚れている。下流になったらかなり汚れている。上流で「水」を汚せば下流の人がみんな困ります。つまり、下流がいくら経済発展しても、上流で毒を流したら下流の人はみんな死ぬわけです。ここにこそ二一世紀の文明の鍵があるのです。流域を単位にして、この流域の「水」の循環、あるいは生態系の循環が健全であるように運営していく。そうすれば、日本は二一世紀においてもまだまだ安全で繁栄できると私は思うのです。

美しい風景、森があって、美しい水田がある。そして少し行けば海がある。森里海が一体になっている。こんなところは世界にないですよ。日本のこの美しい風景、「風土」こそ、世界の桃源郷なんです。

だから今、世界の人々はみんな日本に住みたいと思っています。私は冗談で言うのですが、日本の経済が衰退したら、必ず中国の人は日本の土地を買いにきます。中国が金持ちになったら、日本の領土を買いにきます。こんな美しいところは中国にはどこにもありません。恐らく中国の金持ちは日本に住みたいと願っていると思います。

私はトルコやシリアを調査しました。トルコやシリアの地中海の美しい海岸がありますね、そこで泳ごうかと思うと、「ここから向こうはドイツ人村だから入れません」と言う。次は、「ここから向こうはイギリス人村」です。われわれ日本人とかトルコ人はそういう美しい海岸では泳げなくて、汚い海岸で泳いでいる。美しい海岸はみんな畑作牧畜民のヨーロッパ人によって買い占められているのです。こういうことを平気で彼らはする。

だから、二一世紀は「動物文明」がどこへくるか。この美しい日本を買いにきます。これははっきりしている。そういうことも頭に入れて二一世紀のことを考えてもらいたいのです。日本は森と「水」の大国なんです。これが二一世紀の大きな資源です。そして、この流域を軸にして二一世紀の文明を維持していく。その流域を単位にした国土の経営の鍵を握っているのは、上流に住んでいる人です。その責任は大きいです。上流の人がちゃんと下流に対して責任を持つ。今日のお話は、「デカパイ」の話は忘れていただいて結構ですが、この流域の話だけを覚えて帰ってください。

どうもありがとうございました。（拍手）

※「デカパイ」という言葉は現在だと不快な表現だという指摘もあるでしょうが、二〇〇二年の講演の際に、わかり易さを優先して使用しました。

第七章　引用・参考文献および注

（1）佐々木高明『地域と農耕文化――その空間像の探求』大明堂、一九九八年
（2）安田喜憲『日本よ、森の環境国家たれ』中公叢書、二〇〇二年
（3）佐々木高明『照葉樹林文化の道――ブータン・雲南から日本へ』ＮＨＫブックス、一九八二年
（4）安田喜憲『稲作漁撈文明――長江文明から弥生文化へ』雄山閣、二〇〇九年

(5) 安田喜憲『生命文明の世紀へ――「人生地理学」と「環境考古学」の出会い』第三文明社、二〇〇八年
(6) 石弘之・安田喜憲・湯浅赳男『環境と文明の世界史――人類史20万年の興亡を環境史から学ぶ』洋泉社新書y、二〇〇一年
(7) 安田喜憲『森林の荒廃と文明の盛衰――ユーラシア大陸東西のフィールドから』思索社、一九八八年
(8) Yasuda, Y. (ed.) : *Forest and Civilisations*. Lustre Press and Roli Books, Delhi, 2001.
(9) 安田喜憲『蛇と十字架――東西の風土と宗教』人文書院、一九九四年
(10) 笠井恵二『自然的世界とキリスト教』新教出版社、一九九九年
(11) 鈴木秀夫『森林の思考・砂漠の思考』NHKブックス、一九七八年
(12)『吉野裕子全集(全一二巻)』人文書院、二〇〇七~二〇〇八年
(13) 安田喜憲『山は市場原理主義と闘っている――森を守る文明と壊す文明との対立』東洋経済新報社、二〇〇九年
(14) 梅原猛・安田喜憲『長江文明の探究――森と文明の旅』新思索社、二〇〇四年
(15) 渡邊欣雄『風水　気の景観地理学』人文書院、一九九四年
(16) 竹内信夫『空海入門――弘仁のモダニスト』ちくま新書、一九九七年
(17) 安田喜憲『文明の環境史観』中公叢書、二〇〇四年

第八章

古代文明は四大文明だけだったのか？

1 『西洋の没落』と『環境文明論』

O・シュペングラーという人が西暦一九一八（大正七）年と西暦一九二二（大正一一）年に『西洋の没落　世界史の形態学の素描：形態と現実〔第一巻〕』『同：世界史的展望〔第二巻〕』という本を書きました。A・J・トインビーもこのO・シュペングラーの影響を受けました。『西洋の没落』の翻訳は村松正俊さんという人がなさって、五月書房という出版社が刊行いたしました。(1)

五月書房は、そのO・シュペングラー『西洋の没落』のニュー・エディション(2)を刊行した後に、私の本を刊行する計画で宣伝を出し、梅原猛《うめはらたけし》先生が序文まで書いてくださいましたが、その後、自社も〝没落〟してしまったのです。困っておりましたら、論創社という出版社からお誘いがあり、出していただいた本が拙著『環境文明論——新たな世界史像』(3)でございます。

O・シュペングラーが一〇〇年以上前に「西洋は没落する」ということを言ったんですけれども、それが二一世紀の前半に現実のものとなってきたのではないかと私は思っています。

イギリスがEUを離脱しようとしています。これで明らかに、「西洋の没落がはじまった」というのが、私の考えです。東欧のポーランドやルーマニア、中東やアフリカの国々から、豊かな生活を求めて、安い労働賃金で働く人々がやってくる。シリアから難民がやってくる。このために、自分たちの職が奪われるという不安から、イギリスはEUから離脱する道を選択しようとしているのです。

地中海世界を席捲《せっけん》したローマ文明没落の原因は、ゲルマン民族の大移動でした。もちろん民族大移動には気候変動などいろいろな要因がかかわっていますが、結局豊かさを求めての大移動だったと思います。その民族の大移動がヨーロッパ文明を崩壊させるのです。O・シュペングラーが西洋の没落を一〇〇年以上前に予言してから、いよいよEU諸国を含む西洋は没落へと向かいはじめたと私は考えております。

2 伊東俊太郎

西暦一九七四年の人類文化史

伊《い》東《とう》俊《しゅん》太《た》郎《ろう》先生が西暦一九七四（昭和四九）年に『人類文化史2　都市と古代文明の成立』(4)とい

う本を刊行されました。その本の中で伊東先生は、「（近代における西欧の世界支配は）数千年にわたる世界文明史の叙述をはなはだかたよったものにしてしまった」「いまや『西欧』の時代がおわり、真の意味での『人類』の時代が到来しようとしているとき、このような西欧中心的世界史のゆがみがただされねばならない」[4]と書いておられます。私がまだ大学院の学生のころに、すでにこういうことを指摘されているのです。当時の日本の歴史学界はマルクス史観という歴史観に支配されていました。「マルキストではなければ人に非ず」という時代でした。そんな時代によくぞこうしたことを言われて、そして今でも伊東先生は元気で生き残っておられます。

当時マルキストを批判すると、「必ず仕返しされるぞ。覚悟しておけ」と言われました。ところがその仕返しも伊東先生は飄々《ひょうひょう》と受け流し、荒波を見事に乗り越えてこられたのです。

麗澤大学比較文明研究センター

そして今、「伊東先生の文明論は正しかった。未来に先駆ける文明論だった」ということを多くの人が理解するようになりました。廣池千九郎《ひろいけちくろう》先生を創立者とする麗澤大学が、伊東先生の文明論の重要性を見抜き、比較文明研究センター（後には比較文明文化研究センター）までつくりました。

私は広島大学で長いこと助手をしていましたが、西暦一九八七（昭和六二）年一二月に梅原猛先生から電話がかかってきました。私の『世界史のなかの縄文文化』[5]を読んでいただき、自分とよく似た大胆な仮説を提示する男がいるということでお電話くださったのです。そして伊東先生が西暦一九九〇（平成二）年に東京大学から国際日本文化研究センターに移られることがわかったので、伊東先生を中心に「文明と環境」というプロジェクトをやらせていただいたのです[6]。

それからずっと今日まで、伊東先生の教えを受け、麗澤大学比較文明文化研究センターの客員教授にまでしていただきました。本当にありがたいことだと深く感謝いたしております。

欧米文明の世界史

やっと近年になって世界史を研究する研究者も、この伊東先生の欧米中心主義と闘う世界史の重要性に目覚めました。川勝平太《かわかつへいた》氏[7]は西洋の「肥沃《ひよく》な三日月地帯」に対応するものとして、東洋の「豊穣の三日月地帯」を設定され、東洋と西洋のバランスを回復しようとされています。深草《ふかくさ》正博《まさひろ》氏[8]は世界史の展開における環境変動の重要性、羽田《はねだ》正《ただし》氏[9]は「現代にふさわしい新しい世界史を構想しなければならない」として、「現代日本における世界史の見方の最大の問題は（中略）、ヨーロッパ中心史観である」[9]と指摘されるようになりました。私も総編集者を務めた『講座　文明と環境』[6]（全一五巻・朝倉書店）のシリーズは現在でも参考になると語ってくれています[9]。私[10]は環境変動を意識した新たな世界史像の構築が今こそ必要であると述べましたが、深草氏[8]はその重要性に気づき、日本人の世界史観も大きく変わろうとしていると思われます。本当にありがたいことです。

同じことを言い続けることで、世の中が少しは変わってきたと実感します。伊東先生が主張されてから五〇年、『講座　文明と環境』[6]刊行から、実に二〇年以上の歳月がかかりました。

3　池田大作とレヴィ＝ストロース

宗教と科学

それからもう一人、池田大作《いけだだいさく》先生[11]がいらっしゃいます。池田先生は創価学会という宗教団体のトップの方です。比較文明の分野では、二八カ国語に翻訳された池田先生とA・J・トインビーとの対談[12]が有名です。そして今やSGI（創価学会インタナショナル）という組織は、新しい平和の時代をめざし、核戦争に反対し、全世界的に人類（ホモ・サピエンス）の平和を求める活躍をされています。

宗教団体であるため、アカデミーの世界ではなかなか評価されませんが、私は池田先生をもっと評価しないといけないのではないかと思っております。

廣池千九郎氏[13]は言うに及ばず、宗教と文明のかかわりの研究は、未来の比較文明学研究にとってなくてはならない課題になるでしょう。

欧米にも未来を読む人はいた

しかし、欧米にもトインビーやクロード・レヴィ＝ストロースなど欧米以外の文明の良さがわかる人もいたのです。レヴィ＝ストロースの研究では群を抜いておられた立命館大学の渡辺公三《わたなべこうぞう》氏[14]と、ブラジルのサンパウロ市でその足跡を訪ねたことがあります（図8-1）。その後、渡辺氏は亡くなってしまいましたが、日本人の研究者のなかにも渡辺氏のようにレヴィ＝ストロースの良さがわかる人がいたのです。

レヴィ＝ストロースは、南米の熱帯雨林にいる少数民族の人々もちゃんと文明を持っていると指摘していました。欧米の人々の間にも、自分たちの「物質エネルギー文明」の限界を意識し、新しい世界史や文明史を構築することの必要性を直感的に感じていた人が多くいることを、私たち日本人は知らねばならないでしょう。

4 アジア的生産様式とキリスト教

第二次世界大戦の敗戦以降、日本の歴史学界は、マルクス史観に呪縛されていました。K・マルクスは稲作漁撈《ぎょろう》社会をアジア的生産様式の代表として、徹底的に批判しました。しかし、マルクスは『資本論』(15)を大英帝国の図書館で書き、アジアの稲作漁撈社会には、一度たりとも足を踏み入れたことがないのです。にもかかわらず、マルクスの概念は日本で高く評価され、稲作漁撈

【図8-1】ブラジル、サンパウロのレヴィ＝ストロースが暮らした家

社会は封建的だと断罪されました。

日本の歴史学者の多くはマルクス史観を金科玉条のようにしてやってきました。これが、戦後七〇余年間、日本人が間違った「生き方」をしてきた証しとなりました。

私は「東洋を復権する。稲作漁撈社会を復権する」と一生懸命言ってきたんですが、欧米の「物質エネルギー文明」の良さも吸収しなければいけない。そして日本人はこの欧米の「物質エネルギー文明」を、明治以降けなげなまでに吸収してきました。その方向は間違ってはいなかったと思います。日本人が欧米文明を選択したのは間違いではなかった。しかし自然を一方的に収奪する欧米の「物質エネルギー文明」だけでは、どうしようもないところにもはやきているのです。すべてが西洋でも、すべてが東洋でもだめです。半分は東洋、半分は西洋。この欧米文明と東洋の文明をうまく融合していけるのは、日本人しかいないんじゃないかと最近思うようになりました。

日本人は第二次世界大戦の戦争に負けて、自信を失いました。戦後七〇余年間で一番悪いのは付和雷同する研究者です。人の「生き方」として、私はやってはいけないことだと思っています。でもそういう学者が実に多い。そういう人を、偉い学者だと思ってやってきたことが日本の社会、とりわけ私の所属した地理学会をおかしくしたのではないでしょうか。

人のトップに立つ人間は、未来が読めないといけません、未来が読めない人がリーダーになったときには、その下にいる人は苦労します。池田大作先生や稲盛和夫《いなもりかずお》先生[16]、そして梅原猛先生[17]・梅棹忠夫《うめさおただお》先生[18]・伊東俊太郎先生[19]はもう五〇年以上前に、今と同じことを言っておられました。つまり五〇年後の未来をちゃんと予測しておられたのです。

5 「肥沃な三日月地帯」は禿山だった

欧米中心主義のおかしさ

図8-2下は皆さんがかつて高等学校の世界史で勉強された「肥沃《ひよく》な三日月地帯」の現在の風景です。ヒツジが草を食《は》むテル・レーラン遺跡から撮影したものです。メソポタミア文明のルーツは「肥沃な三日月地帯」だと教えられました。しかし、これが現状です。「肥沃な三日月地帯」は禿山《はげやま》の岩だらけの山でした。何が肥沃ですか。禿山の岩山が広がっているだけです。これが世界史で教えられた「肥沃な三日月地帯」なのです。

シリアのガーブバレイというところの湿地の花粉分析をやってみました[20]。そうしたら、一万年以上前にはそこに豊かな森があったんです。だけど一万年前から森が人間と家畜によって破壊されて、五〇〇〇年前にはもう今と同じような岩だらけの禿山になっていたんです[21]（図8-3）。

そのことを知った上で、世界史の先生が「肥沃な三日月地帯」と言うんだったらまだいい。そ

【図8-2】シリア、北西部のテル・レーラン遺跡のヒツジの群れ（上）とテル・レーラン遺跡から見た遠方の肥沃な三日月地帯（下）

【図8-3】レバノン、レバント回廊の初期混合農業・畑作牧畜農業のやり方が確立した場所。5000年前にはすでに現在と同じように森が荒廃した風景になっていた

【図8-4】中国、湖南省の稲作漁撈の村。現代でも豊かな大地が維持されている（撮影：竹田武史）

ういう説明もなしに、「肥沃な三日月地帯」で文明が誕生したんだと教えられます。しかし、そこへ行ったみたら今は戦争して岩だらけの禿山が広がっているだけです（296頁の図7－11参照）。そんなところを「肥沃な三日月地帯」と言っていたことに大きな誤りがあるのではないでしょうか。

「かつては肥沃だったけど今は禿山の岩山が広がっているだけ。とてもそこでは人間は暮らせない。これが自然を一方的に収奪するメソポタミアではじまった畑作牧畜民の文明原理を示している」と、高等学校の世界史の先生は教えなければいけないのではないでしょうか。

これに対して、私たちが発掘調査した六〇〇〇年前の稲作漁撈民の都市型遺跡の中国・湖南省の城頭山《じょうとうざん》遺跡（59頁の図2－6参照）は、今も肥沃で、そこで農民が暮らしているのです。六〇〇〇年前も今も豊かな大地が広がっているのです（図8－4）。

つまり私たちが勉強してきた世界史というのは、欧米の畑作牧畜民がつくった世界史だったということです。メソポタミア文明・エジプト文明・インダス文明・黄河文明の四大文明は、いずれもパンを食べてミルクを飲んで、肉を食べる人々がつくった文明です（黄河文明はパンではなく饅頭です）。四大文明は今のヨーロッパ人と同じ、アメリカ人と同じ、畑作牧畜民がつくった文明なのです。だから欧米人は、畑作牧畜民の文明は理解しやすかったんです。

西暦一九七四年に私も欧米中心史観におかしさを感じた

戦後日本ではマルクス史観が隆盛しましたが、それに対してノーを突きつけたのが廣池千九郎先生だったり、梅原猛先生、梅棹忠夫先生、そして伊東俊太郎先生でした。でも大半の歴史学者はマルクス史観にノーと言えなかった。

私がそのおかしさに気づいたのは西暦一九七四（昭和四九）年[22]のことです。以来私は四〇年以上、同じことを言っているんです。それが新しい未来を拓くんだという確信がなかったら同じことは言えません。

付和雷同する学者は二流なのです。梅原先生・梅棹先生・伊東先生、そして稲盛先生や池田先生も、昔も今も同じことを言われている。同じことを五〇年間言い続けている。それでやっと世の中、少し変わるんです。同じことを言い続けなければ、世の中は変わりません。

6 日本の歴史と伝統文化が評価されはじめた

私は国際日本文化研究センターを西暦二〇一二（平成二四）年三月に定年退職しました。そのころとはガラリと変わり、今は京都駅へ行くと、中国語、英語、ロシア語、スペイン語など、いろいろな国の言葉が聞こえてきます。現在の京都駅は雑踏で溢《あふ》れ、世界中の観光客が押し寄せています。日本人の持っている歴史と伝統文化、そして日本列島の風土、そこから生まれたおもてなしの心や安全性に、やっと諸外国の人々も気づいてきたのです。

その後、東北大学大学院教授を経て「ふじのくに地球環境史ミュージアム」の館長になりました。それは、「サムシング・グレート」[23]のおかげではないかと私は思っています。

「ふじのくに地球環境史ミュージアム」と「静岡県富士山世界遺産センター」の合同会議をやることになり、稲盛先生の『京セラフィロソフィ』[24]をテキストに使って「ミュージアム・フィロソフィ」をやることにしました。ところが、一回目や二回目は、「どうして館長は倫理や道徳をわれわれに教えるんだ」という気持ちが伝わってきました。でもそれにも負けずやり続けた。そうしたら三回目あたりから乗ってきたんです。そして今やもう、この会議の前に、必ず一人が一〇ページぐらいずつ発表するんです。それに対する意見のディスカッションが、一時間近く続くんです。そういう時代になってきました。

7 森里海の生命《いのち》の「水」の循環を守る

欠端實《かけはたみのる》先生のご著書(25)には、多くの美しい棚田(図8-5)が出てきますが、こういう棚田をどうしてつくれるか。畑作牧畜民、欧米文明の一神教の世界に住んでいる人は、そんな急傾斜地へ行ったら、ヒツジとヤギを放牧して昼寝しているだけです。でも、稲作漁撈民は違うんです。上から下まで全部「水」が行き渡る水田をつくる。しかも真っ平らの「水」がたまる棚田をつくらなきゃいけないから、どれだけ大変な労働か。これはおじいさんの水田、

【図8-5】中国、貴州省の棚田(撮影:竹田武史)

これはお父さんの水田、これは僕のですよと、営々と、大地に自らのエネルギーを投入して不毛の大地を豊かな大地に変えることをくりかえしてきた。これが稲作漁撈民なんです。

一方で海に目を向けますと、例えば駿河湾では「サクラエビ」がたくさん取れます。それで私が「富士山の湧水がサクラエビを育てるんだ」と言ったけど、なかなか理解してもらえなかった。「どこにそんな証拠があるんですか」と言われる。ところが、静岡県環境衛生科学研究所の村中《むらなか》康秀《やすひで》氏が調べたら、駿河湾の海底からバナジウムをたくさん含んだ淡水が湧き出していたのです（『静岡新聞』二〇一六年五月二五日付朝刊）。バナジウムを含んだ淡水は富士山から流れ下っている地下水です。

だから森里海の生命《いのち》の「水」の循環が、東洋の稲作漁撈社会を支えている基本だということです。富山湾では「シロエビ」が取れます。その富山湾と、「サクラエビ」が取れる静岡県の駿河湾はともに「世界で最も美しい湾クラブ」に加盟することが、西暦二〇一六（平成二八）年に認定されました。

「シロエビ」が取れる富山湾と「サクラエビ」の取れる駿河湾は、紅白のおしどり夫婦として、日本海側と太平洋側を代表する美しい湾として認定されたのです。それは日本人の祖先からの贈り物です。立山連峰と富士山を擁し、森里海の生命《いのち》の「水」の循環を守ってきたライフスタイルが生み出した宝物でした（図8-6）。

聖なる山があって、里山をつくって、そこから生命《いのち》の「水」が流れ下って、水田と里を潤《うるお》し、豊かな海を維持している。生活の基本に生命《いのち》の「水」の循環があるということ、これが稲作漁撈民の世界的な価値なんです。

8 世界の標準になった

年縞《ねんこう》による時間軸

私が研究しているのは、年縞《ねんこう》(varved sediments)というものです。年縞という用語は二〇一八年版の『広辞苑』（第七版）にも採用されました。

【図8-6】静岡県薩埵峠からの富士山と駿河湾。富士山と駿河湾は地球規模から見たら絶壁である。その絶壁にはりつき、森里海の生命（いのち）の「水」の循環システムを守り維持してきたのが、日本人だった（撮影：大野剛）

その年縞を一躍有名にしてくれたのは、中川毅《なかがわたけし》氏の本(26)でした。彼は私の弟子というにはおこがましいほどに優秀で、四〇歳でイギリスのニューカッスル大学の教授になり、それでもイギリスは自分の骨を埋める大地ではないということで、日本に帰り、今は立命館大学総合科学技術研究機構古気候学研究センターの教授になっています。

今まで過去を調べる時間軸は、放射性の炭素同位体という方法を使って、±一〇〇年というような統計上の誤差がある時間軸を使っていたわけです。ところが、例えば、福井県の水月湖《すいげつこ》や秋田県の目潟《めがた》、あるいはイスラエルの死海、エジプトのカルーン湖、グアテマラのペテシュバトゥン湖など、こういった湖の底に年縞というものが見つかったわけです。

欧米文明の人々は、時間を支配することが文明を支配することだと考えました。江戸時代の日本人は、現在と異質の太陰暦の下で暮らしていました。西暦一八七二(明治五)年一一月九日に明治政府は改暦詔書を出し、同年一二月三日に太陰暦から太陽暦に改暦されて、西暦一八七三(明治六)年一月一日となりました。

太陰暦の下に暮らしていた明治時代の人々は、西暦一八七二(明治五)年一二月三日以降、ヨーロッパの太陽暦、グレゴリウス暦に従った時間軸の下、時間が推移するようになりました。現在の時間軸の基本はイギリスのグリニッジ天文台にあることから見ても、時間を支配するということが、いかに重要なことかわかります。

私が福井県の水月湖で年縞を発見したのが西暦一九九三（平成五）年でしたが[27]、それが世界の標準になることはありませんでした。世界の標準になったのは、中川氏がイギリスのニューカッスル大学の教授（日本は専任の研究員になれば教授になれるが、イギリスなどヨーロッパでは教授になれるのは何人もの研究員のなかでたった一人）に四〇歳の若さでなってからでした。

世界の標準になったアジア人の発見

西暦二〇一二（平成二四）年の『福井新聞』の写真記事（図9-7）を紹介します。向かって左から二番目が中川毅氏。三番目が名古屋大学教授の北川浩之《きたがわひろゆき》氏です。このお二人は私の弟子というとおこがましいですが、一緒に年縞を研究してきた仲間です。

私は水月湖のボーリングコアで年縞を見つけ、北川

福井新聞
2012年（平成24年）10月19日（金曜日）
水月湖（若狭町）堆積物が"物差し"
日欧チーム
5万年 精密に年代測
世界中の化石で適
福井新聞
早川歯科医院

【図9-7】『福井新聞』2012年10月19日付

氏や中川氏が一生懸命年縞を研究をしてくれたのです。そしてとうとう水月湖の年縞から明らかになった過去の時間軸が、世界の標準になったわけです。

記者発表には雑誌『Science』のエディター（図9-7の一番左の人）までやってきました。北川氏と中川氏の研究によって、アジア人がつくったスタンダードが、世界のスタンダードになったのです。

「欧米人がつくり出した物質エネルギー文明は素晴らしいものです。こんな豊かな物質に恵まれた環境をつくったことは事実です。しかし、あなたたちの文明の原理は自然を一方的に収奪するという闇《やみ》を持っていたのではありませんか。例えば、森を一方的に破壊したでしょう[28]」「アジアの稲作漁撈社会、あるいは縄文社会は、この美しい自然とともに、千年も万年もこの美しい地球で生き続けることに最高の価値を置いていますよ」と言い返すときにきたのではないでしょうか。すでに気づいている人もいるでしょうが、そのことを彼らに認めさせないといけないのではないでしょうか。

東洋の稲作漁撈の文明原理あるいは縄文の文明原理に立脚した世界が半分、そして欧米の「物質エネルギー文明」に立脚した世界が半分。半分半分で、これで東洋と西洋のバランスを取っていく必要があるのではないでしょうか。それができるのは、明治以降、欧米の文明原理を真摯《しんし》に導入したにもかかわらず、江戸時代以降の歴史と伝統文化をも失わなかった日本人をおいて他にないと思うのです。

日本において東洋と西洋の文明原理が融合するというふうになれば、なんと素晴らしいことでしょう。

9 思いは伝わる

最澄は一二〇〇年後の未来に評価された

私たちの生命《いのち》には限りがありますから、後継者をどう育成するかが重要な課題になります。私は稲盛先生や梅原先生・伊東先生の思想に影響されて、それらの諸先生の教えを一生懸命になって勉強しました。それで私ができることをやりました。でも私の考えを次の世代に伝達しなくてはいけない。年縞の研究は北川氏や中川氏、そして山田和芳《やまだかずよし》氏に受け継がれています。彼らもまた弟子をつくるでしょう。

人の思いは伝わるということです。弟子をつくることができる人は幸せです。

何もそれは弟子じゃなくても、自分の家族に理解してもらってもいい。お子さんやお孫さんに、自分の思いを伝えることが重要です。

それが自分が生きた証しです。自分の生命《いのち》が消えるそのときに、自分のことを忘れないで継承してくれるのは誰か。それは弟子であり家族であり後継者です。その思いを伝える。これが何よりも私は重要なことだと思います。

最澄《さいちょう》は「草木国土《そうもくこくど》悉皆成仏《しっかいじょうぶつ》」、生きとし生けるものはみんな仏だとおっしゃった。でも最澄が死ぬときには、まだ南都六宗の人々は「反最澄」で固まっていました。

最澄は「一向大乗戒壇」を指摘されました。それは、「女性も生きとし生けるものはみんな往生できる」という教えです。それに対して南都六宗の人がノーと言った。その代表が徳一《とくいつ》です。[29]

徳一は「そうじゃない。ちゃんと修行しなければ仏にもなれないし、女性はましてや往生できない」と言われた。ところが最澄は、「生きとし生けるもの、すべてが仏になれて往生できるんだ」と言われたのです。

最澄はまったく評価されることなく、不遇のうちに死んでいきました。でもそのときは不遇でも、最澄が開闢《かいびゃく》した比叡山はその後、学問の府として千年以上、数々の大天才をこの世に送り出しました。そして最澄の思想は、一二〇〇年後の今日でも生きているわけです。

今、評価されなくても千年後に評価されるときがくるかもしれない。自分の考えが一〇〇年後に評価されるかもしれない、いや千年後に評価されるかもしれない。そう思って、どうか生ききってほしいものです。

第八章　引用・参考文献および注

（1）Oswald A.J. Spengler, (1918,1922) : *Der Untergang des Abendlandes,vol.1,vo.2*（O・シュペングラー『西洋の没落』村松正俊訳、五月書房、一九七七年）
（2）O・シュペングラー『西洋の没落　ニュー・エディション』村松正俊訳、五月書房、二〇一五年
（3）安田喜憲『環境文明論――新たな世界史像』論創社、二〇一六年
（4）伊東俊太郎編著『人類文化史2　都市と古代文明の成立』講談社、一九七四年
（5）安田喜憲『世界史のなかの縄文文化』雄山閣、一九八七年
（6）梅原猛・伊東俊太郎・安田喜憲総編集『講座　文明と環境（全一五巻）』朝倉書店、一九九五～一九九六年
（7）川勝平太『文明の海洋史観』中公叢書、一九九七年
（8）深草正博『環境世界史学序説』国書刊行会、二〇〇一年

深草正博『グローバル世界史と環境世界史』青山社、二〇一六年
(9) 羽田正『新しい世界史へ――地球市民のための構想』岩波新書、二〇一一年
秋田茂・永原陽子・羽田正・南塚信吾・三宅明正・桃木至朗編著『「世界史」の世界史』ミネルヴァ書房、二〇一六年
(10) 安田喜憲『文明の環境史観』中公叢書、二〇〇四年
(11)『池田大作全集(全一五〇巻)』聖教新聞社、一九八八～二〇一五年
(12) A・J・トインビー・池田大作『二十一世紀への対話』文藝春秋、一九七五年
(13) 廣池千九郎『廣池博士全集(全四巻)』モラロジー研究所、一九七五年
(14) 渡辺公三『闘うレヴィ＝ストロース』平凡社新書、二〇〇九年
(15) Karl Markx : *Das Kapital*. Velag von Otto Meissne, Hamburg, 1867.
(16) 稲盛和夫『生き方――人間として一番大切なこと』サンマーク出版、二〇〇四年
(17)『梅原猛著作集(全二〇巻)』集英社、一九八一～一九八三年
『梅原猛著作集(全二〇巻)』小学館、二〇〇〇～二〇〇三年
(18) 梅棹忠夫「文明の生態史観序説」『中央公論』第72巻第2号(一九五七年二月号)、中央公論社
梅棹忠夫『文明の生態史観』中央公論社、一九六七年
『梅棹忠夫著作集(全二二巻・別巻一)』中央公論社、一九八九～一九九三年
藍野裕之『梅棹忠夫――未知への限りない情熱』山と渓谷社、二〇一一年
(19) 伊東俊太郎『比較文明と日本』中公叢書、一九九〇年

『伊東俊太郎著作集（全一二巻）』麗澤大学出版会、二〇〇八〜二〇一〇年
(20) Yasuda, Y., Kitagawa, H., Nakagawa, T.: The earliest record of major anthropogenic deforestation in the Ghab Valley, northwest Syria. *Quaternary International*, 73, 2000.
(21) Yasuda. Y. (ed.) : *Forest and Civilisations.* Lustre Press and Roli Books, Delhi, 2001.
(22) 安田喜憲「農耕伝播による人類の森林破壊の比較歴史地理学的研究——イギリスと日本」『人文地理』26巻6号、一九七四年
(23) 村上和雄『サムシング・グレート——大自然の見えざる力』サンマーク出版、一九九九年
(24) 稲盛和夫『京セラフィロソフィ』サンマーク出版、二〇一四年
(25) 欠端實『聖樹と稲魂——ハニの文化と日本の文化』近代文芸社、一九九六年
欠端實「稲作漁撈文明と人類の未来」安田喜憲ほか『対論　文明の風土を問う——泥の文明・稲作漁撈文明が地球を救う』麗澤大学出版会、二〇〇六年
(26) 中川毅『人類と気候の10万年史——過去に何が起きたのか、これから何が起こるのか』講談社ブルーバックス、二〇一七年
(27) 安田喜憲『一万年前——気候大変動による食糧革命、そして文明誕生へ』イースト・プレス、二〇一四年
(28) A. Goudie : *The human impact on the natural environment.* Basil Blackwell, New York, 1981.
(29) 白岩孝一『徳一と法相唯識』長崎出版、二〇一一年
白岩孝一『徳一を尋ねて』88新書　NPO法人会津の文化づくり、二〇〇七年

第九章

新たな文明を生み出すライフスタイル

1 動物文明と植物文明

すき焼きを食べるようになったのは明治から

人類文明史には自然を一方的に搾取《さくしゅ》し砂漠に変える「動物文明」と、この美しい地球で千年も万年も生き続けることに最高の価値を置いた「植物文明」があることを述べてきました。

私がこのことを最初に指摘したのは、石弘之《いしひろゆき》氏と湯浅赳男《ゆあさたけお》氏との鼎談[(1)]でした。石氏が「それなら『動物文明』と『植物文明』でいいのではないか」と言われたのがはじまりです。「動物文明」の代表が畑作牧畜文明であり、「植物文明」の代表が稲作漁撈《ぎょろう》文明でした。

欧米の諸文明は「動物文明」の畑作牧畜文明に分類され、伝統的な日本文明は「植物文明」に分類され、その代表が稲作漁撈文明でした。この「植物文明」としての稲作漁撈文明の価値をもう少し評価してもいいのではないかというのが私の主張でした。私はこのことを主張するために研究者の道（図9-1、図9-2）を歩んだのかもしれません。

「動物文明」の代表の畑作牧畜民は、パンを食べミルクを飲んでバターやチーズをつくり、肉を

【図 9-1】広島大学時代の筆者。左は奈良の国際シンポジウム、右は最初の海外での調査地の韓国にて（ともに撮影者不明）。広島大学での学問研究のなかで実感した格言は「青年老い易く、学成り難し」ということだった

【図 9-2】左上：福井県水月湖で年縞を発見したボーリング（1991 年）。左から中川毅氏、筆者、岡村真氏、一人おいて福澤仁之氏（撮影：上野晃）／右上：トルコの学術調査にて（撮影：西村弥亜）／左下：エジプトの学術調査にて（撮影：フェクリ・ハッサン）／右下：グアテマラ・ティカル遺跡の学術調査（撮影：福澤仁之）

食べる。これに対し「植物文明」の代表の稲作漁撈民は、米を食べて発酵食品をつくり魚介類を食べました。

もちろん現代の日本人は肉も食べ、パンやミルクも飲みますが、それは明治以降のことです。「すき焼き」を食べるようになったのも明治以降で、たかだか一五〇年の歴史しかないのです。

しかもパン食が普及し、ミルクを飲むことが普及したのは、第二次世界大戦の敗戦以降のことなのです。(2) 縄文時代以来の約一万五〇〇〇年にわたる日本人の長い歴史から見れば、われわれ日本人が家畜を飼いミルクを飲むようになったのは、ほんの最近のことなのです。

明治以前にも家畜の肉を食べミルクを飲んだ時代はありました。それは古墳時代です。だがそれはほんの一時のことであり、天武《てんむ》天皇の「肉食禁止令」(西暦六七五〔天武四〕年)の施行以降、家畜を飼い肉を食べミルクを飲むことは次第にすたれていったのです。そして神仏習合思想の普及のなかで、日本人はそれ以降一二〇〇年以上にわたって、「すき焼き」は食べなかったのです。

生きるためにはタンパク質の摂取は必要不可欠

もちろん、人間は生きるためにはタンパク質を摂取しなければいけません。炭水化物のみでは優秀な頭脳はつくられないのです。優秀な子孫を残そうと思えばタンパク質が必要ですが、家畜の肉を食べることをやめ、ミルクを飲むことをやめた日本人は、魚介類の肉からタンパク質を摂取したのです。野生のイノシシやシカ、さらにはキジや水鳥のなど野生の動物も、貴重なタンパク源となりました。しかし、ミルクを飲むことは普及しなかったのです[2]。

ここでお断りしておかねばならないのですが、私は肉もパンもミルクも大好物です。それらを否定するためにこの話をしているわけではありません。私の母方の祖父は乳牛二〇〇頭以上も飼う、すぐれた商売人でした。早く父を亡くした私たちは、この母方の経済力で養育されたのです。だから今でも祖父には深く感謝していますし、その経済力を生み出した乳牛とミルクと肉も大好きです。ミルクを飲み肉を食べることで育ったことに感謝しているのです。

そんな私が、ミルクを飲んで肉を食べる畑作牧畜民が森を破壊した事実を講演で述べたとき、講演にきていた叔母は泣いていました。「本当に罰当たりな、先祖に対する感謝の念もない子だ」と思ったことでしょう。その叔母も死んでしまいました。それでも、事実は事実として伝えなくてはならないのです。そのなかからきっと新しい文明の時代が生まれてくるのだと私は思います。家畜をともなった畑作牧畜農業は森を破壊するという事実を、私は自分の生い立ちをかけて言っているのです。

その「動物文明」のライフスタイルだけでは、もはやこの地球上に誕生した生きとし生けるものとともに、千年も万年も暮らし続けていけない時代にさしかかっているのではないかというのが、私の問いかけでした。

動物文明半分・植物文明半分

「どうしてお前は動物文明のことをそんなに攻撃するのだ。この豊かなライフスタイルも動物文明のおかげでできたのではないか」という批判をよく受けました。たしかにその意見は正しい。私たちは「動物文明」の代表である欧米文明の力によって、このような豊かで便利なライフスタイルを構築できたのです。しかしこれからは「動物文明」だけでは、人類（ホモ・サピエンス）は生き残れないのではないでしょうか。

その証しが大村智《おおむらさとし》氏が西暦二〇一五（平成二七）年のノーベル生理学・医学賞を受賞されたことに象徴されていると思うのです。土壌中に生息するバクテリアや菌類が人間の生命活動の維持に深くかかわっていることがわかってきたのです。土壌中のバクテリアがアフリカの人々を失明から救ったのです。そうした土壌中の生命活動については、私たち人類（ホモ・サピエンス）はまだ何も知らないといってよいのです。

家畜が人類（ホモ・サピエンス）を幸せにしてきたことは事実です。しかし、この生命の惑星・地球では人間と家畜だけでは生き続けていけないのです。そのことにやっと人々は気づきはじめたのではないでしょうか。

日本のキリスト教徒の方は、欧米のキリスト教徒とは異なり、多神教についても理解を示され、一神教が抱えている闇《やみ》をよく知っておられます。同じように私はミルクを飲み肉を食べて育ったがゆえに「動物文明」が持つ闇をもっともよく知ることができるのです。もちろん「動物文明」にどっぷりと浸《つ》かってしまわれた方には、その闇は見えないかもしれませんが。

明治以降から西暦二〇一五（平成二七）年までは、「動物文明」を礼賛した時代であるといってよいでしょう。たしかに明治維新のときは、軍事力や物量など「物質エネルギー文明」において日本は、はるかに欧米列強に遅れていました。第二次世界大戦の敗戦までは軍事力、敗戦後は経済力で日本は勝負してきたように思います。だが縄文時代以来の、とりわけ江戸時代に培《つちか》った素晴らしい精神文明の伝統もあります。それが縄文時代以来日本人が持ってきた「生命文明の時代」「平和の時代」を創造する力になっているのだというのが私の主張でした。

「動物文明」の持っている闇にようやく「植物文明」の人々は気づきはじめたのではないで

【図9-3】シリア、乾燥地帯のシリア砂漠のベドウィン（上）と湿潤地帯のシンボル、アンコールトム（下）

しょうか。西暦二〇一五（平成二七）年末に放映されたＮＨＫとイギリスＢＢＣの共同制作の番組でも、日本列島の生物多様性が注目されるようになりました。私は「動物文明」の抱えた闇を告発し続けてきましたが、やっと一般の市民の方も、このことに気づきはじめたのではないかという気持ちです。

日本人が抱く自然への畏敬《いけい》の念は、日本列島の風土と日本人とのかかわりのなかで生まれたものです。ヨーロッパの自然風土と日本の自然風土は違います。農山漁村と都市の自然風土も違います。その「風土」の違いを明白にし、自然との関係をこれから考えていかなければいけないのです（図9-3）。欧米人の自然とのかかわりを勉強するのはいいでしょう。しかし、それに日本人の自然観を合わせる必要はまったくないのです。

科学や学問は、世の中の一歩先をリードしなければなりません。ときには常識を欠いたとさえ見えるその科学者の指摘が、二〇年後、いや四〇年後の未来を見通しているのです。

2 畑作牧畜文明と稲作漁撈文明

一万五〇〇〇年前の地球温暖化

何を食べるかは文明の精神と文明の原理を反映するのみならず、自然破壊の程度に大きな影響を与えます。例えば畑作牧畜民の欧米文明は、拡大の過程において地球の森という森を徹底的に破壊し尽くしました。これに対し稲作漁撈民の東洋の文明は、生きとし生けるものの生物多様性を温存し、生命《いのち》の「水」の循環系を守ったのです。

そうした畑作牧畜文明と稲作漁撈文明の分かれ道は、約一万五〇〇〇年前に引き起こされた地球温暖化にあります。一〇万年以上にわたる長かった氷河時代が終わり、晩氷期という温暖な時代に移り変わるのが約一万五〇〇〇年前のことです。

福井県水月湖《すいげつこ》の年縞《ねんこう》の花粉分析結果[3]は、約一万五〇〇〇年前の地球温暖化を世界で初めて明らかにしました。分析の結果、地球温暖化によって、氷期型の寒冷気候に適応したトウヒ属が減少を開始して消滅するまでに、約一九〇年の年月がかかっていることが明らかとなったのです。

つまり約一九〇年以内に、日本列島の年平均気温が摂氏五〜六度上昇したのです。その急激な地球温暖化に生態系の変化は追いつけなかった。水月湖周辺に後氷期型のブナやナラ類、スギが安定的に成立したのは、急激な地球温暖化が引き起こされてから五〇〇〇年以上も経《た》った約一万四五〇〇〇年前のことでした。

吉野《よしの》正敏《まさとし》氏[4]は、ユーラシア大陸の気候を、「モンスーンアジア」「乾燥アジア」「大西洋アジア」「北方アジア」に大きく区分しました。こうしたユーラシア大陸の気候区分が成立したのも約一万五〇〇〇年前のことです。湿潤なモンスーンアジアの風土の下で稲作漁撈文明は誕生し、夏には乾燥する冬雨地帯の大西洋アジアの風土の下で畑作牧畜文明は誕生したのです。

夏雨地帯のモンスーンアジアの人々は夏作物（夏に成長する作物）の稲を栽培し、タンパク質を魚介類に求めるライフスタイルを確立し、冬雨地帯の大西洋アジアの人々は冬作物（冬に成長する作物）の麦類を栽培し、家畜を飼い、ミルクと肉にタンパク質を求めるライフスタイルを確立したのです。

そしてこの夏作物の稲を栽培し、魚介類にタンパク質を求める稲作漁撈文明と、冬作物の麦類を栽培し、ヒツジやヤギといった家畜のミルクと肉にタンパク質を求める畑作牧畜文明が誕生しました。麦作と牧畜がセットになった混合農業といわれる畑作牧畜農業は、生産性が高く、都市文明をいち早く達成したとこれまで考えられてきました。

自然を収奪する畑作牧畜文明

ところが、その畑作牧畜文明は自然資源、とりわけ森を一方的に収奪するという大きな闇を抱えていたのです。事実、人類が最初に都市文明を手にした場所だと指摘されてきたメソポタミアの「肥沃《ひよく》な三日月地帯」（329頁の図8—2）は、現在では、岩山の禿山《はげやま》と化しています。ここに森が存在したとは、とても思えない。しかし、一万年前まではここに豊かなマツ類とナラ類の混合林が存在したのです(5)(6)。

その森が過去一万年の間に完全に消滅したのです。その森を消滅させたのは人間と家畜による森林破壊です。この荒涼とした岩山の風景は、この畑作牧畜文明がいかに自然の資源を一方的に収奪してきたかを物語るものです。

もちろん畑作牧畜民の人々が森を破壊し、自然の資源を収奪しようとして生きたわけではありません。少しでも豊かな暮らしをしたいと思って生きただけです。それが世界中の自然の資源を収奪し、森という森を破壊し尽くす結果をもたらしたのです。

パンを焼いたり家を建てたりする日常の畑作牧畜民の活動以上に、ヒツジやヤギ、あるいはブタやウシなどの家畜が森を食いつぶしたのです。ヒツジやヤギは森の下草を食べ、若芽を食べるだけではありません。ついには幹の薄皮まで食べ尽くすのです。ウシは草の根っこまではしゃぶり尽くせない口の構造になっています。しかし、ヤギの顎《あご》はしゃくり顎になっていて、草を根こそぎ食べ尽くすことができるのです。

メーメーと鳴くかわいい子ヒツジも、森の視点から見ると悪魔に見えます。私にとっては、ニュージーランドの緑の牧草地にへばりついて草を食べる白いヒツジは、大地のエネルギーを収奪する白いシラミに見えたのです（104頁の図2−40）。

パンを食べミルクを飲み肉を食べるライフスタイルは、自然資源を収奪できる環境が維持されている限り、生産性の高いものでした。しかし、いったん人間と家畜の収奪が自然資源・自然の可容力を上回ったときに、限界に達するのです。

畑作牧畜民の文明原理に立脚した産業革命も、自然資源を一方的に収奪するものでした。産業革命は家畜に代わって機械が導入されただけだと私は考えています。自然の資源を一方的に収奪するというライフスタイル・文明の原理は、なにも変わらなかったのではないでしょうか。いや、より自然からの収奪が大きくなったと思います。こうして畑作牧畜民は近代化をいち早く達成し、世界の森という森を破壊し、地下資源までも収奪し尽くそうとしています。

だが二一世紀に入って、畑作牧畜民のライフスタイルと文明原理をこのまま続けることは、無理なようです。西暦二〇五〇～二〇七〇年に現代文明が危機を迎えることが、明白になってきたからです(7)。

他人に親切にすると寝たきり老人にならない

その畑作牧畜民のライフスタイルに代わって、注目されてきたのが、稲作漁撈民のライフスタイルです。稲作漁撈民は生命《いのち》の「水」をためる水田をつくらなければなりません。自分の水田に入ってきた「水」は自分のものですが、使い終わったらきれいにして次の水田に返さなければならない。その次の人もまた同じことをくりかえしていく。こうして上流と下流の人が、生命《いのち》の

「水」の循環でつながる社会が構築されたのです。

その社会で生きていくためには、自分の欲望を一〇〇%全開にするのではなく、他人の幸せ、さらには生きとし生けるもののために、きれいな「水」を残しておかねばならなかったのです。「利他の心」がなければこの稲作漁撈社会では生きていけないのです。

「他人に親切にすると寝たきり老人にならない」という報告が、NHKの番組『ためしてガッテン』(二〇一八年六月六日放送)でも放送されるようになりました。一昔前までは日本も、お隣に借り物に行ったり、逆にお隣に差し上げものをしたりするのが普通でした。

西暦一九九二(平成四)年にアメリカで、訪問先の家を間違え、ハロウィンの仮装した姿でドアに近づいた日本人留学生が、ピストルで射殺されるという痛ましい事件がありました。他人を信じない社会が事件の背景にあるのではないでしょうか。

大切なことは人を信用・信頼するということです。それは自然を信じるということにつながると思います。そして、人が人を信用・信頼することが、あなたの生命《いのち》の維持にも深く関係しているという考えが広まれば、平和な時代がそこまでやってくるように私には思われます。

私たち人間は地球という限られた惑星の中で誕生した家族なのです。地球を一歩外に出れば酸素がなく、飛び交う宇宙線から身を守らなければならないのです。これまで私たちは他人を信じない文明をめざしてきましたが、これからは他人を信じる文明を構築していかなければならないのではないでしょうか。

生命《いのち》の「水」の循環を守り通した稲作漁撈民

稲作は麦作にくらべて大変手間がかかります。まず水平に「水」をためる水田をつくり、畦《あぜ》をつくらなければなりません。そして種籾《たねもみ》を選定し、苗代《なわしろ》をつくって苗を育て、田植えをして毎日「水」を替え、田の草をとって、害虫を退治し、稲刈りをやり、はさ（稲架）に干して乾燥させて、やっと取り入れすることができるのです。さらに取り入れてからも、脱穀《だっこく》と籾干し、そして臼でついて籾摺《す》りと精米を行い、ご飯を炊く必要があります。しかも、小石が一つ入っていただけで、ガリッと歯に当たるので、細心の注意が必要です。

生命《いのち》の「水」の循環を維持する稲作漁撈民がつくり出す水田は、生物多様性の宝庫でした。ヤゴやゲンゴロウ・ミズスマシなどの水生昆虫のみでなく、コイやフナ・ドジョウ、ときにはウナギなどの魚類、タニシなどの貝類、ミミズや水草に至るまで、そこは生きとし生けるものの天国だったのです。

人間の心は「風土」と密接にかかわっているというのが私の仮説です。生命《いのち》の「水」の循環を守り、生きとし生けるものとともに暮らしてきた稲作漁撈民にとっての最高の価値とは、「千年も万年もこの美しい地球で、生きとし生けるものとともに暮らし続けること」だったのではないでしょうか。

これに対して麦類の栽培は簡単です。麦類は斜面でも栽培できます。一一月頃、雷とともに冬雨が到来する前に畑を鋤《すき》で耕し、麦類の種をぱらぱらまいて、あとは放っておくだけです。雑草も害虫も繁殖しない冬に麦類は成長しますので、手間が要《い》りません。あとは取り入れを待つだけです。日本では昔、麦踏《むぎふみ》というのをやりましたが、地中海沿岸でそれをやっている光景を見たことはありません。

調理も簡単です。シリアの調査のとき、焼きあがったパンが熱いので、それを土ほこりの舞う道路で冷ましている光景に何度も出合いました。お米なら石やほこりが混じったら大変ですが、パンはパンパンとその土ほこりを払えば問題ないのです。

こうした畑作牧畜民がめざしたのは、人間と家畜のみの世界だったのではないでしょうか。人間と家畜だけしかいない世界。それはなんと荒涼とした世界でしょうか。

なんという世界史を勉強してきたのか

これまで私たちが世界史で勉強した四大文明はすべて畑作牧畜民の文明でした。メソポタミア・エジプト・インダス・黄河はすべて、パン（饅頭）を食べミルクを飲み肉を食べる畑作牧畜民の文明でした。そのことに私たちは何の疑問も挟まなかったのです。それどころか、「畑作牧畜民だけが文明を持っていたのはおかしい」という私の意見さえ黙殺されようとしたのです。

パンを食べミルクを飲み肉を食べる畑作牧畜民のライフスタイルは、欧米人と同じライフスタイルです。うがった見方をすれば、だから欧米人は畑作牧畜型の文明は容易に理解できたと言えるかもしれないのです。

だが精緻で複雑な工程を必要とする稲作漁撈民が文明を持っていないはずはないのです。人類の文明のはじまりは四大文明にあるというのは、完全に誤りだったのではないでしょうか。

しかも、その欧米人が書いた世界史が、正しい世界史、歴史的事実を書いたものだとして、当の稲作漁撈民の日本人も、戦後七〇余年間、まったく疑うことはなかったのです。私自身もほんの最近まで人類文明史のルーツは四大文明にあると信じてきました。

戦後の日本人は自らの稲作漁撈文明に自信をなくしていたのです。戦争に負け、自信をなくした教育とは恐ろしいものであることを身をもって知らされます。

稲作漁撈民も文明を持っていた

でも、稲作漁撈民が文明を持っていたことが明らかになったのです。長江文明の発見がきっかけです[8][9][10]。そうした稲作漁撈民がつくり出した長江文明は四大文明と同じ六〇〇〇年前には、すでに形成されていたのです。

そして、人類文明史の発祥地とされる畑作牧畜民の「肥沃な三日月地帯」とともに、稲作漁撈民の暮らした東アジアにも「肥沃な三日月地帯」があったのです。[11]私はこれを「東亜稲作半月弧」と呼びました。こうしてユーラシア大陸の人類文明の発祥の地は、稲作漁撈文明の「東亜稲作半月弧」と畑作牧畜民の「西亜麦作半月弧」になったのです。これまでの「人類文明の発祥地は四大文明であり、畑作牧畜民の独占物だ」という世界史の常識は、第二次世界大戦で敗戦し、「自らの歴史と伝統文化に自信をなくしたほんの一時の産物であった」と言われるときがもうやってきているのです。

こうした東洋と西洋のバランスを回復する優れた見解は中尾佐助《なかおさすけ》氏[12]や川勝平太《かわかつへいた》氏[13]によってすで

に指摘されていましたが、ようやく歴史学者にも受け入れられはじめたのです。

3 太陽の神話と星の神話

東西軸から南北軸への転換

ギリシャ神話は畑作牧畜民の神話であり、日本神話は稲作漁撈民の神話でした[14]。畑作牧畜民は星を崇拝し、稲作漁撈民は太陽を崇拝しました。星への信仰は北極星に代表されるように南北軸を重視し、太陽への信仰はその運行から東西軸を重視しました。人類文明史は北極星を中心とする南北軸の文明が、太陽を崇拝する東西軸の文明を、駆逐《くちく》し支配する歴史でもあったのです。

エジプトを案内してくださった吉村作治《よしむらさくじ》氏[15]は、エジプト文明も東西軸から南北軸に転換した事実を教えてくださいました。

東西軸から南北軸への転換は、太陽の神話から星の神話への転換、女性から男性への転換、循環的世界観から直線的世界観への転換など、いくつもの精神世界の変化と深くかかわっていたと思います。

日本の太陽神は女性の天照大神《アマテラスオオミカミ》です。つまり稲作漁撈文明の最高神は女性でした。これに対し、中国の黄河文明の太陽神は炎帝、ギリシャ神話の太陽神はアポロン、そしてキリスト教のイエスもイスラム教のマホメットもいずれも男性でした。つまり畑作牧畜民の最高神は男性であるということです。これは太陽を崇拝した女性中心の文明から、星を崇拝する男性中心の文明への転換を意味するのでしょう。

各民族の神話は、文明の精神と文明の原理を決定する原点のようなものであると思います。ところが第二次世界大戦に敗れた日本人は、畑作牧畜民のギリシャ神話を勉強し、星座も勉強しました。でも、稲作漁撈民の太陽の神話にいたっては、戦後七〇余年の間、小・中学校の教科書でさえ、まともに取り上げられることはありませんでした。ギリシャ神話は知っているが日本神話は知らないという子どもたちが大勢生まれたのです。私もその一人でした。

新嘗祭の復活

西暦二〇一五（平成二七）年一一月二三日の勤労感謝の祝日の京都は、外国からの観光客でごったがえしていました。外国の人々がようやく稲作漁撈民の文明原理の重要性に目覚めはじめたのでしょう。

勤労感謝の日はもともと新嘗祭《にいなめさい》という稲作漁撈民にとって、もっとも重要な豊穣の儀礼の祝日でした。豊かな収穫に感謝し、新米を神々に捧げ、翌年の豊作を祈る。それは稲作漁撈民の神話を持つ日本の神道にとって、もっとも重要な祝日であったはずです。

私は京都の上賀茂《かみがも》神社の新嘗祭に参加しました。新嘗祭は収穫祭であるからこそ、実りの秋の一一月二三日に行われるのです。単に勤労に感謝する日だったら五月一日のメーデーの日がよほどふさわしいと思います。

アメリカの大学を卒業した若い秘書にこのことを話したら、「新嘗祭という素晴らしい祝日があるのに、どうして『勤労感謝の日』にしたのですか」と怪訝《けげん》な顔をしていました。

新嘗祭の日、日本の天皇は今年収穫された新米と海の幸・山の幸を、神々とともに食されます。ノーベル賞を顕彰されるスウェーデンのグスタフ国王は、環境問題の解決に熱心で、毎年一週間ほど泊まり込みで、世界の著名な研究者を集められて、スウェーデンの首都ストックホルム以外の場所で研究会を開催されています。私もデンマークのグリーンランドとストックホルム郊外のハイランドで行われた二回の研究会に招聘《しょうへい》いただきました。そのとき日本の天皇がお田植えや稲刈りをなさるお話を申し上げました。そうしたら、「われわれは労働はしない。日本の天皇は労働をされるのか！」と驚いておられました。

畑作牧畜民のリーダーは労働をしないが、稲作漁撈民のリーダーは労働をする。自然の豊かな恵みに感謝する心を持って労働をする。ここが人間の幸せのために、自然を一方的に収奪する畑作牧畜民のライフスタイルとは異なるところではないでしょうか。

生きとし生けるものとともに、この美しい地球環境を維持しながら、千年も万年も生き続けることに最高の価値を置いた稲作漁撈民は、自然の恵みに感謝しながら労働をするのです。

地球上の生きとし生けるものの生命《いのち》を守り、美しい地球環境を維持するためには、生命《いのち》の「水」の循環系を守ることがなにより必要です。稲作漁撈民は森里海の生命《いのち》の「水」の循環を守り通しました。稲作漁撈民の文明原理の根幹には、この森里海の生命《いのち》の「水」の循環があるのです。そのことをもう一度思い起こす意味で、新嘗祭の意義を見つめ直すことは必要なのではないでしょうか。

絶壁に張りついて暮らす稲作漁撈民

富士山の山頂は三七七六メートル、駿河湾の最深部は二五〇〇メートルでした。直線距離でわずか三〇キロメートルの距離しか離れていません（第二章参照）。地球というマクロな視点で見たら、それはもう絶壁のようなものです（335頁の図8－6）。

六〇〇〇メートル以上の落差のあるその絶壁に、私たち稲作漁撈民はしがみついて暮らしているのです。その稲作漁撈民がこの地球上で千年も万年も暮らし続けていくためには、森里海の生命《いのち》の「水」の循環を守ることが、最低限必要だったのです。

この森里海の生命《いのち》の「水」の循環を守るライフスタイルをとることは、「利他の心」なくしてはあり得ません。上流の人と下流の人が仲良く暮らさないことには、森里海の生命《いのち》の「水」の循環を守り、美しい地球で暮らし続けていけないのです(16)。

稲作漁撈民は、生命《いのち》の「水」によって上流の人と下流の人がつながっている社会を構築しました。だから自分の利益は七～八分、残りは他人や生命《いのち》ある他者のためにとっておかなければいけなかったのです。

二一世紀は東洋と西洋の融合の時代であると思います。そのとき東洋の文明の原理としては、生命《いのち》をつなぐ「水」の原理が重要なのです。自然を一方的に収奪する西洋の畑作牧畜民の文明原理に代わって、東洋の稲作漁撈民の文明原理の重要性に、私たち東洋人自身が気づき、地球と人類（ホモ・サピエンス）の平和と繁栄のために役立てることが必要なのではないでしょうか。

4 それはあなたのライフスタイルの転換からはじまる

過去に感謝し未来に責任を持って生きる

たしかに地球環境は畑作牧畜民の欧米文明によって食い荒らされました。畑作牧畜民の「物質エネルギー文明」に魅了された人々は、こぞって畑作牧畜文明の信奉者になりました。それは畑作牧畜民の文明が、お金を儲けることに最大の価値を置き、過去に対する感謝や未来に対する責任をまったく感じない市場原理主義に立脚しているからです。

だがこのライフスタイルを続ける限り、人類（ホモ・サピエンス）と地球環境に未来はない気がします。いずれは地球資源をめぐる戦争が引き起こされるでしょう。

地球が砂漠と化し、もう住めなくなって、宇宙に逃れる夢を畑作牧畜民は描いているようです。でも今日まで知られている宇宙は、生物としての人間が暮らすにはあまりにも過酷なところなのです。火星の資源をこの地球にまで持ってくるには、あと千年はかかるでしょう。もしこのままの収奪が続けば、それまで地球はとうていもたないと思います。

暗雲が漂いはじめたその畑作牧畜民のライフスタイルに対し、この美しい地球で森里海の生命《いのち》の「水」の循環を守りながら、千年も万年も生き続けることに最高の価値を置いた稲作漁撈民のライフスタイルを再評価することが、今こそ必要なのではないでしょうか。

『西洋の没落』[17]の著者はO・シュペングラーでした。「西洋の没落」は一〇〇年近く前に予言されたことですが、それがいよいよ現実化してきたのではないでしょうか。

それを象徴するのが西暦二〇一五（平成二七）年のシリア難民のドイツへの流入と、フランス・パリでの自爆テロ事件、ドイツとロシアでのテロ事件でしょう。これから西洋は急速に衰亡していくでしょう。

シリアからの難民は一〇〇万人を超え、膨大な数に達しています。シリアでの内戦を避けての移動ですが、アフリカや東欧からの難民も、豊かなヨーロッパをめざして移動しています。中南米諸国の人々が、豊かなアメリカをめざして、移動しています。

人の移動は文化の移動をともないます。イスラム教の人々が少しでも豊かな暮らし、平穏な暮らしを求めるのは当然です。その欲求が難民を生むのです。受け入れる側は人道的観点からという大義のもとに難民を受け入れざるを得ない。ところが文明を変質させ崩壊に導くのはこの民族と文化の移動なのです。ローマ文明の崩壊はゲルマン民族の大移動によって導かれたことを思い起こしてほしいと思います。

新たな文明の光をもたらす植物文明

団塊の世代の青春を美しく飾ったのは、ポール・モーリアの音楽でした。それは西洋文明の華そのものでした。しかし、今や西洋はイスラム教徒によって大きな変質を迫られているのです。「われわれはテロと闘う」という勇ましいヨーロッパ人の言葉には、「目には目を歯には歯を」というメソポタミア文明以来の「血は血で洗い流す畑作牧畜民の文明の原理」を感じます。アメリカのM・ペンス副大統領が西暦二〇一七（平成二九）年に来日して安倍晋三《あべしんぞう》総理と会談されたときも「平和は武力でしか得られない」と断言されました。でもこうした文明の原理に立脚する限り、テロは永遠に終わらないだろうし、「憎しみの連鎖」を断ち切ることもできない気がします。この西洋文明の栄華をつくり出した畑作牧畜文明の原理は、もう行き詰まっているのではないでしょうか。

東洋にはそれとはまったく異質の文明の原理があります。

それは日本の縄文時代を見たらわかります。日本の縄文時代は人と人が集団で殺し合う戦争がない時代を一万三〇〇〇年以上も続けていたのです。そこで一番大切にされたものが生命《いのち》です。だから生命《いのち》が誕生し成長し、そして死ぬ。この「生命《いのち》の連鎖」に最高の価値を置いた時代です。生命《いのち》を生み出す女性が大きな力を持ったのです。土偶の大半は女性であったのです。

こうしたことを私は西暦二〇一四（平成二六）年に『一万年前』[18]で書きました。私たち日本人は西洋とはまったく異質の文明原理を基層に持っているのです。それは力で闘わない、殺し合わない平和の文明の原理です。

しかしこの東洋の文明原理が有効に機能するかどうかはまだわかりません。なぜなら中国や北朝鮮を支配する共産主義は、佐藤優《さとうまさる》氏[19]が指摘するようにキリスト教の延長に位置しているからです。つまり中国も北朝鮮も東洋の文明原理をすっかり忘れ、西洋の力と闘争の文明原理の国になっているとすれば、話はまったく別です。

縄文時代の価値観が復権した日本の平安時代や江戸時代は、戦争のない平和な時代を維持できました。遣唐使を廃止した平安時代や鎖国を行った江戸時代は、基層文化としての縄文文化の伝統が復興した時代です[20]。同時に生命を誕生させる女性が輝いた時代でもあるのです。平安時代の妻問婚《つまどいこん》しかり、江戸時代の女性は家名を守るために頑張ったのです。

だが明治以降、欧米列強の侵略に対抗するために西洋文明を受け入れ、西洋化の道をひたすら歩んできました。だがその結果は第二次世界大戦の敗戦というみじめな結末をもって終わったのです。力を力でねじふせようとする文明の原理は日本には合わないのではないでしょうか。

東洋の文明原理を再認識する

西暦二〇一五（平成二七）年一〇月、英国と中国は蜜月関係に入ったといわれています。「中国マネーにひざまずく落日の西洋文明」の文字がマスコミ各誌で躍っています。「西洋の没落」が白日の下にさらけ出されはじめ、南シナ海の中国による人工島と基地の建設の問題をはじめとして、中国はこれから経済力をバックに世界支配に乗り出すでしょう。

だがその中国は日本文明の精神、いや東洋の文明原理の前にひざまずくのではないでしょうか。日本はいよいよ自らの足元の東洋の文明原理を見つめ直すときがきたようです。それは稲作漁撈文明に残された東洋の文明原理に学ぶことを意味します。自らのライフスタイルを、稲作漁撈文明のライフスタイルに変えていかなければならないのです。

そのためにまずやるべきことは、村上和雄《むらかみかずお》氏[21]の言われる「サムシング・グレート」の存在をひそやかに感じる心を醸成し、生きとし生けるものの生命《いのち》の重要性に目覚め、自然への畏敬《いけい》の念を持ち、アニミズムの心を復活することです。

吉澤五郎《よしざわごろう》氏[22]は、人類文明史は「折り返し点」にあると指摘されていますが、この五〇〇年間の往路が一神教できたのであれば、復路は多神教のアニミズムの心を少しでも人類文明史が取り入れるしかないというのが私の考えです。そのためには、自然への畏敬の念を取り戻してはどうかというのが私の提案でした。

研究者は求道者と同じです。それは政治家やビジネスマンにもいえるかもしれません。彼らは自らが立つ大地の「風土」を無視しては生きられないのです。

西暦二〇二四（令和六）年度から、森林の保全などを目的とした森林環境税が導入されるという朗報が入ってきました。日本の時の為政者たちは、日本人のライフスタイルのなかに、森を守り（図9-4）、森里海の生命《いのち》の「水」の循環システムを維持することがあるのをずっと見つめてきました[23]。現代日本の為政者も、そのことがやっとわかってきたのかもしれません。

欧米の畑作牧畜民のライフスタイルに心酔し、東洋の稲作漁撈民のライフスタイルの価値の重要性（図9-5）を忘れ去ろうとする日本人に対して、私たちはやっと思いとどまることができた

【図 9-4】日本、青森県蔦温泉のブナ林（上）とドイツ、ザバブルク市の人工的に植林されたヨーロッパナラの森（下）

【図 9-5】インドネシア、バリ島の棚田と森と集落（左）と日本、福井県大野市の杉と雑木林の里山。里山の森こそが日本文明のシンボル（右）

のかもしれません。森里海の生命《いのち》の「水」の循環システムの維持がいかに重要かが、わかりはじめたのかもしれません。

第九章　引用・参考文献および注

（1）石弘之・安田喜憲・湯浅赳男『環境と文明の世界史——人類史20万年の興亡を環境史から学ぶ』洋泉社新書y、二〇〇一年

（2）安田喜憲『ミルクを飲まない文明——環太平洋文明と「稲作漁撈民」の世界』洋泉社歴史新書y、二〇一五年

（3）Yasuda, Y., Yamaguchi, K., Nakagawa, T.,Fukusawa, H., Kitagawa, J. and Okamura, M.: Environmental variability and human adaptation during the Lateglacial/Holocene transition in Japan with reference to pollen analysis of the SG4 core from Lake Suigetsu. *Quaternary International*, 11-19, 2004.
Yasuda, Y. (ed.) : *The Origins of Pottery and Agriculture*. Lustre Press and Roli Books, Delhi, 2002.

（4）吉野正敏「モンスーンアジアの環境変化と稲作社会」『地理学評論』72巻9号、一九九九年

（5）Yasuda, Y; Kitagawa, H; Nakagawa, T.: The earliest record of major anthropogenic deforestation in the Ghab Valley, northwest Syria. *Quaternary International*, 73, 2000.

(6) Yasuda, Y. (ed.) : *Forest and Civilisations.* Lustre Press and Roli Books, Delhi, 2001.
(7) 安田喜憲『環境文明論――新たな世界史像』論創社、二〇一六年
(8) 稲盛和夫『生き方――人間として一番大切なこと』サンマーク出版、二〇〇四年
(9) 梅原猛・安田喜憲『長江文明の探究――森と文明の旅』新思索社、二〇〇四年
(10) 安田喜憲『稲作漁撈文明――長江文明から弥生文化へ』雄山閣、二〇〇九年
Yasuda, Y. (ed.) :*Water Civilization: from Yangtze to Khmer Civilizations.* Springer, Heidelberg , 2012.
(11) 安田喜憲『東西文明の風土』朝倉書店、一九九九年
(12) 中尾佐助「東アジアの農耕とムギ」佐々木高明編著『日本農耕文化の源流』日本放送出版協会、一九八三年
(13) 川勝平太『文明の海洋史観』中公叢書、一九九七年
(14) 安田喜憲『環太平洋文明叢書2　日本神話と長江文明』雄山閣、二〇一五年
(15) 梅原猛・吉村作治『「太陽の哲学」を求めて――エジプト文明から人類の未来を考える』PHP研究所、二〇〇八年
(16) 安田喜憲『山は市場原理主義と闘っている――森を守る文明と壊す文明の対立』東洋経済新報社、二〇〇九年
(17) O・シュペングラー『西洋の没落　ニュー・エディション』村松正俊訳、五月書房、二〇一五年
(18) 安田喜憲『一万年前――気候大変動による食糧革命、そして文明誕生へ』イースト・プレス、二〇一四年
(19) 佐藤優『地球時代の哲学――池田・トインビー対談を読み解く』潮出版社、二〇一四年

(20) 安田喜憲『文明の環境史観』中公叢書、二〇〇四年
(21) 村上和雄『サムシング・グレート――大自然の見えざる力』サンマーク出版、一九九九年
(22) 吉澤五郎「『生への選択』と希望の道」『創価教育』第九号、二〇一六年
(23) NPO法人「ものづくり生命文明機構」(安田喜憲理事長)は、森里海の生命《いのち》の「水」の循環こそが「風土」の根幹を形成していると考えている。安田喜憲ほか編『生命文明の時代』ローコストカンパニー・ものづくり生命文明機構(オンデマンド出版)、二〇一九年という本を刊行した。

むすび

青森県蔦温泉のブナ林と奥入瀬渓谷

青森県八甲田山の蔦《つた》温泉のブナ林は、新緑の五月に行くと、この世のものとは思われない美しい世界が広がっています。蔦温泉の湯は透明な透き通ったブナの森から溢《あふ》れ出るお湯です。ブナの森を散歩しそのお湯に浸《つ》かって疲れをとれば、この世の極楽です。

秋、奥入瀬渓谷《おいらせけいこく》にアメリカ人の友人の奥様を案内したとき、彼女は「こんな素晴らしい紅葉は見たことがない」と言いました。私はすかさず、「あなたたちのご祖先がくるまでは、アメリカの国土はこの何十倍も美しい森で覆われていたのですよ。それをみんな、あなた方の祖先が破壊したのです」と答えました。

彼女は詩人でした。日本人がカメラを構えて写真を撮る姿を見て、「ピストルを構えているのではないかと思った」と詩に書いていました。アメリカ人の心はここまで病んでいるのです。それはこんなに美しい森をすべて破壊し尽くした報いであると私は思うのです。

八甲田山のすそ野に広がる青森平野の三内丸山《さんないまるやま》遺跡をあわせて見学され、できれば岩木山神社まで足を運ばれれば、東北の森里海の生命《いのち》の「水」の循環系を守った縄文文明と稲作漁撈《ぎょろう》文明の素晴らしさが堪能できるでしょう。

秋田県男鹿半島のなまはげと菅江真澄

秋田県男鹿《おが》半島は「なまはげ」の里です。なまはげは年の暮れに真山《しんざん》からやってきて、なまけものをこらしめ、他人に悪いことをする人をこらしめます。そのなまはげの行事は、欲望をコントロールする東北人の心を形成する上で大きな役割を果たしてきたと私は思っています。

この男鹿半島の風土に強くひかれたのは、江戸時代後半に東北を旅した菅江真澄《すがえますみ》です。

菅江真澄は、愛知県の三河に西暦一七五四（宝暦四）年に生まれました。彼は西暦一七八三（天明三）年三月から翌年七月にかけて信濃から越後を旅し、同年九月から西暦一七八八（天明八）年七月にかけて出羽《でわ》から陸奥《むつ》を旅しました。さらに西暦一七八八（天明八）年七月には北海道に渡り、西暦一七九二（寛政四）年一〇月まで渡島《おしま》半島南部を旅したのです。西暦一七九二（寛政四）年一〇月から西暦一七九五（寛政七）年三月までは、青森県の下北半島に滞在し、西暦一七九五

（寛政七）年三月から西暦一八〇一（享和元）年一一月まで青森県弘前《ひろさき》に滞在しました。そして西暦一八〇一（享和元）年一一月から西暦一八二九（文政一二）年七月一九日に亡くなるまで、実に二八年間も秋田に滞在したのです。菅江真澄は東北の風土をこよなく愛し、東北から蝦夷地の記録を日記と絵として残しました。

こうした菅江真澄の旅を可能としたものは、なんだったのでしょうか。秋田県立博物館の松山修《まつやまおさむ》氏（松山、二〇〇七）[1]は、それは、人に見せるための日記を残す旅人の気質、地方の知識者層の歌を愛する歌人の集団の庇護《ひご》、そして本草学《ほんぞうがく》の知識にもとづく薬師《くすし》としての能力ではなかったかと指摘されています。

点々と東北の住居を変え、定まった収入もなく、西暦一七八三（天明三）年から亡くなる西暦一八二九（文政一二）年まで、次々と居住地を移動しながら旅に明け暮れることができた背景には、日本人の旅人をもてなす心と、他人を信じる心、そして日本文化を大切にし、知識者を敬う心があったからではないかと思っているのです。

カメラを構えていてもそれをピストルだと思うアメリカ人の心と、日本人の心は根本的に違うのではないでしょうか。それは他人を信じることができるかどうかです。他人を信じる心は自然を信じる心から生まれてくると私は思っています。だから森を守った日本人は自然を信じ、他人を信じることができるのではないでしょうか。

菅江真澄は男鹿半島の詳細なスケッチを記録しています。

男鹿半島には一ノ目潟《めがた》・二ノ目潟・三ノ目潟という火口湖があり、その湖底には、私が今、研究している年縞《ねんこう》(安田、二〇一四)(2)が堆積《たいせき》しています。すでに述べましたように、年縞は『広辞苑』にも掲載され、一般に広く親しまれる用語となりました。それは気候変動や環境変動を年単位で記録している地球の遺伝子なのです。私たちが年縞で当時の環境を復元した結果と、真澄の残したスケッチの記録は見事に対応しました。年縞もまた森里海の物質循環を大きく変えないで、地球に優しいライフスタイルを送ってくれた日本人の祖先からの贈り物だったのです。

それにしても男鹿温泉の湯質は最高でした。男鹿温泉「元湯雄山閣《ゆうざんかく》」のご主人・山本次夫《やまもとつぎお》氏は菅江真澄の研究に没頭され、旅館にも貴重な真澄の資料を展示されています。

山形県羽黒山

沖縄県の出身でアメリカ、ハーバード大学の「環境・持続可能な開発センター」の理事をしていた我喜屋《がきや》まり子博士は、涙ぐんでいました。「こんな感動は生まれて初めてでした」と。山伏《やまぶし》の伝統を受け継ぐ星野文紘《ほしのふみひろ》氏や三浦一則《みうらかずのり》氏と、山形県羽黒山《はぐろさん》でのシンポジウムを開催したときのことです。スーパー・エリートの椎川忍《しいかわしのぶ》氏(3)（総務省を経て地域活性化センター理事長）は、そのときの感動が忘れられずに、自らも山伏の修行に行かれました。

羽黒山神社に上る石段の両脇には美しい杉並木がありました。杉木立の中を一段一段踏みしめて上る間に、いつの間にか羽黒山神社の霊気に包まれた世界に入っていく自分を感じます。この羽黒山神社は山伏の神社です（岩鼻、二〇一七、岩鼻、二〇一九）(4)。

明治の廃仏毀釈《はいぶつきしゃく》によって、日本の山岳信仰は壊滅的打撃を受けました。そうしたなかで、東北の人々は日本人の心の原点である山岳信仰を守り通してきたのです。星野文紘氏などの山伏に案内されて山岳信仰のさわりを体験するのも最高の観光になるでしょう。

秋田県白神山地

仙台での学生時代は実に楽しいものでした（安田、二〇一七）(5)。私は東北の台地に、寓居《ぐうきょ》まで建てました。その思い出の東北の地に帰り、あの東北の「風土」の輝きと人々の自信と誇りを取り戻し、そこに新たな「生命文明の時代」(6)を構築するのが、今の私の夢であり理想です。

新たな生命文明の潮流をこの東北の大地から発信することこそが、今こそ必要なのではないでしょうか。河北新報社の佐藤昌明《さとうまさあき》氏（佐藤、一九九八、佐藤、二〇一八）(7)は 世界遺産になった白神山地の入山規制をなんとかやめさせたいと思って活動されています。

欧米の自然保護は人間の干渉を遮断することにありますが、日本の自然は人間が接触してもちゃんと守られているのです。もう少し日本人を信頼した自然保護が必要なのではないでしょうか。自然と人間の共生の見本が日本にはあるということを、もう少し自信を持って世界に訴えてはどうでしょうか。何もかもが欧米一辺倒という時代はもう終わったのです。

さあ、東北の山と海の霊気を体いっぱいに吸い込んで、明日からの生きる力を獲得しようではありませんか。あなたの生命《いのち》を甦《よみがえ》らせ、新しい「生命文明の時代」(5)に向かって再出発しようではありませんか。それができるのは日本人です。

むすび　引用・参考文献および注

（1）松山修「真澄の旅と歌枕」『真澄研究』第11号、秋田県立博物館、二〇〇七年
（2）安田喜憲『一万年前――気候大変動による食糧革命、そして文明誕生へ』イースト・プレス、二〇一四年

（3）椎川忍『地域に飛び出す　公務員ハンドブック――地域から日本を変えよう』今井書房、二〇一二年
（4）岩鼻通明『出羽三山――山岳信仰の歴史を歩く』岩波新書、二〇一七年
岩鼻通明『絵図と映像にみる山岳信仰』海青社、二〇一九年
（5）安田喜憲『森の日本文明史』古今書院、二〇一七年
（6）安田喜憲ほか編『生命文明の時代』ローコストカンパニー・ものづくり生命文明機構（オンデマンド出版）、二〇一九年
（7）佐藤昌明『白神山地――森は蘇るか』緑風出版、一九九八年
佐藤昌明『飯舘を掘る――天明の飢饉と福島原発』現代書館、二〇一八年

あとがき

本稿脱稿後に松岡幹夫《まつおかみきお》氏から『新版 日蓮仏法と池田大作の思想』（第三文明社、二〇一八）が送られてきました。完全には理解できていないところも多々ありますが、多元主義の創価学会を担う人の思想として私は感動しました。

世界的知性の巨人池田会長によって「人間主義」は完成しました。この「人間主義」によって「平和の時代」がもたらされることを祈念します。それはＩＣＡＮ（核兵器廃絶国際キャンペーン）が西暦二〇一七（平成二九）年にノーベル平和賞を受賞したことからわかるように、世界の人々が希求していることでもあります。佐藤優氏の『希望の源泉・池田思想1――「法華経の智慧」を読む』（第三文明社、二〇一九）が、創価学会に期待していることも「世界宗教」になることでした。

残るは「地人相関論《ちじんそうかんろん》」とそこから生まれた「生命論」に立脚して、この地球環境を守ることです。それは人類（ホモ・サピエンス）を守ることに直結するのです。「地人相関論」の重要性に創価学会の会員そしてSGI（創価学会インタナショナル）の会員が気づけば、世界が「生命文明の時代」に変わることは時間の問題のような気がします。創価学会とSGIの力で、生きとし生けるものが千年も万年もこの美しい地球で暮らす「生命文明の時代」を招来するのです。

本書の編集担当は、私と同じ三重県が郷里でした。学者人生の集大成に取り組む一介の老学者のわがままを聞いてくださったのも、郷里と、育った「風土」が同じだということが、どこかでかかわっていたと思うのです。

また、本書を作成するに当たっては、第三文明社大島光明《おおしまみつあき》社長に大変お世話になりました。牧口先生・戸田先生・池田先生の三代の教えの継承は立派ですが、その教えを実践する団塊の世代の人々がいたからこそ、創価学会やSGIは今日までに発展し得たというのが私の考えでした。問題は後継者です。

本書には古い時代の講演も含まれるため写真の撮影者が不明のものもありますが、撮影者の明記のないものは私が撮影したものです。

生いたちを記した研究自叙伝パートⅠ『環境考古学への道』（ミネルヴァ書房、二〇一三）、研究の内容を記した研究自叙伝パートⅡ『環境文明論：新たな世界史像』（論創社、二〇一六）に続く本書を、代表的講演を集めた研究自叙伝パートⅢに位置づけたいと思います。各地で講演させていただき、多くの方々に本当にお世話になりました。あらためて記して厚くお礼申し上げます。

二〇一九年六月二四日

安田喜憲

初出一覧

はじめに　二〇一九年　安田喜憲「生命文明の時代とは」安田喜憲ほか編『生命文明の時代』ローコストカンパニー・ものづくり生命文明機構（オンデマンド出版）、二〇一九年の一部に加筆修正

第一章　二〇〇七年　大阪府大阪市「東洋哲学研究所」公開講演会で講演。安田喜憲「人生地理学と私」『東洋学術研究』第47巻1号、二〇〇八年に加筆修正

第二章　二〇〇七年　千葉県柏市「財団法人モラロジー研究所道徳科学研究センター」で講演。安田喜憲「稲作漁撈文明が地球と人類を救う」『モラロジー研究』60号、二〇〇七年に加筆修正

第三章　二〇一三年　千葉県柏市麗澤大学「比文研セミナー」で講演。安田喜憲「山岳信仰の起源――富士山世界遺産登録を記念して――」『比較文明研究』第19号、二〇一四年に加筆修正

第四章　二〇一一年　東京都港区「不識庵」で講演。安田喜憲「山岳信仰と富士山」『環』55巻、二〇一三年に加筆修正

第五章　一九九七年　富山県富山市「夏季講座」富山会場で講演。安田喜憲「森の蛇と女たち」『県民カレッジ叢書』富山県生涯学習カレッジ75、一九九八年に加筆修正

第六章　二〇一二年　東京都千代田区「イギリス大使館」で講演。安田喜憲「現代文明の危機と人類の未来：『力の文明』から『いのちの文明』へ」nature café report, nature vol.486, 二〇一二年に加筆修正

第七章　二〇〇二年　京都府京都市亀岡「ガレリアかめおか」で講演。安田喜憲「動物文明と植物文明」『丹波学

と環境――新しい地域学の確立をめざして――』財団法人生涯学習かめおか財団、二〇〇四年に加筆修正

第八章　二〇一六年　千葉県柏市麗澤大学「比文研セミナー」で講演。安田喜憲「新しい世界史像：古代文明は四大文明だけだったかどうか」『比較文明研究』第22号、二〇一七年に加筆修正

第九章　二〇一五年　日本共生科学会「神奈川県生命の星博物館」で講演。安田喜憲「ライフスタイルの転換：畑作牧畜文明社会から稲作漁撈文明社会へ」『共生科学』vol.7、二〇一六年に加筆修正

むすび　二〇一二年　安田喜憲「森と山への信仰を取り戻す」『観光文化』211号、二〇一二年に加筆修正

る

れ

ろ

わ

み

む

め

や

ゆ

よ

り

ひ

ふ

へ

ほ

ま

て

と

な

に

ね

は

す

せ

そ

た

ち

く

け

こ

さ

し

う

え

お

か

き

索　引

あ

い

【著者略歴】

安田喜憲（やすだ・よしのり）

1946年、三重県生まれ。

東北大学大学院理学研究科修了。理学博士。

広島大学総合科学部助手、国際日本文化研究センター教授、東北大学大学院環境科学研究科教授、立命館大学環太平洋文明研究センター長などを歴任。

現在、ふじのくに地球環境史ミュージアム館長、国際日本文化研究センター名誉教授、総合研究大学院大学名誉教授、スウェーデン王立科学アカデミー会員。

紫綬褒章受章。中日文化賞、中山賞大賞、東海テレビ文化賞などを受賞。

【主著】
『一神教の闇――アニミズムの復権』（ちくま新書）
『蛇と十字架――東西の風土と宗教』（人文書院）
『日本よ、森の環境国家たれ』（中公叢書）
『生命文明の世紀へ――「人生地理学」と「環境考古学」の出会い』（第三文明社）
『稲作漁撈文明――長江文明から弥生文化へ』（雄山閣）
『山は市場原理主義と闘っている
――森を守る文明と壊す文明との対立』（東洋経済新報社）
『環境考古学への道』（ミネルヴァ書房）
『一万年前
――気候大変動による食糧革命、そして文明誕生へ』（イースト・プレス）
『ミルクを飲まない文明
――環太平洋文明と「稲作漁撈民」の世界』（洋泉社歴史新書y）
『環太平洋文明叢書2　日本神話と長江文明』（雄山閣）
『環境文明論――新たな世界史像』（論創社）
『森の日本文明史』（古今書院）
『人類一万年の文明論――環境考古学からの警鐘』（東洋経済新報社）
『文明の精神――「森の民」と「家畜の民」』（古今書院）　ほか多数。

水《みず》の恵《めぐ》みと生命文明《せいめいぶんめい》

2019年10月2日　初版第1刷発行

著　者　安田喜憲《やすだよしのり》
発行者　大島光明
発行所　株式会社　第三文明社
東京都新宿区新宿1-23-5
郵便番号　160-0022
電話番号　03（5269）7144（営業代表）
03（5269）7145（注文専用）
03（5269）7154（編集代表）
振替口座　00150-3-117823
URL　https://www.daisanbunmei.co.jp

印刷・製本　中央精版印刷株式会社

ISBN 978-4-476-03372-4